国家高端智库
NATIONAL HIGH-END THINK TANK

上海社会科学院重要学术成果丛书·专著

全球技术创新复杂度的空间演化及影响因素研究

Spatial Evolution and Mechanism of Global Technological Complexity

刘树峰 / 著

上海人民出版社

本书出版受到上海社会科学院重要学术成果出版资助项目的资助

本研究获上海哲学社会科学规划青年课题的支持

编审委员会

总　序

当今世界,百年变局和世纪疫情交织叠加,新一轮科技革命和产业变革正以前所未有的速度、强度和深度重塑全球格局,更新人类的思想观念和知识系统。当下,我们正经历着中国历史上最为广泛而深刻的社会变革,也正在进行着人类历史上最为宏大而独特的实践创新。历史表明,社会大变革时代一定是哲学社会科学大发展的时代。

上海社会科学院作为首批国家高端智库建设试点单位,始终坚持以习近平新时代中国特色社会主义思想为指导,围绕服务国家和上海发展、服务构建中国特色哲学社会科学,顺应大势,守正创新,大力推进学科发展与智库建设深度融合。在庆祝中国共产党百年华诞之际,上海社科院实施重要学术成果出版资助计划,推出"上海社会科学院重要学术成果丛书",旨在促进成果转化,提升研究质量,扩大学术影响,更好回馈社会、服务社会。

"上海社会科学院重要学术成果丛书"包括学术专著、译著、研究报告、论文集等多个系列,涉及哲学社会科学的经典学科、新兴学科和"冷门绝学"。著作中既有基础理论的深化探索,也有应用实践的系统探究;既有全球发展的战略研判,也有中国改革开放的经验总结,还有地方创新的深度解析。作者中有成果颇丰的学术带头人,也不乏崭露头角的后起之秀。寄望丛书能从一个侧面反映上海社科院的学术追求,体现中国特色、时代特征、上海特点,坚持人民性、科学性、实践性,致力于出思想、出成果、出人才。

学术无止境，创新不停息。上海社科院要成为哲学社会科学创新的重要基地、具有国内外重要影响力的高端智库，必须深入学习、深刻领会习近平总书记关于哲学社会科学的重要论述，树立正确的政治方向、价值取向和学术导向，聚焦重大问题，不断加强前瞻性、战略性、储备性研究，为全面建设社会主义现代化国家，为把上海建设成为具有世界影响力的社会主义现代化国际大都市，提供更高质量、更大力度的智力支持。建好"理论库"、当好"智囊团"任重道远，惟有持续努力，不懈奋斗。

上海社科院院长、国家高端智库首席专家

前　言

当前,世界百年未有之大变局加速演进,全球新一轮科技革命和产业革新正在兴起,创新资源在全球范围的加速流动和新技术的不断涌现正在重塑世界经济、政治和科技版图。创新驱动发展已成为世界主要经济体谋求竞争优势的核心战略,对高新技术主导权的争夺已成为全球化活动中最激烈的竞争。全球技术创新的竞争格局、发达国家如何维护技术霸权地位、后发国家如何踏上创新发展之路并突破先发国家的技术围堵等问题已成为全球关注的焦点。

本书借助技术创新系统理论、产品空间理论、世界科创中心转移理论、演化经济地理学等相关理论,立足全球技术创新产出成果专利化激增这一现象,从数量规模层面分析了全球技术创新产出空间分布格局及重心转移特征,从技术多样性、遍在性和复杂度视角分析了地区创新产出"质量"特征,从技术关联视角分析了地区技术生成、存续及专业化产出机制,从创新合作视角分析了国家对外部创新资源依赖程度、全球联系管道的生成机制和技术多样化发展的影响因素,最后,基于以上分析提出了地区技术创新复杂性演化的路径优化方案,并以美国、日本、德国、韩国、印度、中国六国为例进行了比较分析。得出以下主要结论。

（1）全球技术创新竞争日趋激烈，中国已成为全球技术创新产出专利化激增的主要推动力量，世界科技版图正处在剧烈变动之中。全球技术创新活动高度集中于美国、欧洲和东亚地区，美国、日本和德国是世界技术创新传统大国，中国和韩国是主要的新兴创新国家，多数国家和地区创新参与度极低，空间分布上呈现出"创新高峰""创新高原"和"创新荒漠"三种形态。世界技术创新产出规模重心正由欧亚大陆西岸向东岸转移，结合社会经济产出指标来看，本书判断世界科技创新中心正呈现加速转移迹象。

（2）中国技术创新产出质量水平明显滞后于数量规模。国家在技术领域上存在较大产出差异，技术创新存在"肥沃技术领域"，计算机、电机/电气装置/能源、数字通信和半导体技术等是中国、美国、日本、德国和韩国等世界主要经济体的主要竞争领域。中国的技术多样化水平明显低于美国、日本、德国等国，更加专注于少数优势技术领域。美国、日本和德国是世界技术种类最多样、技术遍在度最低、技术整体复杂度最高的三个国家。中国的技术整体复杂度提升最快，现已与美国、日本、德国三国处于同一梯队。美国的技术整体复杂度有所下降，传统优势技术领域正被日本和中国瓜分。中国技术创新质量水平的提升滞后于产出规模，正处在技术创新由"量变"到"质变"的关键时期。

（3）技术创新具有明显的路径依赖性，技术关联是影响地区新技术生成的关键内生因素。美国、德国和日本一直是全球技术关联密度最高的三个国家，中国的技术关联密度提升最快，现与意大利、法国、英国、韩国等国同处第二梯队。技术关联度不仅与新技术的产出有较大关系，更影响着技术升级演化方向和产出关键核心技术的能力。中国等少数国家能够打破技术创新活动主要活跃于少数国家的世界格局,关键在于通过政策激励等手段在新兴或热门技术领域快速培育了技术创新产出能力,并以此为基础不断强化本地技术关联程度,逐渐培养起自主研发的能力。从中国技术关联密度与产出规模不相称上来看,中国的自主创新能力,尤其是在关键、核心技术上的研发能力提升空间较大。

(4)全球创新合作网络结构相对稳定,国内合作与国际合作对国家技术创新能力的提升具有互动效应。美国是全球创新合作的主导者,全球主要经济体均以美国为最大创新合作伙伴。欧洲国家间创新合作最为活跃,亚洲国家间合作相对较少,中国处在以美国为首的"亚太创新合作社团"之中。各国对国际创新资源的依赖程度差异明显,具有较高创新产出规模和技术复杂度的国家更加重视国内合作。从实证分析来看,只有国内合作达到一定水平时,国家才能有效利用国际资源。近年来,中国国内合作稳步提升,国际合作率下降明显,美国依然是中国对外创新合作的首要国家,中日和中德间合作有所增长,中国在合作伙伴国数和合作产出量上具有较大提升空间。

(5)从中国国内来看,中国技术创新产出主要集中在东部沿海地区的长三角城市群、珠三角城市群和京津地区,中西部地区增长明显,但主要由省会城市带动。中国整体的技术存续率较低,技术领域的进入与退出较为频繁,不利于技术知识的沉淀和重大、关键、核心技术的创新突破。与其他国家相比,中国的优势技术领域为数字通信和计算机技术,而在医疗、半导体和光学等技术领域活跃度长期低迷。中国技术复杂度最高的城市为深圳,但深圳的本地技术相关密度要明显低于北京和上海等城市,优势技术领域相对集中,技术多样化水平有待提高。

中国的技术创新正处在由"量变"到"质变"的关键时期,社会创新意识普遍觉醒的同时,更多地区正面临创新发展路径选择的难题。本书提出的技术关联—技术复杂度—技术热度三维技术创新发展路径优化模型,对于地区制定契合实际的创新发展政策具有一定参考价值。本书强调本地存在高关联度的多样化技术是地区创新发展的关键内生驱动力,地区技术创新发展应沿着技术关联路径不断向价值更高的复杂技术领域升级,并积极进入新兴或热门技术领域,把握住全球新一轮科技革命和产业变革绿色化和数字化的战略机遇。在全球科技竞争的大背景下,中国亟须扩展国际合作渠道,主要目的有两点:一是,降低对少数国家的依赖,以便获取更多样的外部创新资源,弥补自身技术不足;二是,通过创新合作提高国际话语权,参与全球科技治理,增强产业链、创新链的安全和韧性。

本书是在笔者博士论文的基础上整理修改而成。衷心感谢我的导师华东师范大学全球创新与发展研究院院长杜德斌教授的悉心指导,感谢刘承良、覃雄合、桂钦昌、段德忠、侯纯光等老师提出的宝贵意见,感谢信息所同事赵付春、杨凡和上海人民出版社编辑在书稿修改出版过程中给予的支持和帮助。受本人学识和精力所限,书中难免存在错漏,敬请各位读者批评指正。

目　录

第一章
绪　论

第一节　研究背景

一、经济全球化与知识化促使技术创新复杂化

全球化和知识化依然是当今世界经济发展的两大趋势。随着全球化深入发展,生产原材料、人才、知识、技术、资金、商品等沿着全球供应链、全球生产网络和全球价值链等"通道"在世界范围内加速流动,技术创新资源与知识产权逐渐实现全球配置。随着经济知识化的深入,劳动密集型制造逐渐变为资本密集型、知识密集型制造业,企业逐渐由追逐廉价劳动向吸引高技能人才转变,全球价值链的知识密集度不断升高,商品所包含的技术和知识相互交织。随着《与贸易有关的知识产权协定》(TRIPS)和《全面与进步跨太平洋伙伴关系协定》(CPTPP)等的实施,知识产权逐渐成为制约商品进入国际市场的关键因素,企业需要通过自主研发、技术贸易、交叉许可、市场换技术等方式"披荆斩棘"地穿过"专利丛林"来获得商品生产所需的所有技术专利的使用权。随着技术专利化经济效益的提

升,核心技术、基础必要专利成为创新主体争夺的焦点,构建外围技术的"专利篱笆"成为后发者打破技术封锁,增加谈判筹码的重要举措。技术知识相互关联和知识产权交叉许可使得技术创新愈加错综复杂化。随着技术专利权与地区发展权、国家安全、生命健康权等矛盾愈加突出,世界主要经济体纷纷推出创新发展战略,提高本国技术创新能力。由于技术知识的复杂多样性,任何一个地区均无法全部掌握所有的技术知识,能否获得更加多样的、高知识含量技术的知识产权,构建起更加复杂的本地技术知识库,成为地区提高发展韧性、实现可持续创新发展的关键。

二、创新已成为国家谋求竞争优势的核心战略

2008 年全球金融危机之后,西方主要发达经济体逐渐意识到金融驱动缺乏经济发展韧性,以实体经济为支撑的技术创新才是经济持续健康发展的关键,产业结构升级的"再工业化"和号召跨国公司回流本土成为解决本国就业、走出经济低谷的重要手段。美国先后推出"先进制造业伙伴计划""先进制造业国家战略""国家制造业创新网络计划""美国先进制造领导力战略"等再工业化发展战略。与此同时,德国、法国和英国相继推出"工业 4.0""新工业法国""现代工业战略","再工业化"在全球范围内展开激烈竞争。实现气候零碳和成为数字化领军者是欧盟再工业化转型发展的两大目标,为确保欧盟工业在这一进程中发挥引领作用,欧盟提出了新的《欧盟工业战略》(欧洲产业战略),在通过创新发展确保欧盟工业全球竞争力的同时,实现绿色化和数字化双转型。

随着人工智能、大数据、云计算、物联网、区块链、5G 等新一代信息技术与新兴数字产业的不断涌现,在数字经济发展的核心和产业现代化基

石的半导体芯片领域,美国依靠其半导体产业链中的主导地位,管制中国半导体芯片的获取渠道和规格,打压中国半导体产业发展。2022年,美国和欧盟相继出台《芯片和科学法案》和《欧洲芯片法案》,法案明确要将半导体产业链本地化和"友岸化",减少对中国产业链的依赖性,以维持其在战略产业和新兴技术领域的霸权地位。中国开始进入增速换挡、动力转换、结构调整的新常态时期。新一轮科技革命和产业革新恰与中国转变发展模式形成历史性交汇,也为中国加快推进创新驱动发展战略提供重大机遇。新一轮科技革命和产业变革的"机会窗口"便是中国实现创新驱动发展的机遇。

三、复杂技术的缺乏限制中国成为世界科技强国

2010—2011年,中国发明专利申请总量先后超过日本和美国,成为全球发明专利产出量最多的国家。2017年和2019年,中国分别超过日本和美国成为《专利合作条约》(以下简称PCT)最大申请国。中国现已成为世界技术创新产出专利化激增的最主要推动力量。随着创新能力的快速提升,中国在全球范围内寻猎创新资源、布局技术知识产权、销售高科技产品的行为挑战了西方发达国家构建的技术霸权体系,以美国为首的西方国家开始以国家安全为由围堵中国创新发展之路,中国经济和科技的发展韧性虽然抵挡住了外部冲击,但崛起的步伐有所放缓。

2022年,中美之间货物贸易额达5.05万亿元,美国是除东盟、欧盟外的中国第三大贸易伙伴,中国则是美国第四大贸易伙伴。从知识产权贸易来看,据《科学与工程指标报告2018》(*Science and Engineering Indicators 2018*)统计,美国长期处在全球最大的知识产权输出国的位置,其

2016 年全球知识产权使用费和特许费出口额高达 2 720 亿美元,占全球份额的 45％。虽然相比 2008 年时 54％的比率有所下降,但研究认为,美国跨国公司将知识产权转移到低税地区(如开曼群岛)是造成国内比重下降的主因(Gravelle,2010)。欧盟国家和日本分别以 24％、14％的比率位列第二和第三大知识产权出口地,中国在全球的出口份额不足 0.5％,贸易逆差接近 230 亿美元,其中向美国支付近 80 亿美元,且近 20 年来,中国向美国支付的知识产权使用费的增速明显快于中国国内生产总值(以下简称 GDP)增速(Santacreu,2019)。美国已成为中国技术知识需求的主要供给者,中国对美国的技术知识具有较强的依赖性。随着美国对中国货物贸易逆差的不断扩大和中国科技实力的不断提升,美国在世界的经济和科技的霸权地位受到严峻挑战。美国开始以中国产业发展政策和法规损害美国知识产权为由对中国发起"301 调查",将外资在中国的"市场准入问题"和中国鼓励本国企业开展海外投资等行为污蔑为通过"强制技术转让"和"策略性海外并购"来窃取美国技术。美国不仅通过提高关税胁迫中国放弃作为发展中国家创新发展的权利,并以国家安全为借口打压华为科技、大疆科技、海康威视等一批中国本土科技企业。当下,美国通过技术断供等方式逼迫跨国公司撤离中国,减少对中国供应链的依赖,力图实现经济上的脱钩,并通过将中国高科技公司、大学和科研机构列入美国出口管制条例实体名单、中断以富布赖特(Fulbright Exchange Program)为代表的科学交流项目、严格审查中国对美投资等方式逐渐实现与中国"科技脱钩"。中美在经济与科技上的逐步脱钩势必将重塑全球供应链、产业链和创新链,迟滞中国经济和科技发展速度。科技实力上的劣势让中国更加清醒地认识到走创新发展之路必须自主掌握大量基础、必要、核心和复杂技术。

第二节 研究目标和研究意义

一、研究目标

本书从全球技术创新产出专利化激增现象出发,总体的目标是在系统梳理全球技术创新产出规模、技术领域结构、空间格局动态演变及中国技术创新特征的基础上,回答全球技术创新"在哪里(where)、为什么(why)、怎么做(how)"的问题,具体目标包括:(1)总体研判全球技术创新产出规模的增长态势、空间格局动态、技术领域分布、地区技术知识库更新率上的差异;(2)从技术多样性和遍在性两方面构建地区技术复杂度指数,测度地区技术产出质量水平;(3)重点考察中国在全球技术创新产出规模和质量中的位置和发展趋势;(4)运用计量模型分析影响地区技术创新复杂度升级演化的因素;(5)针对地区走可持续的高质量创新发展之路提出对策建议。

二、研究意义

(一) 理论意义

传统经济地理学在经过制度转向、文化转向和关系转向之后,近十几年来,更加注重演化转向。首先,在演化经济地理学三大理论基石中,复杂度理论相比广义达尔文主义和路径依赖理论所受关注相对较少,亟须对地区演化过程中的技术创新复杂度问题进行探讨;其次,根植于熊彼特主义的演化观过于强调内生性,认为本地技术或知识的重组是创新的关键,往往选择性忽略了全球范围的知识流动、技术管制、产业变革等外部力量的影响;再者,演化地理学分析中常常忽视演化的制度背景,而地区发展路径演化进程的加快或方向的改变往往与制度变迁、组织厚度、市场条件等因素直接相关。本书主要从技术复杂度视角探究地区技术演化发展质量问题,在重点关注本地技术关联带来的内生演化动力的同时,将对外创新合作这一外部力量纳入演化地理学的分析框架中。现有技术创新演化理论大多基于对美国和欧洲国家等发达经济体的研究得出,本书对发展中国家或不发达国家进行比较研究,以验证和丰富演化经济地理学理论。

(二)现实意义

新一轮科技革命和产业变革正在兴起,创新驱动发展已成为世界主要经济体的共识,对创新资源和知识产权的争夺成为全球经济活动的焦点。由于创新具有明显的高知识门槛、高资源投入、高风险、长周期等特征,而地区间又在知识基础、认知能力和吸纳能力等方面存在差异,这就造成了科技创新活动高度集中于少数发达国家。中国等发展中国家若想进入高创新能力国家行列,需要对自身创新禀赋和全球技术创新产出现状及发展趋势进行研判,寻找一条适合自身的创新发展之路。本书主要从技术复杂度视角,对全球技术创新的产出规模、技术领域、创新活跃度的空间格局特征进行分析,通过构建基于技术多样性和技术遍在性的地区技术复杂度指数研判地区技术创新产出的整体实力和发展韧性,从基于本地知识基础的创新内生性和如何通过"全球管道"有效利用外部力量提升本地技术创新能力两方面提出对策建议。本书是在全球新一轮科技革命和产业变革叠加中美科技竞争的大背景下展开的,美国利用其在全球产业链、创新链中的主导地位,拉拢盟友在全球范围开展针对中国的技术封锁和发展遏制策略,削弱中国赶超美国的自主科技创新能力。本书有利于研判当前全球技术创新竞争态势,避免对中国技术创新能力盲目自信或妄自菲薄,从提升技术本地内生能力和拓宽外部合作渠道两方面提出对策建议,对国家构建复杂多样的技术知识体系,在提高技术创新方面抵抗外部冲击的能力和韧性具有一定参考价值。

第三节　研究思路与研究框架

一、研究思路

本书从经济发展全球化和知识化导致的技术创新复杂化的大背景下,以世界技术创新竞争呈现新态势为出发点,在概念辨析和理论总结基础上,通过分析现象、总结规律、发现机理、提出对策,探讨全球技术创新活动复杂化现状和出路。全书思路框架如图1.1所示。

二、研究内容框架

本书分为绪论、国内外相关研究进展、理论基础与研究框架、全球技术创新产出时空格局、全球技术创新复杂度的空间演化、技术创新复杂度提升的影响因素分析、结论与对策等7个章节。

第一章是绪论,主要阐释了本书的研究背景、研究目的、研究的理论意义和现实意义,介绍本书的整体研究思路和主要研究内容、研究方法和数据来源。

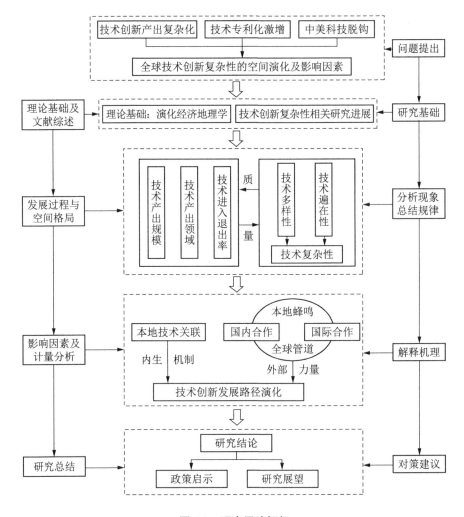

图 1.1 研究思路框架

第二章是文献综述,基于文献计量分析方法系统梳理了国内外关于技术创新及其复杂度相关研究文献,在对研究进展进行述评中总结了当下研究的热点和不足,说明了本书研究的出发点。

第三章是理论基础与研究框架,从研究主题出发,在演化经济地理学分析框架下,对机会窗口理论、路径依赖理论、复杂度理论等进行了理论梳理,并对相关概念进行了解释和界定,在此基础上提出了本书的理论框架。

第四章是对全球技术创新产出的发展现状与特征进行分析,梳理了全球技术创新产出专利化激增的过程,对国家技术创新产出规模、技术领域和技术的进入与退出率进行了比较分析,对世界科技创新中心是否正在转移进行了研判,并重点对技术专利化产出增速最快的中国的技术创新产出特征展开了城市尺度剖析。

第五章是对全球技术创新复杂度空间演化的分析,在分析地区技术多样性水平和技术遍在性水平的基础上,通过构建地区技术复杂度指数,测度地区所包含技术的整体复杂度水平。上一章主要是对技术创新产出数量规模和领域结构的分析,本章主要通过测度地区技术复杂度水平探究地区创新产出质量问题。

第六章是对影响国家技术创新发展路径演化因素的分析,主要从影响技术创新的本地效应和外部力量两方面展开,分析了本地技术关联引发的技术内生演化机制和通过"全球管道"带来的外部力量如何影响本地技术创新复杂化。

第七章是结论与对策,总结了本书研究的主要结论,指出了研究中存在的不足之处、未来主要的研究方向和可能存在的创新之处,并提出了相应的对策建议。

第四节　研究方法和主要数据

本书研究以演化经济地理学基本理论为基础,结合社会学、计量地理学、地理信息系统(GIS)、计算机科学等领域的研究方法,遵循理论归纳与实证研究相结合、定性分析和定量分析相结合的原则,注重了研究的科学性、方法的合理和可操作性、数据的可获得性和可靠性。

一、主要研究方法

(一) 文献阅读与文献计量

本书借助中国知网(CNKI)、中文社会科学引文索引(以下简称 CSSCI)、读秀网、百度学术、Web of Science、Science Direct、Google Scholar 等网络学术资源,以及通过华东师范大学图书馆和上海图书馆的馆藏及馆际互借功能获取的书籍和期刊,在传统的文献检索、阅读和归纳的基础上,运用 Citespace 文献计量统计分析软件,绘制技术创新及其复杂度研究的知识图谱,识别国内外相关研究的知识基础、研究热点和研究前沿等。

(二) 网络查询和大数据挖掘

传统数据网站和数据库是本书的主要数据来源。本书从中国国家统计局、国家知识产权局、中国经济社会大数据研究平台(以下简称 CSYD)、世界知识产权组织(以下简称 WIPO)、经济合作与发展组织(以下简称 OECD)、世界银行(以下简称 WB)、联合国教科文组织(以下简称 UNESCO)、美国专利与商标局(以下简称 USPTO)等国内外数据库网站收集了经济、人口、科技等方面数据。本书主要利用专利数据研究全球技术创新活动,但由于传统数据网站公布的专利数据存在数据类别划分较宽泛、地理空间属性体现不足等问题,本书借助了 Python 语言和 R 语言的大数据提取法,收集并整理了国家间 PCT 专利合作数据和中国发明专利申请数据。

（三）社会网络分析法

社会网络分析（Social Network Analysis，SNA）是社会学领域常用的研究方法，主要研究网络中的个体属性和网络结构特征，如个体的点度中心性、接近中心性、中介中心性等，网络的小世界性、凝聚子群、等级层次结构等。社会网络分析可对技术合作与知识流动的复杂关系进行归类统计和可视化，是研究创新合作关系的有效手段。网络特征属性值和可视化均可利用 Gephi 和 Pajek 这两个社会网络分析软件实现。

（四）空间分析与计量分析相结合

本书利用 Arcgis 软件构建全球国家空间属性数据库，具体包括国家主要经济社会产出数据库、国家技术专利产出数据库、国家技术专利合作数据库、中国城市技术专利产出数据库。此外，本书绘制各类专题地图，直观反映技术创新产出的空间格局与演变趋势；利用 Stata 统计分析软件，通过负二项回归、Logit 回归模型等对影响国家技术创新复杂度演化的影响因素进行了分析。

（五）访谈调研

笔者跟随导师走访调研了位于上海市和深圳市的部分创新型企业，如上海的美国通用电气公司（以下简称 GE）中国研发中心、深圳市大族激光科技集团等。在 GE 重点咨询探讨了跨国公司及其研发中心在中国布局的目的及全球定位（服务中国、服务亚洲，还是服务世界），与国内企业、大学和科研结构的合作关系等。在深圳市的调研主要探讨了深圳市创新文化、企业创新发展路径、企业人才来源与流动、企业对外合作关系、企业全球战略、企业技术创新实力等。此外，所在研究团队长期跟踪调研国内跨国公司和本土创新型企业的研发活动，有着大量调研访谈记录，也为本书提供了较多一手资料。

二、主要数据来源

（1）专利数据：本书主要采用具有新颖性、创造性、实用性和知识含量的发明专利，探究技术创新活动的全球特征。其中 PCT 专利申请量来自 WIPO 的 PATENTSCOPE 数据库；美国对他国授权专利来自 USPTO（https：//www.uspto.gov），主要包括 99 个国家和地区的专利年度数量、专利技术领域和技术小类信息、国家间专利合作发明数量；中国国内发明专利申请数据提取自中国国家知识产权局专利公布平台（CNIPA，http：//epub.sipo.gov.cn/），包括 291 个地级及以上城市发明专利申请量、技术类别、位置信息等。

（2）经济、社会、科技、人口数据：国家尺度数据主要来自 OECD 统计数据库（OECD.Stat）、WIPO、OECD、WB、UNESCO、诺贝尔奖官网（https：//www.nobelprize.org）；中国城市尺度数据主要来自中国国家知识产权局统计年报、《中国科技统计年鉴》《中国城市统计年鉴》等。其中货物贸易出口额、服务贸易出口额、地区生产总值（GDP）、论文发文量源自世界银行数据库，仅包含科学和工程类文章，为消除价格变动因素的影响将出口额（现价美元）换算为 2010 年不变价美元。

由于较多国家数据在长时序上不连续，本书依据 OECD.Stat 数据库，仅选取 37 个 OECD 成员方和 60 个非 OECD 成员方共 99 个国家和地区作为主要研究样本（附表 1）。2022 年，这 99 个国家和地区在 PCT申请量、论文发文量、人口数、服务贸易出口额、货物贸易出口额和 GDP总额上分别占全球总量的 99%、97%、81%、92%、90%和 95%以上，具有较强代表性。

对于中国研究区域,若无特别说明,未包含港澳台地区数据。依研究需要,中国香港和中国台湾地区数据将单独列出。中国东部地区包括:北京市、上海市、天津市、河北省、山东省、浙江省、江苏省、福建省、广东省、海南省,共 10 省(市)。中部地区包括:山西省、安徽省、江西省、河南省、湖北省和湖南省,共 6 省。西部地区包括:重庆市、四川省、贵州省、云南省、陕西省、甘肃省、青海省、宁夏回族自治区、新疆维吾尔自治区、内蒙古自治区、广西壮族自治区和西藏自治区,共 12 省(区、市)。东北地区包括辽宁省、吉林省和黑龙江省,共 3 省。京津冀城市群包括北京市、天津市和河北省的石家庄、唐山、秦皇岛、邯郸、邢台、保定、张家口、承德、沧州、廊坊、衡水 11 个地级市,共含 13 个城市。长三角城市群包括上海市,江苏省内南京、无锡、常州、苏州、南通、盐城、扬州、镇江、泰州 9 市,浙江省内杭州、宁波、嘉兴、湖州、绍兴、金华、舟山、台州 8 市,安徽省内合肥、芜湖、马鞍山、铜陵、安庆、滁州、池州、宣城 8 市,共 26 个城市。珠江三角洲城市群由广东省内广州、深圳、珠海、佛山、东莞、中山、江门、肇庆、惠州 9 个城市组成。

第二章
国内外相关研究进展

　　创新活动的复杂度特征逐渐成为学界研究的热点,但在演化经济地理学研究框架下,复杂度理论与广义达尔文进化论、路径依赖理论相比所受关注相对较少。本章围绕技术创新复杂度这一主题,从 Web of Science 和 CSSCI 这两大数据库平台下载相关文献,利用知识图谱软件 Citespace,通过分析关键词共现和文献共被引分析,梳理领域热点和知识基础演变动态,进而提出本书研究问题。

第一节　技术创新复杂度的知识图谱分析

　　Web of Science 核心合集数据库收录了全球 12 000 多种权威的、高影响力的学术期刊,包括汤森路透旗下三大引文科学引文索引(SCIE)、社会科学引文索引(SSCI)和艺术与人文引文索引(AandHCI)。从 Web of Science 核心合集数据库收集外文文献能够保证较高的质量和全面性。为尽可能全面收集文献,选择包括标题、摘要、作者关键词和补充关键词的主题字段进行检索,字段围绕创新(innovation)、复杂度(complexity)、多样性(diversification、variety)、相关性(relatedness)、经济复杂度(economic complexity)和知识复杂度(knowledge complexity)7 个字段,检索公式为 TS=(innovation AND complexity) OR(innovation AND diversification) OR(innovation AND variety) OR(innovation AND relatedness) OR "economic complexity" OR "knowledge complexity",文献类型选择文章(article),研究领域类型选择"Economics"(经济学)、"Geography"(地理学)、"Urban Studies"(城市研究)、"Area Studies"(区域研究)、Multidisciplinary Sciences(多学科科学),时间段设定为 1999—2019 年。文献收集检索方案的设定主要遵循保证较高的查准率和查全率的原则,但两者通常难以兼得,本书参考 Chao(2017)提出的方案,首先保证查全率,对检索字段进行了扩展,其次对上述检索方案结果中的领域内 10 篇高被引论文进行了"施引文献扩展",基于许多重要科学贡献来源于跨学科研究的认识,在"施引文献扩展"结果中保留了部分相关性较高的其他领域研究文献,最后将文献汇总去重共得到 1 800 篇相关文献,总被引频次 136 977 万次,篇均被引 76.1 次。

一、英文文献知识图谱分析

从创新复杂度相关研究文献发文量和被引频次趋势图(图 2.1)来看,创新复杂度研究增长趋势整体呈现指数型,有着明显的阶段性特征,大体可分为三个阶段:1999—2009 年为起步阶段,此阶段发文量一直处于低位徘徊水平,年发文量在 25 篇以下,但被引频次自 2006 年开始出现较高增长势头,说明此期末出现了较为重要研究文献,为后期研究奠定了一定基础;2010—2014 年为高速增长阶段,发文量虽有波动但增长势头明显,被引频次快速增长;2015—2019 年为爆发阶段,此期文献被引频次仍呈高增长态势,发文量增长势头明显超过被引频次。为清晰呈现创新复杂度领域相关研究的发展历程,下文以 5 年为一个时间段,通过分析各阶段关键词共现图谱,呈现各阶段研究热点及发展趋势。在共现图谱呈现时,为降低图谱冗余,去除了共现频次较低的关键词,阈值选择仅对每个时段出现频次高于 50 的节点进行分析,图谱生成时采用最小生成树进行简化,并仅标注共现频次大于 10 的关键词。节点大小表示共现频次,但各阶段间无可比性,节点年轮颜色由紫到红表示关键词出现时间由远及近。

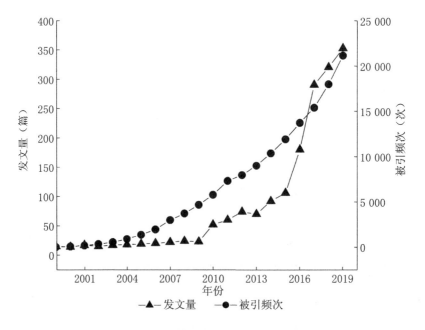

资料来源:Web of Science 核心数据库。

图 2.1   1999—2019 年技术创新复杂度研究发文量与被引频次趋势

1999—2003 年和 2004—2008 年受相关研究发文量较少的影响,高频次共现(超过 10 次)的关键词均未超过 15 个,但随着时间推移,研究热点不断涌现(图 2.2)。1999—2003 年间,出现频次较高的关键词有 innovation(创新)、knowledge(知识)、technology(技术)、industry(产业)、firm(企业)、network(网络)、spillover(溢出)、tacit knowledge(隐性知识)、research and development(研究与发展),相关研究主要从知识(技术)的隐性和可编码二分性、知识空间溢出性、知识或创新主体间结网关联性、研发投入重视程度来研究地区企业、产业的创新发展。此阶段受 20 世纪 90 年代左右内生增长理论的影响,重视经济发展中内生的技术进步因素,对知识(技术)产生和流动性的探讨较多。complexity(复杂

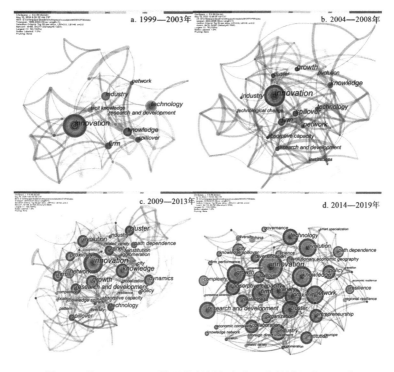

图 2.2 基于 Citespace 的国外创新复杂度研究关键词共现图谱

度)共现频次仅为 4 次,创新复杂度的针对性研究相对较少,此阶段复杂度研究主要借鉴自然科学、物理学和社会科学领域相关研究,往往将区域看作一个整体系统,强调多主体、自组织、非线性动态、系统层次性、复杂度演化等特征,如对国家创新系统(NIS)、三螺旋理论(Triple Helix Theory)的研究。

2004—2008 年,以 innovation(创新)、knowledge(知识)为核心的关键词群依然保持较高研究热度。新出现了 absorptive capacity(吸收能力)、cluster(集群)、institutions(制度)、evolution(演化)等高共现关键词。随着地理学的制度转向、文化转向、关系转向和演化转向的兴起,创新复杂度的相关研究也开始关注地区惯例、规则、集聚外部性、网络演化和创新主体间的协同特征。此时创新复杂度研究仍相对较弱,研究主要集中在知识(技术)元素间组合和创新主体间网络联系的交互复杂度,如 Bathelt 和 Glückler(2004)提出"本地蜂鸣—全球管道(local buzz-global pipelines)"概念后,利用复杂度社会网络方法分析创新网络的研究逐渐增多,Frenken(2006)将此阶段创新复杂度研究中主要应用的理论模型总结为适应性景观模型、复杂网络模型和渗滤模型。Asheim(2005,2007)基于知识的多样性和相互依赖性差异将地区知识库分为三种类型:"分析型"(基于科学),"综合型"(基于工程)和"符号型"(基于创造力)。Hidalgo等(2007)通过研究产品之间相关性网络构建"产品空间",指出复杂的产品位于产品空间核心,各国出口产品复杂度存在明显差异。

2009—2013 年创新复杂度相关研究图谱网络稠密度和复杂度明显增加,说明本阶段研究热点变得更加丰富多样,相关研究热点增加了 variety(多样性)、related variety(相关多样性)、proximity(邻近性)、path dependence(路径依赖)、resilience(韧性)等领域。创新领域多样性的讨论源于城市产业多样化集聚,多样化理论认为区域多样化发展能够带来知识溢出和分散风险,但知识溢出需要相关性较强的多样化,分散风险需要关联性较小的多样化。基于此,Frenken 等(2007,2008)明确将多样性分为相关多样性和无关多样性,并认为无关多样性能够增强区域抗风险能力,但对创新中的知识溢出影响有限。之后学者对相关和无关多样性研究进行了大量探讨,研究进一步指出相关多样化虽然能促进知识溢出但也容易产生较强的路径依赖性而造成区域锁定(lock-in),路径依赖是区域发展的基本特征,也是演化经济地理分析的理论基础之一。无关多样化普遍性相对较低,但无关多样化要素的重组利于突破性新事物的产生(Castaldi,2015)。Boschma(2005,2009,2012)研究团队对邻近性作了系统性研究,将邻近性分为地理(geographical)邻近性、认知(cognitive)邻近性、社会(social)邻近性、制度(institutional)邻近性和组织(organizational)邻近性五个维度,并在此后的创新合作与网络演化研究中进行了广泛应用。2008—2010 年金融和经济危机开始席卷全球,区域经济抵抗外部冲击能力和增强自身竞争力受到经济地理学家的重视,Martin(2012)将区域韧性(resilience)概况为四个方面:抵抗力(resistance)、恢复力(recovery)、更新能力(renewal)和重定位能力(re-orientation)。Hidalgo 等(2009)探讨国家竞争力时在产品空间的基础上构建了经济复杂度指数,指出国家竞争力源于能够生产的一篮子复杂度产品,经济的复杂度很大程度上决定了国家收入和发展水平。上述文献均提出了开创性的研究成果,为下一阶段创新复杂度的研究打下了基础。

2014—2019 年,创新复杂度的研究图谱网络连接密度达到 0.12,节点紧密度较高,节点年轮多有重叠(为清楚展示节点名称,节点位置作了错位显示处理),超过 10 次共现频次的关键词超过 45 个。此阶段的研究热点更加多样,节点间更加紧密集中,网络结构更复杂。Innovation(创新)和 knowledge(知识)依然是图谱网络的核心,与复杂度研究相关的 variety(多样性)、proximity(邻近性)、network(网络)、resilience(韧性)、evolution(演化)等均是此时的研究热点。创新具有明显的位置(location)依赖性,大城市(city)和集群(cluster)往往被看作适合创新发展的复杂地域系统,大量创新主体和创新要素在此集聚(agglomeration)促进了知识累积、重组和流动,且利于复杂知识(技术)的产生。欧洲因其创新资源富集、创新发展水平较高而成为研究创新的主要样本区,中国作为快速成长的新兴大国近年来成为创新复杂度研究的重要区域。此阶段实践性研究相对较多,开创性理论、方法研究较少。如 Balland 和 Rigby(2017)借鉴 Hidalgo 和 Hausmann(2009)构建的产品复杂度模型,对美国大都市区知识复杂度进行了测算,指出复杂度知识具有明显的空间非均衡性和黏性。知识(经济)的不断复杂化加剧了人类活动的空间集聚性(Balland,2020)。Balland 等(2019)指出,通过分析知识相关性、多样性和复杂度可为欧洲创新发展提供政策(policy)指导。Heimeriks 等(2019)对欧洲国家知识库的多样性和复杂度进行了研究,指出欧洲复杂度知识主要产生于欧洲北部和西部产生,落后地区应先向多样化发展,再追求高水平专业化,最后形成生产更多复杂度知识的能力。总而言之,当下衡量技术复杂度的方法主要是地区—技术二模网络评估法和技术组合难度评估法(Broekel,2017)。

构建文献共被引网络图谱可对 1999—2019 年研究主题的基础知识

演变过程进行整体分析。引用论文可看作知识从游离状态到当前研究中进行重组并产生新知识的过程,引文网络在时序上反映了知识的累积和继承,向后可对知识基础追根溯源,向前可研判研究趋势,其疏密程度反映了研究主题热点分布的分散和集中规律(Chen,2017)。下文选取1999—2019年创新复杂度研究相关文献进行共被引分析,时间切片设置为1年,每年选取被引频次前50的文献,运用最小生成树法(MST)对网络进行简化裁剪以突出结构特征。其中节点大小表示文献被引数量,色系条由浅变深表示引文出现时间由早及近(即由1999年到2019年)。引文网络生成后进行聚类分析,网络图谱中模块值(Q值)为0.72,表明划分的集聚社团结构显著性较高。采用对数自然率算法(LLR)提取关键词对聚类命名,保留12个规模较大聚类,这12个研究热点主题的出现具有一定时序性,大体上依次出现:tacit knowledge(隐性知识)、absorptive capacity(吸收能力)、spillover(知识溢出)、networks(创新网络)、lock-ins(锁定)、knowledge bases(知识基础)、sustainability(可持续发展)、proximity(邻近性)、variety(多样性)、regional resilience(区域韧性)、complexity(复杂度)、smart specialization(精明专业化)。

从文献共被引网络图谱来看,研究期内创新复杂度的研究最早关注知识二分特性,即隐性知识和编码知识,隐性知识传播具有明显地理黏性(位置依赖性),需要"面对面交流",这带来了人们对创新集群的广泛研究。虽然编码的知识被认为易于在空间传播,但也受到地区吸收能力的影响。Bathelt(2004)进一步指出,地区创新不仅需要重视本地知识交流,也需要构建从外界获取知识的通道。创新网络的研究开始兴起。随着地理学家借鉴运用演化经济学和进化生物学的演化视角、概念和方法,路径依赖、锁定、路径突破、选择、多样化、邻近性、抵抗力、恢复力等术语开始大量出现。创新复杂度研究在此基础上得到不断完善,研究发现,地区竞争力或抵抗外部冲击力受地区多样化发展影响,复杂知识(技术、产品等)多样化比一般知识多样化更具竞争力,一味追求多样化可能带来成本困境,多样化路径需要根据知识(技术、产品等)邻近性进行选择和政策指导,实现区域精明专业发展(Balland,Boschma and Crespo,2019)。

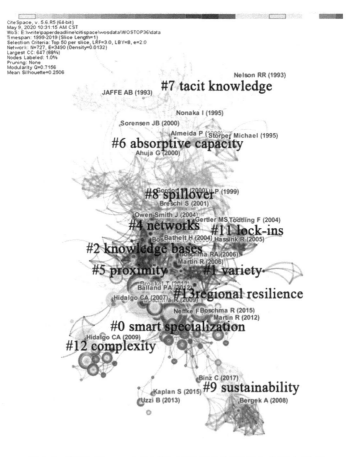

图 2.3　基于 Citespace 的国外创新复杂度研究文献引文网络

二、中文文献知识图谱分析

中文文献以中国知网(www.cnki.net)为平台,检索 1999—2019 年间同时包含"创新"和"复杂"两个主题词的所有期刊文献(不包括报纸、图书和会议文章等),学科限定在地理学、经济与管理科学,文献来源限定在核心期刊、CSSCI 和中国科学引文数据库(CSCD)内,检索结果中剔除了期刊征文稿、会议报道等,共得到 698 篇文献。由于中文文献体量较小,共现网络图谱节点显示频次出现 2 次及以上的关键词,共得到 127 个关键词节点,197 条连线。节点大小代表了主题词共现频次,超过 10 次的主题词有:复杂产品系统、复杂网络、技术创新、复杂系统、产品空间、创新、出口技术复杂度、产业升级、产业集群、比较优势、创新网络。从图片色度和节点年轮变化来看,复杂系统、产业集群等主题词是创新复杂度相关研究早期的主要热点,复杂网络、创新网络、技术创新、复杂产品系统、创新等的研究一直是大家关注的热点,由产品空间、比较优势、出口技术复杂度、出口复杂度、产品密度、产业升级等主题词构成的集合是近期研究的热点。通过文献梳理可以看出,创新复杂度研究早期主要关注创新复杂系统的研究。Freeman(1987)通过研究日本经济发展中企业组织、生产组织和政府的作用最早提出了国家创新体系的概念;Nelson(1993)通过比较 15 个国家的创新系统出版了《国家创新体系的比较分析》(*National Innovation Systems：A Comparative Analysis*)一书,引起国内对国家创新体系的广泛关注(王承云,杜德斌和李岩,2006;汪胡根和刘俊伶,2018)。其中冯之浚(1999)、胡志坚等(1999)等较早分析了中国国家创新系统建设的必要性和迫切性,指出中国建设国家创新系统重点应解决市场缺位的问题。对国家创新系统的研究也逐渐丰富了区域创新系统、产学研合作的三螺旋理论等的研究。产业集群关注的空间尺度相对较小，最初由 Porter(1990)在《国家竞争优势》中进行了论述。产业集群强调竞争性企业、相关的专业化供应商和服务商、相关机构(如大学、科研机构、制定标准的机构)在空间上集聚，关系上相互依赖，共享集聚外部性，具有明显复杂度特征(王缉慈，2001，2004)。随着"本地蜂鸣—全球管道"观点的提出和社会网络方法的运用，创新网络成为人们关注的热点(蔡铂，2003；王秋玉，曾刚和吕国庆，2016；周灿等，2017；段德忠等，2018)。复杂产品系统是管理学领域关注的热点，最早由 Hobday(1998)等人提出，强调产品的高成本、高研发投入、高技术含量和生产的系统性、网络交叉依赖性和层次结构特征。张炜(2001)和陈劲等(2001，2003)等最早将其介绍到国内，之后学者对地铁系统、核电站项目、高速列车、高端装备制造业等进行了案例分析(童亮和陈劲，2006；袁媛等，2019；江鸿和吕铁，2019)。创新复杂度除关注系统多主体性、动态性和集成性外，创新要素(知识、技术、商品)等自身复杂度特征成为近期研究的热点，产品空间理论的提出，较好地解决了创新要素间相互依赖关联和非线性动态演化的量化分析。其中曾世宏(2008，2010)较早在国内期刊介绍了 Hidalgo 等(2007)提出的"产品空间"概念，张其仔和李颢(2013)、贺灿飞等(2013)、周沂和贺灿飞(2019)对中国出口产品进行了实证分析，指出产品密度、产品间关联性、产品多样性、对外联系等对中国产业结构演变、经济发展路径创造具有显著影响。马双和曾刚(2020)、张翼鸥和谷人旭(2018)、崔兆财和周向红等(2020)利用专利数据，对中国知识空间分异格局进行了刻画。

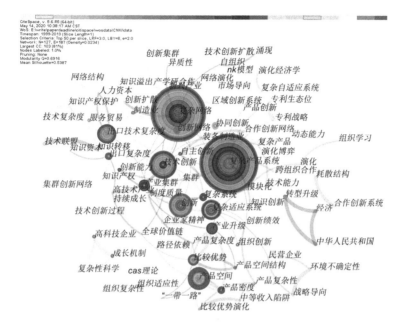

图 2.4　基于 Citespace 的中文文献关键词共现知识图谱

第二节　技术创新复杂度相关研究进展

一、技术创新复杂度与地区创新能力的相关研究

　　熊彼特(Joseph A. Schumpeter，1912)最早在《经济发展理论》一文中将创新引入经济学领域，此后他又通过《经济周期》和《资本主义、社会主义和民主主义》两本著作系统性地阐述了创新理论，指出创新是对生产要素的重新组合，即建立一种新的生产函数。此后，以索洛(R. Solow)为代表的新古典经济学派将技术进步引入生产函数之中。早期的技术创新理论将创新的过程看作是一个"黑箱"进行处理，对黑箱内部的运作机制

并不关心,创新常被理解为"设计—调试—生产—销售"的简单线性的机械过程(Asheim,1998)。

新熊彼特学派将技术创新视为一个多主体相互作用的非线性复杂过程,开始对"黑箱"内部的运作机制进行研究,随着复杂度科学的发展,新熊彼特主义者开始将创新的线性过程观点逐步转换为复杂系统的观点。此后的研究中相继提出了国家创新系统(national innovation system)(Freeman,1987;Nelson,1993)、区域创新系统理论(regional innovation system)(Cooke,1992)、产业集群(industrial clusters)(Porter,1990)、三螺旋理论(the triple helix:university-industry-government)(Etzkowitz and Leydesdorff,1995)等。

一方面复杂系统理论的引入使得创新过程的黑箱逐渐被打开,另一方面对于地区能力的评价也由简单指标法,如新产品、论文、专利、科学研究与试验发展(以下简称 R&D)投入、高新技术企业数和文献引用量等,向综合指标法转变。国内外主要的地区创新能力评价体系有:美国的《科学与工程指标》(*Science and Engineering Indicators*)通过科学技术、科学与工程劳动力、技术和全球市场、学术研发、研究与开发、产业、公众的态度与认识、中小学教育、高等科学与工程教育等方面构建指标体系;世界知识产权组织(WIPO)、康奈尔大学和欧洲工商管理学院,从制度、人力资本、基础设施、市场复杂度、商业复杂度、知识和技术产出等方面构建了"全球创新指数"(Dutta,2020);瑞士世界经济论坛(WEF)发布的《全球竞争力报告》从技术转移、技术扩散和创新能力三个方面进行评估(Schwab,2018)。在个人研究上,Porter(1990,2011)从生产要素,需求条件,相关及主导产业,企业的组织、战略与行业竞争,以及机遇和政府政策等方面构建了国家竞争力"钻石模型";宋帅邦(2020)从产品创新、工业创新、知识创新、制度创新评价了地区创新能力;杜德斌和段德忠等(2019)从科技人力资源、科技财力资源、科学研究、技术创新和科技全球化四个方面构建了中美两国科技竞争力评价体系。虽然综合指标法能够全面反映地区创新的全要素信息,但指标的权重设定是一个仁者见仁、智者见智的问题,并且一些研究与案例已经证实即使本地缺乏强大的知识生产能力,创新活动依然活跃(Capelloand Lenzi,2014)。

将复杂度思想与创新能力评价相结合的另一个趋势是通过构建地区—技术(知识)间的二模关联网络,运用计量方法挖掘创新单指标信息。其中 Hidalgo 和 Hausmann(2009)较早在产品空间理论(product space)中用反射迭代法(method of reflections,MR)构建经济复杂度指数,其后Tacchella 等(2012)提出了适应性复杂算法(fitness and complexity algorithm,FC),Sciarra 等(2020)在 MR 和 FC 的基础上提出了广义经济综合指数(generalised economic complexity index,GENEPY)。三者虽然运用的数学处理方法不同,但测度复杂度的原理基本一致,即越复杂的产品、知识、技术越难以被普遍生产,地区整体的经济或技术知识复杂程度依赖于能否产出更多样的、其他地区难以产出的非遍在的产品、技术或知识等。国内相关研究中李颖和佘群芝(2017)、李伟和贺灿飞(2020)、赵富森(2020)等通过对中国出口产品空间进行分析,探讨了中国经济发展复杂度的问题。马双等(2018,2020)等利用专利数据,对中国知识空间和整体技术复杂度进行了分析。产品空间和复杂度思想的提出突破了过去由数量论数量的传统分析范式,将经济的增长归因于知识(技术)含量差异化的产品之上,为地区经济发展和产业升级指明了方向,也将对地区经济发展状态的评价视角从规模数量上转移到结构和质量上。

二、技术创新复杂度生成机制的相关研究

(一) 技术关联与技术产出

传统区域发展研究主要关注不同资源要素的配置。新古典主义时期,研究的焦点在于诸如交通成本、资源禀赋和劳动力成本等传统经济要素(Crafts,2005)。随着新区域主义兴起,人们意识到制度厚度、风俗习惯和本地知识库等非经济要素是经济活动嵌入的关键背景环境(Cooke,1998)。但这些研究主要从企业、产业和区域等个体视角出发,忽视了个体间存在的相互关联特征。随着交通和信息通信技术的飞速发展,个体间的联系与互动带来的关联作用愈加明显,传统研究中忽视个体间关联的区域发展研究很可能会偏离现实世界(朱晟君,2020)。

关联视角与以个体为视角的研究不同,更加关注事物之间的广泛关联方式和关联机制(Cresswell,2013)。强调关联视角的研究主要存在于三个经济地理学学派:(1)加利福尼亚学派从劳动地域分工、产业组织垂直分散化和企业间交易联系等方面强调区域内部的关系资产影响生产关系(Scott and Storper,1995);(2)曼彻斯特学派在全球价值链和全球商品链的基础上,提出了全球生产网络的分析框架,将经济发展的多维性(经济、文化、社会、制度等)、空间的多尺度性(全球、国家和地方等)、行为主体的多样性(企业、社团组织和国家等)综合纳入网络结构的分析中,强调全球与地方的互动、地方嵌入和网络嵌入(Gereffi, Humphrey and Sturgeon,2005;Peck and Yeung,2005);(3)德国关系学派强调行为主体的社会和制度背景,路径发展的历史依赖性和社会能动性,超越了基于

企业惯例的小尺度关系视角(Bathelt,2003,2011)。前两个学派基于"关系转向"中的对人流、物流、信息流等要素流动的关注,强调地理学研究视角应由"位置空间"向"流的空间"转变,并认为这种流的关系对经济发展的影响更为重要。本书关注的技术关联是德国关系学派及演化转向的主要研究内容,强调基于知识溢出和资源共享等机制产生的产品、知识、技术、产业和市场等方面的关联,这些关联直接导致区域发展呈现显著的路径依赖性(贺灿飞和朱晟君,2020)。

地理学第一定律指出地理位置相近的事物关联更加密切(Tobler,1970),Boschma(2005)将邻近性归纳为地理、认知、组织、社会和制度五个维度,并认为地理邻近可以促进其他邻近性的生成,但并非知识溢出的充分必要条件,而认知邻近(cognitive proximity)往往是制约其他邻近机制发挥作用的重要因素。Nooteboom(1999)认为行为主体对世界的感知、解释和评估依赖于过去的知识基础和所处的自然和社会环境,受认知邻近的影响,知识的学习和增长是在原有基础上不断累积的过程。Nooteboom(2007)进一步指出,技术之间存在认知距离,认知距离与技术知识的产出效率间存在"倒 U 型"关系,即认知距离太近容易造成认知锁定,认知距离太远难以进行有效沟通,只有认知距离处在最佳区间才能有效促进知识的溢出。

关联性往往是衡量认知距离的关键指标,通常体现在能够影响认知能力的所处环境的相似性(Boschma,2017)。这种环境是一种难以被复制且包含丰富要素的区域资产,通常被视为区域基础设施、自然资源、风俗习惯、制度环境、生产资料、知识和技能等要素的组合,是区域漫长发展历史的凝结(Gertler,2003)。贺灿飞等(2020)认为关联性形成的机制主要在于两个方面:一是企业等个体资产不可分割和可转换性,个体的发展需要以现有基础为根基;二是与组织学习理论相关,个体知识储备越相似、所处环境越相近更利于信息的传播和接收,基础知识的相近有利于降低交流、交易和创新成本。张可云和李晨(2019)认为关联性主要可分为两类:一是行为主体间通过共享相同或互补的知识基础,遵循共同的科学和工程原理所形成的技术关联(Breschi and Lissoni,2009),当前研究中常用的产品共现、投入—产出关联、资源相似等均属于此类;另一类是应用关联性(Application Relatedness),指区域内的经济部门与区域外应用新技术的市场之间的联系(Tanner,2014)。有些学者通过区域产业共现(Howell,He and Yang,2016)、出口产品共现(Boschma,Minodo and Navarro,2013;Hidalgo and Hausmann,2007)、生产产品共现(Zhou,Zhu and He,2019)、技术专利共现(Balland and Rigby,2017)、出口市场共现(郭琪和朱晟君,2018)等资源共现法探讨了产业关联、产品关联、技术关联和市场关联,也有部分学者通过投入产出关系(Essletzbichler,2015)、企业关系(Basant and Dhandapani,2010)、劳动力流动(Neffke and Henning,2013)、论文或专利的引文关系(Kogler,Rigby and Tucker,2013)探讨了投入产出关联、制度关联、技能关联和技术关联等。其中共现关联弱化了关联来源的解释,而像投入产出、引文关系和人口流动等更容易诠释联系的前后向关系。尤其需要指出的是 Boschma(2011)和 Frenken 等(2007)地理学者将技术关联这一概念应用到区域多样化发展和知识溢出的讨论中,使其成为演化经济地理学关注的重要分支(Frenken,Van and Verburg,2007;Boschma and Frenken,2011)。

（二）技术关联的测度方法相关研究

技术关联研究视角的提出，使得大量关于地区经济发展演化的研究从理论和案例剖析层面转向实证分析（Boschma，2012；Hidalgo，Balland and Boschma，2018；Delgado et al.，2018；Davies，2020）。如何测度关联性成为区域经济学、产业经济学和演化经济地理学的研究重点。总结现有文献，关联性的测度方法主要有三种：层次结构关联（hierarchical relatedness）、资源相似性关联（resource-based relatedness）和共现关联（co-occurrence relatedness）。

（1）层次结构关联：此方法依据标准产业分类、技术专利分类（IPC、LOC 分类等）体系、学科分类等，将同一级分类下的两个子分类视为具有技术关联性。其中，Frenken 等（2007）将属于二位数（dig-2 class）产业下的两个四位数（dig-4 class）产业可以看作是相关联的，并利用熵值法（entropy）将区域的技术关联分为相关多样（related variety）和无关多样（unrelated variety）。此方法优点在易于操作，但分类标准过于绝对，并且同一类别下的细分产业并没有理论根据表明是一定相关联的，且在解释垂直关联性时这种方法的解释力较差（Fan and Lang，2000）。

（2）资源相似性关联：此方法主要从产业链的视角出发，通过测度产业间资源利用或流动的相似性来测度关联性，大多依据投入—产出表（即部门联系平衡表）来衡量产业间投入要素的相似性。如钱肖颖和孙斌栋（2020）利用省际投入产出表拟合省际产业贸易流矩阵和产业技术关联度，并分析了技术关联对中国省域产业创新的影响。Farjoun（1998）较早通过测度不同行业劳动力技能相似度来定义关联性，Neffke 和 Henning（2013）在利用劳动力行业流动数据测度技术关联时发现，产业的技术关联网络呈现的复杂特征远超过标准产业分类代码(SIC)所能表征的信息，企业间存在大量跨行业的技术关联。资源利用相似度法能够反映关联性的来源，但并不是所有资源在不同行业具有同等的重要性，如技术专利产出具有肥沃技术领域倾向，适合测度技术密集型行业，而对传统行业的关联性测度往往会出现偏差(郭琪和贺灿飞，2018；Essletzibchler，2015)。

（3）共现关联：通过测度两类产品或技术等在同一地区同时出现的概率来衡量两者的关联性，其基本思想是如果两类产品高频率的同时出现在一个地方，则认为两类产品对基础设施、制度环境和劳动力等生产要素具有相似的依赖性，两类产品便具有某种程度上的技术关联性(Hidalgo，2007)。利用共现分析法来测度关联性是目前最为常用的方法，其中 Juhász 和 Broekel(2021)通过研究专利数据的位置共现特征发现，位置的共现利于技术相关程度的加强，并且相比于一般技术，具有一定关联性的复杂技术会随着时间变得愈加相关。Teece(1994)和 Neffke(2011)均强调当下共现分析多集中于国家或区域等地理尺度，但企业才是最微观、最主要的生产主体，企业层面的共现将大大提高技术关联的准确度和严谨性。Muneepeerakul(2013)通过分析职业的共现概率来刻画城市的职业关联依存网络，进而分析城市的经济发展转型问题。

上述三种方法是当下研究中最常用的技术关联测度方法，它们的优点在于很好地契合了当下"演化转向"的分析逻辑框架，将区域多样化发展视为基于演化的内生过程(Boschma and Frenken，2011)，并且用大量宏观和微观的数据涵盖了各个产业、部门和企业等，可提供多尺度的比较研究。当然 Neffke 和 Henning(2013)也指出了这种分析方法多是基于结果的反向推导分析，对经济、社会和政策等问题的关注相对不足。

(三) 技术复杂度与技术产出

关联性的测度方法虽然不尽相同,但其分析的理论基础基本一致,即经济主体更可能多样化到与其认知距离近的领域。基于关联性的认知距离视角,Hausmann 和 Klinger(2007)提出了产品空间理论,其认为产品空间密度高的国家(地区)拥有更大发展机会。此后的研究在此基础上提出了知识空间(knowledge space)、产业空间(product space)、技能空间(skill space)等(Rigby,2015;Kogler and Whittle,2018;Fitjar and Timmermans,2017)。但随着研究的深入,人们意识到虽然地区沿着与技术知识基础相关联的路径发展相对容易,但过分依赖相关技术容易导致认知锁定,并且并非所有地区均能通过技术关联实现产业的升级(Boschma,2018)。

技术或知识的复杂度特征使人们逐渐意识到知识习得的难易程度存在差异,知识并不能在空间中无障碍的自由流动,呈现出一定的地理黏性。迈克尔·波兰尼(Polanyi,1966)最早将知识分为显性知识(explicit knowledge)和缄默知识(tacit knowledge),Asheim(2005)根据工业类型将知识分为"分析型"(基于科学)、"综合型"(基于工程)和"符号型"(基于创造力)知识。但知识二分类或三分法过于绝对且难以掌握标准,部分学者开始对知识的复杂度特征进行分析,Winter(1988)、Zande(1995)和Arthur(2009)等将知识看作不同信息的组合,信息组合的难度决定了知识的复杂程度。近年来,Hidalgo 和 Hausmann(2009)、Tacchella(2012)、Balland 和 Rigby(2017)、Broekel 和 Boschma(2020)、Sciarra 等(2020)、Juhász 和 Broekel(2021)等人对产品、知识、技术等的复杂度问题讨论为地区产业升级、创新发展提供了新的研究视角。Kogut 和 Zandcr(1993)

认为,知识的复杂度是造成知识缄默的关键,Balland 和 Rigby(2017)指出那些在空间上易于流动的技术往往价值不大,而那些复杂的、难以被模仿的技术往往是地区竞争优势的主要来源。Balland(2020)进一步通过研究发现科学研究(research)、创新活动(innovation)和工业生产等不成比例的集中于大城市,且科学论文、技术专利、就业和国内生产总值等会随着其复杂度的增加而在空间分布上更加集中,这表明空间分布的非均衡性的加剧与经济等活动的日益复杂化有关。Hidalgo(2021)在回顾复杂度理论的发展和应用时指出,虽然学界很早就意识到经济活动是一个复杂的巨系统,但对经济发展复杂度的实证研究在过去十年才加速发展。其中 Lapatinas(2019)揭示了互联网使用率与经济复杂度之间的正相关关系,Gao 等(2017)探究高铁对中国省份间经济关联和复杂度的影响,Sweet 和 Maggio(2015)、Lapatinas 和 Kyriakou(2019)、Antonietti 和 Franco(2021)等从知识产权、税收、外国直接投资(以下简称 FDI)、移民来源多样化等方面探讨了地区发展复杂度问题。从当前的研究成果来看,不论是对经济复杂度还是知识、技术复杂度的研究均表明,复杂的技术(产品等)的空间分布具有高度的地理集中性和发展趋势的"马太效应",复杂度与知识扩散距离呈现负相关关系,具有较强的地理黏性,整体复杂度越高的地区往往能够产出越多的其他地区难以产出的复杂知识、技术和产品。

第三节　国内外研究述评

从国内外研究进展来看,技术创新复杂度研究已成为国内外地理学领域研究的热点,近年来的研究出现了较多新视角、新方法。国外创新复杂度相关研究往往起步较早,涌现了较多突破性研究理论,国内的相关实证分析则为其提供了发展中国家的经验。近30年来,创新复杂度相关研究具有以下特点。

第一,从研究对象上来看,创新复杂度的研究对象主要为国家创新系统、区域创新系统、创新集群等创新系统;企业、大学、科研机构等创新主体特征及其互动;知识的二分性(隐性/显性)、工业知识库("分析型""综合型""符号型")特征等;产业、产品、就业、论文、专利等创新活动表征要素的空间分布与流动;创新资源的投入—产出效率等。在此研究框架和分析模式下,地区的创新发展侧重于培育产业集群或不断延伸现有产业链,随着国内大量产业园的涌现,"集而不群""产业同构""产能过剩"等问题也开始显现。针对传统创新发展政策的失灵,近年来对知识多样性(相关多样和无关多样)、创新的多维邻近性、技术关联性和复杂度的研究成为热点。

第二,从研究视角上来看,大多数的研究中常将创新视作从投入到产出的线性过程,不论是对创新系统的研究还是对不同创新主体间协作创新的关注,大多将创新过程视作一个黑箱,似乎地区只要供给足够的创新资源就能够产出一定的创新成果。部分学者将地区间创新投入产出的差异归因于知识吸收能力的异质性(Cohen and Levinthal,1990;Giuliani,2005;刘晔等,2019),也有的学者将创新的过程进行分解,试图打开创新过程的黑箱(Hansen,2007;余泳泽和刘大勇,2013;覃雄合,2019),但这些研究均未对创新区域如何踏上创新发展之路,如何进行技术升级提出切实可行的建议。以技术关联为视角的研究,将创新视作现有知识基础的重新组合,技术和产业的升级依赖于技术知识之间的关联路径。Hidalgo 等(2018)、Delgado 等(2018)、贺灿飞和朱晟君(2020)、朱晟君等(2020)均指出关联性法则是内生增长理论的再发展,对技术、企业、产业、区域间关联性的研究有助于揭示产业升级、技术创新演化规律。

第三,从研究方法上,以往的区域创新发展路径探讨多以定性分析为主,定量分析为辅。定性研究以案例分析最为常见,Kenney(2000)在总结硅谷创新发展经验时指出,硅谷的崛起似乎向世界提供了一种区域创新发展的样板,世界各地的政府机构争先通过配置创新资源规划建设创新园区,但极少有成功的案例或能够达到硅谷那样的创新活力。在定量研究中多将创新表征数据视作同质的进行无差别对待,即使是对知识进行了二分类或三分类等,也过于绝对或分类标准过于含糊。技术关联和技术复杂度视角的研究,通过大量的包含地理信息的细分行业、产品或技术类别数据进行降维处理,关联性和复杂度不再单单体现自身属性特征,更加强调地区间的相互依赖性。Hidalgo(2021)指出当前新出现的类似与机器学习式的对大量细粒度数据(fine-grained data)的处理方式为研究复杂系统提供了新思路和更加切合实际的研究结果。技术创新复杂度的研究仍处在研究的初期阶段,不论是理论基础还是测度方法仍处在不断改进完善和进行实践检验中。

第四,在研究尺度上,创新发展的研究多集中于企业尺度的微观层面和中观层面的城市或区域,宏观层面的全球尺度的比较研究相对较少。随着"本地蜂鸣—全球管道"等理论的提出,西方地理学开始关注地方与全球的地理尺度差异和互动机制。但无论是创新资源的分布还是创新要素的流动性的研究多集中于组织层面和区域层面。而随着全球化的深入、中国"一带一路"倡议的提出、全球科技竞争的加剧等,中国亟须加强对全球尺度科技创新活动的研究。

随着经济发展全球化和知识化的深入发展,创新资源在全球范围内加速流动,联系愈加密切带来的相互依赖程度增加未能使国家关系变得更加和谐,相反,贸易摩擦、经济制裁、围堵与反围堵等频频上演。国家间的竞争焦点逐渐由对全球生产原材料、产业链分工体系、运输网络、销售市场等的掌控权争夺转向科技竞争上来。而当下从个体视角出发的研究常常忽视个体之间的关联,虽然经济地理学增加了企业、产业间的关联研究,但对区域间关联的关注仍略显不足。对地区创新资源的配置和利用效率等问题的研究再深入,依然无法有效回答国家间的科技竞争态势和依赖性的形成机制,也很难回答为何有的地区能够踏上创新发展之路并能够不断进行技术升级。基于此,本书从技术关联和技术复杂度视角试图回答全球技术创新发展竞争态势及其演变,技术创新产出与升级的基本规律等问题,并尝试为中国走技术创新发展之路提供对策和建议。

第三章
理论基础与研究框架

第一节　技术创新相关概念辨析

一、创新、技术创新、专利

（一）创新

"创新"最早由美籍奥地利经济学家熊彼特引入经济学领域进行系统性分析，熊彼特认为创新是将生产要素或生产条件用一种新的组合引入到生产体系中，即建立一种"新的生产函数"。其后通过1912年至1954年间出版的《经济发展理论》《经济周期》《资本主义、社会主义与民主》《经济分析史》等著作系统性地论述了创新理论。熊彼特早期将创新分为五种类型：产出一种新产品、采用一种新的生产方法或工艺、获得新的供应源、开辟新的市场、采用新的组织形式。随着人们对创新的重视，系统性研发活动开始兴起，创新可据此分为基础研究、应用研究和试验发展研究，其中基础研究是为认识现象和掌握事物客观规律，获得新发现、新知识或新原理而进行的研究，产出形式以论文和著作为主；应用研究是为了验证基础研究成果的可能用途,或寻找实现一定目标的新方法而进行的研究,产出成果以论文、原理性模型或专利为主;试验发展研究是利用现有知识去开发或改进产品、工艺而进行的系统研究,产出形式以新产品、专利等为主。

(二) 技术创新

新新熊彼特主义将创新理论分为侧重技术变革和技术传播的技术创新学派和侧重制度变革和制度形成的制度创新学派。其中,技术创新可定义为:创新主体进行产品、工艺或方法的新产出或旧的改进提升,是将基础研究成果、科学知识或经验运用到应用研究之中获得新产品或提高生产效率,最终实现市场利润最大化的过程(Hanusch and Pyka,2007;Aghion,2014)。从众多研究中可以得出:技术创新主要是一种以获得经济效益的市场行为,技术创新的行为主体是企业,强调企业家精神(贺灿飞等,2014;张林,2015)。

(三) 专利

专利(patent)是技术创新产出成果的主要形式之一。专利是由政府机关或者区域性组织根据申请而颁发的一种文件,这种文件记录了新的技术解决方案的产品或方法,并在一定时间内具有一种法律状态。专利权同著作权、商标权等是现代知识产权的重要组成部分。专利文献虽然不能涵盖所有的创新成果,但因其信息披露的相对规范性、详细性和长时序性,常常被用作创新测度指标。专利具有明显的创新性、地域性和时间性,根据创新性的不同,可分为发明专利、实用新型专利和外观设计专利,根据地域的不同,可分为国内专利和国际专利,其中际专利一般指向他国申请的专利,向他国申请专利主要有三种途径:直接向该国提出申请,通过《巴黎公约》(Paris Convention for the Protection of Industrial Property)提交,通过《专利合作条约》(Patent Cooperation Treaty,PCT)提交。

随着1994年《与贸易有关的知识产权协定》(TRIPS)的签订和1995年世界贸易组织(WTO)的成立,"亲专利时代"开始到来,技术创新产出专利化成果和产权纠纷同步增多,企业和国家开始研究不同的专利布局战略。广义专利布局战略是指对专利申请规模、申请领域、申请国家和申请保护年限上的谋划,狭义的专利战略指如何在某一技术领域布局专利。广义的专利布局战略有美国式的开拓型研发战略、日本式追随型研发战略和专利贸易战略(张韵君,2011)。狭义专利战略包括:路障式(申请领域内难以规避的关键技术)、城墙式(将技术的可替代方案全部申请)、地毯式(申请领域内全部技术)、糖衣式(申请领域内不同技术,迷惑对手)、外围式(申请核心技术周围相关技术)。其中核心技术持有者往往通过路障式、城墙式、地毯式、糖衣式布局战略阻碍竞争进入该领域,后来的创新者根据自身创新能力一般选择城墙式和外围式进入技术领域,与持有核心技术的竞争对手形成交叉技术上的制衡。

二、创新复杂性

复杂性研究的提出主要是相对于还原论(reductionism)而言,还原论认为复杂的事项可分解为多个单元部分的再组合来解释,但近代的研究发现有些复杂问题(系统)一旦进行分解,有些性质便会消失,对单元部分的研究再透彻也无法把握事项的整体本质,整体的特性明显大于各单元特性之和,而单元之间的关系要远比单元本身更复杂(Bertalanffy,

1969）。1999 年，《科学》(*Science*)杂志专门以"复杂系统"为专题，发表了《超越还原论》(Beyond Reductionism)、《复杂度研究的一般经验》(Simple Lessons from Complexity)、《复杂度与经济》(Complexity and the Economy)等文章，从物理学、经济学、地理学、生态学等领域的复杂度问题进行了阶段性总结。Swanson(2002)指出创新复杂度最直观的表现是创新投入产出的非线性特征。创新地理学领域的复杂度问题主要关注创新知识基础的复杂度和创新系统的复杂度。

（一）知识类型复杂性

在信息通讯、交通运输等技术快速革新的推动下，时空被大大压缩，"距离已死"(the death of distance)、"地理终结"(the end of geography)、"世界是平的"(the world is flat)等观点相继被提出。地理空间上的移动似乎变得愈加丝滑流畅，但以论文、专利、高新技术产品等为代表的创新产出并未随机或均衡地分布在世界各地，知识密集度越高的经济活动表现出越强的空间集聚性，知识生产与空间扩散表现出的这种地理位置黏性取决于知识本身性质的复杂性。

1. 显性知识与隐性知识

迈克尔·波兰尼(Polanyi，1966)最早提出了知识类型的二分法，将知识区分为显性知识(编纂知识)和隐性知识(默会知识)，显性知识可以通过书面文字、图表、数学公式、手势、旗语等规范化、系统化的符号直接进行表述和传播。隐性知识是那些可以领会但难以进行编纂或直接表达的技能、思想和经验。隐性知识类型可从认知和技术两方面进行划分，认知层面包括信仰、信念、思想、价值观、领悟、直觉、情感和思维模式等，这些影响着我们对周围世界的感受，技术层面主要为非正式的且难以明确表述的"技术诀窍",技术诀窍的习得主要来自亲身实践、主观判断、个人洞察力、直觉、灵感等。显性知识因其可编纂性易在空间中流动和传播;隐性知识因其不可编纂性,深受所处位置环境中的文化、习俗和制度的影响,一般深嵌于个人经验之中,往往通过"干中学"和面对面交流等情景互动方式领悟、累积和传承。隐性知识具有非常陡峭的"距离—衰减"曲线,表现出更强的地理黏性。

2. 工业知识基础类型:分析型知识、合成型知识和符号型知识

跨行业的知识生产活动逐渐增多,研发强度的普遍提升削弱了高科技与低科技产业之间的区别(如食品行业开始像生物技术行业那样以同等规模投入研发生产功能性食品),且隐性知识与可编纂知识间常常有着动态的互动和转换,传统的知识二分法和工业体系分类很难满足人们对工业创新活动的认识。Asheim 和 Coenen(2005)等人率先将工业活动的知识基础类型划分为分析型、合成型和符号型三种。

分析型知识基础主要活跃于 R&D 密集型产业和活动,依赖于基础理论和知识,最终将科学知识转化成技术知识。此类活动的企业往往拥有自己的研发部门,进行着基础研究、应用研究和实验开发的系统研究,依靠自主研发的同时,与大学、科研院所等有着广泛、密切的联系。这类知识活动大多依靠可编码性知识,对距离的敏感度较低,此类知识一般在研发密集型企业、大学和研究机构之间流动。

综合型知识基础主要存在于通过现有知识进行重新组合创新的产业中,在那些依靠实践技能的传统行业中较为常见,如专用机械使用、造船、高楼建设等过程中需要解决与客服或供应商互动过程中出现问题时的创新。相对于分析型知识基础的行业,以综合型知识为基础的行业对 R&D

的投入相对较低,主要依靠应用研究、实验开发研究部门通过测试、试验、实践等归纳产生创新,而非抽象演绎。综合型知识基础对可编纂知识需求较低,在亲身实践或面对面交流互动式情景中探寻"技术诀窍"是知识溢出的主要形式,基于此类知识基础的行业对地理邻近性敏感度较高。

符号型知识基础主要与创意产业相关,此类知识是以审美符号、图案、造型、声音等形式生产和传播,创新是基于"技术诀窍"和高度"认同感"的复杂、动态、隐性的知识,其象征性价值一般明显大于实际用途。创新一般在边做边学的过程中进行,由熟练、专业的人员或团队完成,面对面的沟通和本地蜂鸣等社会联系至关重要,所处的语言、信仰、风俗、习惯、文化等环境因素和个人教育程度、情感经历、情景感受与解读能力等至关重要,这种软环境或隐性知识使得符号型基础行业对地理邻近性更加敏感,更加依赖于本地知识搜索和创新协助。产品具有一定无形性,较强的市场导向性,也许会产生一定全球影响力,但创新元素常常较难识别。

(二) 创新系统复杂性

地理学将地理系统视为一个"开放的复杂巨系统",从宏观上来看,由人类社会系统与地球表层自然系统两大子系统组成。根据研究对象或尺度的不同,创新地理学领域涉及国家创新系统(Freeman,1987;刘燕华,1998)、区域创新系统(Cooke P.,1992)、产业集群(王缉慈,2001,2010)、三螺旋理论(Leydesdorff,Etzkowitz,1996)等复杂度研究问题。创新地理学研究的复杂度问题有着明显的空间尺度差异性、历史(路径)依赖性、突现性、开放非均衡性、非线性协调耦合、自组织演化等特征(李双成和蔡运龙,2010;贺灿飞,2018)。

三、技术创新复杂度

地区技术创新产出的复杂度不仅来源于技术的数量规模、知识含量和多样性结构,更取决于竞争对手能否产出同样的技术。技术创新复杂度是从地区技术竞争和依赖视角考察创新产出的"质量"问题。本书研究的技术复杂度涉及两个尺度,即区域尺度和技术个体尺度,但单个复杂技术的简单相加并不能真实反映地区整体技术知识库的复杂度特征。本书对地区整体技术创新复杂度作如下阐述:"一个地区如果能够产出越多的其他地区难以产出且具有规模比较优势的技术时,则这个地区具有相对较高的技术创新复杂度水平。"

对于单个技术的复杂度,Winter(1988)认为复杂度是指"表征相关知识所需的信息量",Zande(1995)指出知识复杂度体现在知识组合的多样性,Broekel(2019)等认为知识信息量的多少及信息的组合关系强度是知识复杂度的重要决定因素。对于复杂度知识的识别主要存在两种方法,技术结构组合难度评估法和反射迭代法(reflection),技术组合视角的复杂测度依赖于信息论,认为新知识和技术可通过现有知识的重新组合来生产(Arthur,2009;Hargadon,2003),这种组合关系可描述为组合网络,网络由代表不同知识组成部分的节点和结合关系为边连接而成,以椅子和汽车为例,椅子由四根腿、一个靠背和一个座板组成,四根椅子腿是同质的,故椅子仅由三个部分构成,呈现以座板为核心连接着靠背和腿的星状网络。汽车具有更多组件,由更多节点和连线组成,构成更复杂的组合网络,其中 Broekel(2019)提出了网络结构多样性估值法(network diversity score,NDS)。反射迭代法由 Hidalgo 等(2009)提出,主要通过知识间的相互依存关系识别技术复杂度,此处的复杂度知识主要指那些知识含量高且大部分地区难以生产或模仿的技术知识。

关于地区技术创新复杂度依然从方法论角度进行定义,本书将地区技术知识库视为一个整体,将技术知识库内技术创新产出的主要形式——专利作为其基本组成单元,将技术的复杂度特征分为技术遍在性和技术多样性两个维度,技术遍在性是指此技术能否被大部分地区普遍性产出。技术复杂度的度量方法是对技术遍在性和技术多样性进行多次迭代计算,直到地区在技术复杂度度量估值结果在排序中的位置大体保持不变时停止。地区的技术复杂度度量值并不具有唯一确定性,是地区间相对复杂度的估值。

第二节 技术创新复杂度相关理论

一、创新复杂系统理论

复杂系统是演化经济地理学重要的研究对象。系统是普遍存在的,任何事物都包含在一定系统之内,系统是由相关作用的若干部分组合而成的具有一定功能的有机整体,系统强调要素、结构、功能和整体性四个方面(钱学森,2005)。复杂系统是一个动态适应、非线性、远离均衡的系统,它通常由多个相互联系的主体组成,具有功能分散性、开放性、非线性互动、自组织性、不确定性等特征(Holland J.,2006),见表3.1。信息论、控制论、耗散结构论、协同论、超循环论、自组织理论、复杂适应系统(CAS)等的提出均促进了复杂系统论的发展(谭跃进和邓宏钟,2001;宋学锋,2003；Sterman,2010)。

表 3.1　复杂系统的基本特征

特　征	内　　涵
多主体性	由多个主体推动系统运行,各主体间存在功能差异
分散性	系统资源与功能分散于不同的组分,各组分之间具有高度的关联性
开放性	与外部环境有着密切关联,界线难以识别
非线性	不同组分之间进行复杂反馈和自我强化互动
整体性	组分之间的高度关联性,难彻底分解为独立的组分
自组织性	系统整体特征是各组分自发互动的结果
适应性	自组织性使系统能适应外部环境调整其结构和动力
不确定性	各组分能够反映系统的部分特征,但系统整体演化方向具有不确定性

资料来源:作者根据相关文献整理。

(一) 国家创新系统理论

国家创新系统形成于 20 世纪 80 年代末至 90 年代初。Freeman(1987)通过考察日本在经济和科技上的快速追赶美国这一现象,发表了《技术政策与经济绩效:从日本经验学到的》,率先提出国家创新系统的思想,将国家创新系统看作公、私领域里各种机构相互联系和作用所形成的网络,其目的是激发创新,促进新技术的形成和扩散。早期国家创新系统强调三个方面:(1)国家特性(national-specific factors),一个国家的专有因素包括物质因素和精神因素,"精神因素"是重要的资本;(2)国家科学技术能力的内生性,科学和教育对经济发展具有重要促进作用;(3)国家需制定长期的政策,并协调国家内创新主体的关系。随着《国家创新系统:走向创新与相互学习的理论》和《国家创新系统:比较分析》等出版,国家创新系统在学术界的研究和政府决策上的应用开始兴起(Lundvall,1992a;Nelson,1993)。国家创新系统受到政府决策层的重视主要源于:(1)知识经济的发展,(2)系统论的广泛应用,(3)从事 R&D 研发活动的企业和机构增多。

国家创新系统的运行机制主要从 5 个方面解释:(1)企业、科研单位、政府部门、大学等教育培训机构等均是国家创新系统的重要创新主体;(2)各主体保证自身内部良好的运行机制是保证整个系统整体运行效率的基础;(3)各主体间需要进行积极互动,促进创新资源的充分流动和知识的广泛溢出;(4)制定利于创新发展的法律、法规、政策措施等,营造良好创新环境;(5)积极进行国际联系与互动,适时调整国家创新系统(余伟,胡岩和陈华,2019;樊春良和樊天,2020)。随着全球化的深入,有学者提出需要从系统论和全球价值链视角建立一个超越国界的全球创新系统(Binz 和 Truffer,2017)。

(二)区域创新系统理论

Cooke(1992)是较早提出区域创新系统概念的学者,认为政策干预的空间尺度更利于在区域层面发挥作用,区域创新系统更像是次国家创新系统。区域创新系统的提出不仅受创新理论、系统论、复杂科学、国家创新系统等的影响,更与新产业区位论有着较大关系。通过对"硅谷"和"第三意大利"等地区的跟踪研究发现,地区间创新发展的差异在于根植于本地文化的企业家精神和"集体学习型"的创新模式。Asheim 和 Isaksen(2002)指出,区域创新系统理论的兴起不仅与区域创新发展政策的大量需求有关,也源于创新资源在全球范围内加速流动并在少数地区不断聚集,以及区域性的产业集群和创新活跃地区的大量出现。区域创新系统的研究尺度多样,有街区、城市、大都市区、城市群等功能上强调创新主体的互动、政策激励、邻近性带来的知识溢出和独特的社会根植性。

(三）创新集群理论

Michael E. Porter(1990)在《国家竞争优势》一书中正式提出产业集群(industrial clusters)的概念。其将相同或相关的企业在某地集聚并联系的经济现象称作产业集群。随着知识和技术对产业集群发展的作用越来越大,创新政策研究中逐渐用创新集群来表述。创新集群是区别于低成本的产业集群(或低端道路的产业集群)而言的,即创新性的产业集群或基于创新的产业集群。集群内部所具有的创新活力源于地方文化中蕴涵的企业家精神,以及有利于地方创新主体竞争与合作的制度和社会结构。创新集群和一般产业集群的区别在于,创新集群更加强调利于创新思想成长与传播的较为宽容的社会文化、弹性的社会结构。创新集群理论在中国的应用体现在各类高新科技产业区和大学科技园区的大量建设(王缉慈,2006)。

二、技术创新系统理论

技术创新系统理论认为决定地区创新发展路径、创新空间或组织演化的因素主要与地区产业或技术本身相关而非国家或区域,技术创新系统理论是对国家或区域创新系统理论的一种补充。Carlsson(1991)从知识流动的视角将技术创新系统看作某一产业或技术领域内主体互动的网络,网络内主体的主要行为为技术的产生、扩散、利用和竞争。技术创新系统理论的主要贡献在于为了能够把握创新系统的复杂动态特征,将传统的研究焦点从整体系统的要素和结构延伸到核心要素—技术知识演变的动态过程,并将其作为评估创新系统绩效的工具。

Hekkert 等(2007)和 Bergek 等(2008)对技术创新系统的结构和功

能进行了总结,技术创新复杂系统主要由技术、行为主体和网络组成,其中技术是指某类技术或某个技术领域,如清洁能源技术;行为主体可以是企业、大学、个人、国家或城市等;网络由技术交易、技术创新合作、创新价值链、产业分工、技术标准、技术知识关联等渠道连接。技术创新系统的功能主要有:(1)技术知识的溢出与扩散,(2)影响技术演化方向,(3)技术多样涌现性,(4)利于形成市场,(5)促进技术标准化与合法化,(6)较强资源动员力,(7)积极的外部联系(见图3.1)。

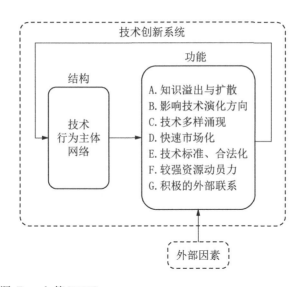

资料来源:Bergek 等(2008)。

图3.1　技术创新系统结构与功能

三、产品空间理论

产品空间理论最早由 Hidalgo 等(2007)提出,其将国家出口的产品集合看作一个整体或系统,由出口产品集合体现的国家经济复杂度不仅取决于本国产品的规模与多样性,也取决于他国能否同样产出。产品空间理论与技术创新系统理论在技术演化上有着较大相似性,均强调技术知识相关性、多样性和内生性。产品空间理论认为一国经济的增长主要通过不断升级产业结构、增加生产更多样的复杂产品能力来实现,产业结构的升级以现有产业为基础,产业结构演化方向依赖于产业间的关联性。产品空间理论运用社会复杂网络分析方法,将产品的比较优势和产品间的技术关联性等特征纳入网络结构中,通过比较分析产品在产品网络空间分布的中心—外围特征、集聚程度和复杂程度反映国家间不同的产品结构的演化进程。产品空间理论主要涉及多样性、比较优势、遍在性、技术邻近性、技术关联密度、核心—边缘结构、路径依赖等概念。

雅各布外部性理论认为地区不同产业(企业)等的多样化有利于激发创新的灵感,促进知识的流动和溢出,产品的多样性一定程度上反映了地区创新资源的富集程度。比较优势理论强调专业化能力,国家在不同产品间的劳动生产率是不同的,国家应该通过劳动分工生产并出口具有比较优势的产品,对于所需求的比较劣势的产品通过国家贸易获得,但"中等收入陷阱"的出现表明比较优势常常难以长期维系(Kharas,2007)。学者们从多个视角探寻国家产品比较优势产生的秘密,如要素禀赋、技术差距、需求偏好、规模经济、不完全竞争、产品周期、产业政策等。其中对全球价值链的研究发现,发达国家往往处在价值链增值微笑曲线的两端,赚取了商品生产中的绝大部分利润,发展中国家处在微笑曲线的中间环节,主要从事技术含量较低组装加工,商品技术含量较低意味着商品更易被他国模仿,产品的遍在性更高(Saliola and Zanfei,2009)。

在此基础上,产品空间理论认为国家的经济复杂度的提升关键在于产业的不断升级,由生产遍在产品向生产非遍在且知识含量高的产品转变。产品的升级跳跃便引出了邻近性问题,Nooteboom(2001)等认为地理的邻近不必然导致产业间知识的溢出,只有在知识认知距离处在合适范围时,创新发展才会活跃,认知距离太近容易造成知识的锁定,认知距离太远则会因无共同知识基础难以消化吸收,技术关联程度成为衡量认知邻近性的重要指标。Hidalgo(2007)等认为产品是技术知识和生产能力的综合载体,反映国家(地区)进行经济生产所需的要素禀赋信息,如研发水平、人力资源、生产技术、仓储运输、对外联系、知识产品保护、产业政策等,处在同一地区的不同产品因其生产所需的要素相似性而具有邻近性和较高技术关联性。由于产品间关联性的差异,各产品根据技术关联程度相连,形成了疏密不同的产品分布空间。处在产品空间不同位置的国家,也因其整体技术关联密度的差异,导致产品升级机会和升级路径存在较大差异。处在产品空间边缘的地区因与核心地区联系较弱,容易陷入"低端产品陷阱"(贺灿飞、董瑶和周沂,2016)。

因此,产品空间理论强调国家产品结构的演化容易在技术关联性强的产品间实现升级,处在产品空间边缘的国家应着重增加产品多样性,进而提高国家整体技术关联密度,为国家产业结构向具有高知识复杂度的核心地带跳跃创造技术关联路径。产品空间理论主要强调国家产业结构升级的技术关联导致的内生自我演化,忽视了外部因素的影响,如对外联系、产业政策刺激等。像产业政策和外商直接投资等外部因素如同"人工植树"和"外来物种",虽然需要承担一定"水土不服"或"物种入侵"的风险,但也是地区实现多样化提高产品技术复杂程度的重要手段。

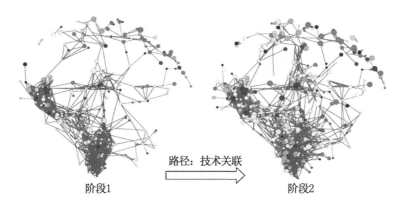

路径：技术关联

阶段1　　　　　　　　　　　　　　　　　阶段2

注：图中每个节点表示某种产品，节点大小表示产品出口额，节点间连线表示两产品间具有技术相关性，连线长短表示相关程度。

资料来源：贺灿飞（2016）。

图 3.2　产品空间示意图

第三节　创新发展路径演化理论

一、产品生命周期理论

Vernon（1966）最早通过研究产品生产从发达国家向发展中国家转移的过程提出了产品生命周期理论，将产品生产过程划分为产生、成熟、标准化三个阶段，标准化阶段一旦形成，产品生产会从发达国家转移到发展中国家。之后 Abernathy（1978）和 Gort（1982）等分别提出了产品生命周期的 A-U 模型和 G-K 模型。Rink（1979）总结出产品生命周期的 12种模式。同理，技术生命周期同样可简化为标准范式的进入、发展、成熟、衰退或更新四个阶段（见表 3.2）。产品生命周期理论的研究认为，企业更早更快地进入市场，容易克服相对较小的市场进入壁垒，但需要企业拥有较高的创新能力，承担较高的失败风险。当企业进入高增长期的发展阶段时面临的市场的壁垒相对较高,市场先占有者为捍卫既得市场,达到长期赚取高昂利润的目的,往往对尝试进入市场的产品采取猛烈打压措施,而当新企业一旦进入市场同样会采取措施建立壁垒阻止或减缓新竞争对手进入。企业在成熟阶段进入市场的壁垒相对较小,此阶段产品已经形成标准化生产范式,企业只需在成本、市场和销售价格等方面寻找竞争优势便可快速占领市场(Keivanpour and Ait,2007;Saaksvuori and Immonen,2008)。技术创新周期与产品生命周期遇到的市场进入壁垒略

表 3.2　产品生命周期阶段特征

阶　段	初始期	增长期	成熟期	下降期	衰退期
商品销售量					
商品需求量	购买者极少	购买者增多	市场需求达到顶峰	市场需求下降	需求急剧下降
技术需求	小批量短期生产,技术更新频繁	批量规模化生产,技术变动小	技术工艺稳定,重大创新很少		
资本密度	较低	资本高投入,设备折旧率高	资本投入高,需大量专用设备		
产业结构	进入者具有一定专业技能,需要大量提供专业服务企业,竞争者较少	竞争者增多,纵向一体化生产	资本大量进入,部分企业开始退出	企业大量退出	
关键要素	科学知识和技术	管理经验、资本	半熟练和非熟练工人、资本		

资料来源:Dicken(2014)。

有不同,由于技术专利的排他性和技术知识的累积性,企业在技术成熟阶段进入该领域往往会遭遇其他创新主体已布局专利带来的壁垒。Lee(2013)、张海丰和李国兴(2020)等研究认为在技术成熟阶段,发达国家已经占据创新的高点,并存在"马太效应"或"赢者通吃"现象,即使后发国家在技术追赶过程中付出巨大努力也不一定能缩小与发达国家差距,与成熟技术相比,国家更容易依靠新兴技术实现赶超。

二、区位机会窗口理论

区位机会窗口理论(window of locational opportunity)是在产品生命周期理论的基础上被提出的,认为在知识经济和全球化经济的影响下,越来越多的新兴技术、企业和产业等的产生和发展不再简单依附于当地现有知识基础、原材料、劳动技能、生产组织和关系网络,高流动性的产业资本和强联系的通信、运输、生产和销售等对外关系网络,促使更多"松脚型"新兴技术、企业在空间区位落地选择上具有更高的灵活性和自由度,此段时间被称为"区位机会窗口"。

新兴产业在空间生成和落地的早期,机会事件扮演了主要角色,Boschma(1999)认为在新兴产业生成的初期,产业所需的专业知识和技能等特定要素与区域资源禀赋存在较大差异,但通用基础要素又具有相对遍在性,新企业的区位选择自由度更大,此时机会事件就变得相对重要。如地区舒适的自然环境、雄厚的资本、充足的科研投入、靠近广阔的消费市场、优惠的税收环境、积极的政府支持政策等,均能成为地区产生或吸引新兴技术落地的机会。虽然有利的地区环境利于新兴技术的产生,但并非充分必要条件,如具有高租金等不利条件的地区同样存在较多高新技术企业。一是因为新兴技术应用早期，由于技术的独有和新颖性，往往具有较高溢价能力；二是因为新兴技术初期往往与现有区域基础条件并不匹配，新兴技术需要依靠自身能力创造或吸引空间要素的再供给，通过设立研发中心、开展技能培训、广告推广、提供一定公共服务吸引关联企业入驻等方式维持新兴技术新颖性和获得市场认可。因此，"松脚型企业"的出现使得地区拥有更多的机会窗口创造出新的发展路径（赵建吉，王艳华和苗长虹，2019）。一旦新兴企业在某地越过一定规模门槛，并与本地产生广泛联系，集聚经济、规模报酬递增和本地化知识溢出效应不断涌现，企业的区域机会窗口随之关闭。由于区位机会窗口理论过分强调机会事件，轻视了时空情景和因果关系，演化地理学随之提出路径依赖理论。

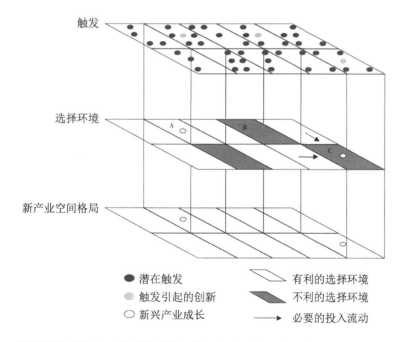

资料来源：赵建吉，王艳华和苗长虹（2019）；Boschma（1997）。

图3.3　区位机会窗口模型

三、技术赶超理论

技术赶超理论(Lee,2005)的核心观点是,后发地区应该选择那些技术周期短(对现有知识依赖度小、技术更迭快)的新兴技术领域进入,通过不断进入新兴技术领域更容易实现赶超。对"赶超"的系统性研究可追溯到 Gerschenkron(1962)发表的经典论文《经济落后的历史透视》,Gerschenkron 通过对 19 世纪末期欧洲大陆国家(德国、俄罗斯、意大利等国)的经济增长超过英国的研究,提出了"后发优势"一词,即后发国家可以借鉴和吸收发达国家发展道路上经验和教训,直接采用最先进的技术和设备实现快速发展。Abramovitz(1986)将"赶超"定义为后发国家对先进国家的经济和技术两方面的赶超。Perrez(1988)认为技术具有单向累积性,后发国家的追赶路径具有固定性。

Krugman(1997)认为由于技术研发具有沉没成本和惯性,发达国家对变革技术的采用持有谨慎态度,后发国家可通过直接采用革命性新技术,跳过成熟技术,以蛙跳的形式实现赶超。Lee(2005,2013)通过分析韩国和中国台湾地区经济赶超路径时,将赶超模式总结为 3 种:路径跟随,后发国家遵循发达国家发展路径,若想实现赶超,需要在发展速度上取胜;阶段跳跃,后发者在沿发达国家发展路径时,会跳过某些阶段;路径创造,后发国家已具备一定创新能力,开始摸索自身技术发展路径。

在赶超路径选择上,区别于华盛顿共识的全面私有化和自由化,"北京—首尔—东京共识"指出发展中国家对资源掌控能力相对较弱,在发展初期应当实施阶段性开放,培育产业初始发展能力(余东华,2007)。通过研究中国技术追赶路径,王曙光(2019)根据国家所处外部环境和内部经

表 3.3　技术赶超路径的 3 种模式

创新主体	技术发展路径	
技术领先者	一般发展路径：	阶段 A→阶段 B→阶段 C→阶段 D
	（1）路径跟随：	阶段 A→阶段 B→阶段 C→阶段 D
技术赶超者	（2）阶段跳跃：	阶段 A→　→　→阶段 C→阶段 D
	（3）路径创造：	阶段 A→阶段 B→阶段 C→阶段 E

资料来源：Lee(2005，2013)。

济制度提出了"两类工业赶超假说"。郑长江(2017)综合考虑技术差距与制度差异总结出 6 种赶超路径。余泳泽(2012)通过区分传统产业和新兴产业，提出了"二元性"技术赶超路径。以上研究的共同点是均强调政府在赶超过程中的重要作用。Lee(2013)等认为低收入国家应发挥其低生产成本(资源、环境、工资等)的优势，积极融入国际产业分工体系，通过走贸易专业化道路实现经济上赶超，当国家收入达到中等水平时积极采取技术专业化道路，避免产业因缺乏自主技术而陷入"中等收入陷阱"。而能否实现技术赶超的关键在于如何选择重点发展的领域。技术知识具有累积性和时效性，有些技术很快会过时淘汰(短周期技术)，有些技术存续时间较长(长周期技术)。长周期技术一般知识含量较高，需花长时间习得，且习得过程中往往会受到技术先发者的阻击；短周期技术一般知识更迭较快，进入机会更多，后进者更容易实现赶超，后发者通过短周期技术赶超的优势在于对现有知识依赖程度较低。其中长周期技术一般对应成熟产品，短周期技术一般对应新兴产品，这与 Vemon(1966)在产品生命周期理论提出的后发国家重点吸收最成熟产品以谋求发展的观点相反，也与演化经济地理中技术关联视角略有不同。虽然两者均认识到技术关联的重要性，但演化经济地理不断寻求建立技术关联，而技术赶超理论在不断寻找

"技术关联低"的新技术领域进入。当然一味追求新兴的短周期技术会阻断向领先国家学习成熟技术的机会导致自身创新能力不足,现实的做法是在持续向先进国家学习成熟技术的同时,积极寻求进入新兴技术领域的机会。

四、路径依赖理论

路径依赖理论与广义达尔文主义、复杂度理论是演化经济地理学的三大核心理论(见图3.4)。演化经济地理学兴起于20世纪90年代中后期,是传统经济地理学在吸取其他社会科学的研究成果的基础上,经过"制度转向""文化转向""关系转向"和"演化转向"发展而来(Nelson,2009;Boschma,2006,2010;Kogler,2015)。传统经济地理学主要分析经济社会活动的空间非均衡现象,演化经济地理侧重用历史动态发展的视角分析经济社会活动空间异质性的演进过程,将时间和空间要素有机结合,汲取了演化经济学和经济地理学的基本观点(Frenken,2007)。

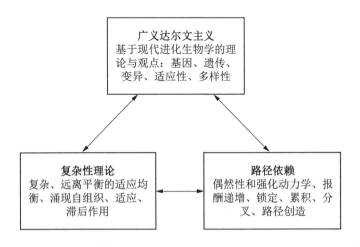

资料来源:Boschma and Martin(2010)。

图3.4 演化经济地理学三大基础理论

惯例、新奇、选择是演化经济地理学相关理论的基础概念（Boschma，2010），其中惯例是行为主体对历史决策结果不断总结经验所形成的"历史记忆"（Nelson，1982），行为主体的决策以"惯例"为基础，并受到以制度和组织结构形成的相对稳定且可遗传的"组织基因"的影响。惯例并不是一直不变，新奇事物的出现被视为"基因"突变的结果，即创造性破坏的过程。新奇事物的出现往往破坏原有系统的平衡性，行为主体对新奇事物是否接受，具有一定选择机制，能否与现有基础建立联系是选择机制考虑的核心因素。

路径依赖建立在惯例、技术关联等概念的基础上，将区域发展看作一个动态过程，侧重于分析以前状态 X 如何导致了当前状态 Y 的发生（Martin，2010）。Martin（2006）将路径依赖简化为 4 个阶段：（1）由于某个历史偶然事件或随机事件，新企业布局于某个地区；（2）在示范效应和集聚经济等机制作用下，新产业快速发展，新发展路径形成；（3）经过一段时间的发展，区域产业份额保持相对稳定，形成路径锁定；（4）路径解锁，不可预测、非预期的外部冲击导致产业衰退与消失。早期的路径依赖模型主要强调路径依赖与锁定的形成机制，如示范效应、知识溢出和规模报酬递增等。Henning 等（2013）指出四阶段路径模型存在一定问题，其将新发展路径的形成归因于历史偶然事件或随机事件，而未看到新产业往往从旧产业中分化而来，此后的路径依赖理论更加强调新产业生成的本地技术关联内生性。随着研究深入，路径依赖产生了多个细化概念，如路径延伸（path extension）、路径多样化（path diversification）、路径革新（path modernization）、路径移植（path importation）、路径分叉（path branching）等（Grillitsch，2018；Isaksen，2018）。路径延伸是指现有产业通过渐进式技术创新而发展。路径多样化是指不相关知识进行重组产生新产业，即演化经济地理学主流叙述中的不相关多样化分化。路径革新是指现有产业通过重大技术创新或组织变革来实现发展。路径延伸与路径革新主要针对现有产业增长。路径移植是指将现有产业从一个地区移植到另一个地区，且另一个地区的产业结构与该产业并没有较强的技术关联，这种现象可以发生于发达国家核心与边缘地区之间，也可以发生于发达国家与发展中国家之间。路径分叉是指演化经济地理学主流叙述中的相关多样化，即路径更新（path renewal），路径分叉或路径更新涉及新产业的产生。

技术关联、相关多样化分化与路径依赖这一主流叙述存在诸多局限（Isaksen，2017；Trippl，2017；贺灿飞等，2020），其强调了区域新产业和新技术的形成可以由现有产业基础内生分化，新旧产业（技术）间存在较强技术关联（Boschma 等，2012a；Frenken，2007），但这种情况多发生于经济较发达、创新资源丰富的地区，大多欠发达地区实际上并不具备内生分化的能力（Isaksen，2016；Barzotto，2019）。此外，当产业之间的认知距离过近时，容易造成区域知识和技术的"锁定"，此时，适当的利用外部手段来打破"锁定"局面，以实现路径突破，如在社会制度环境下的外部干预和构建延续"惯例"而开展的外部联系，均可为路径演化突破式发展提供新的可能（Boschma 等，2012；He 等，2016）。

地方政府可通过提供优惠政策，引导区域产业发展脱离原有生产能力，打破产业演化的路径依赖（Young，2000；Poncet，2005；罗芊，贺灿飞和郭琪，2016）。Jankowska 等（2012）通过对韩国、巴西和墨西哥的案例研究，证明产业发展政策能够促使地区生产结构转变。Abdon（2011）研究发现撒哈拉以南非洲地区的产业结构集中于产品空间的"边缘区",需要引入有关政策来打破路径依赖以实现地区经济增长与结构转型。Lee(2013)研究指出 20 世纪 80 年代中国、韩国、印度和巴西基本同时起步发展交换机技术,但只有中国和韩国成功,究其原因主要在于两国采用了政府采购、提供信贷拨款等产业扶植政策。上述研究证明,政府可通过政策干预实现地区发展的路径突破。

建立对外联系、利用外部资源有助于弥补区域发展新经济活动所面临的资源与技术缺口,为区域发展注入新活力,避免陷入路径锁定导致发展停滞甚至衰退。对外联系的建立势必与本地已有联系相互作用,表现为"全球—地方"之间多类型行为主体在特定空间支持与约束下的互动。外部资源的获取可以分为两类:第一,进入本地的外部经济主体,如 FDI、归国技术型企业家、R&D 机构等;第二,本地外部连接,如合作创新、跨国并购、学术交流、贸易展览、国际贸易等。

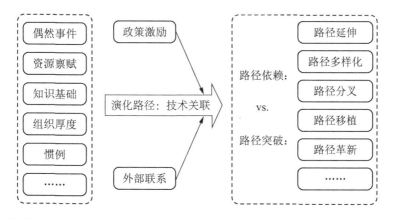

资料来源:作者根据相关研究自绘。

图 3.5　技术创新发展路径依赖与突破过程

第四节　全球科技创新中心转移理论

一、全球科技创新中心理论

"全球科技创新中心"是一个较新概念,学术界对其内涵、外延、内在演化机理等展开了丰富研究。全球科技创新中心包含了国家和城市两个层面。在国家层面,最早可追溯到英国学者贝尔纳,1954年,英国物理学家贝尔纳(Bernal)较早在其科学史著作《历史上的科学》中定性分析了"科学活动的主流"(即科学中心)在全球范围内随历史演进在空间位置上变动的现象。20世纪80年代,随着硅谷、波士顿、慕尼黑和班加罗尔等具有全球影响力的科技活动中心或新兴产业中心的兴起,对全球科技创新中心的研究开始聚焦到城市层面,其中《在线》杂志在2000年最早提出了"全球技术创新中心"(global hubs of technological innovation)的概念,联合国《2001年人类发展报告》在此基础上提出了"技术成长中心",澳大利亚智库2Think Now在发布的《全球最具创新力100城市排行榜2011》中,将全球创新城市分为支配型城市、中心城市和节点城市。同时,国际产业研发中心、国际研发中心、创新枢纽城市、科技创新城市、国际研发城市等概念被提出。杜德斌和何舜辉(2016)研究认为,全球科技创新中心的主要功能包括科学研究、技术创新、产业驱动和文化引领四个方面,具有功能支配性、结构层次性、空间集聚性、产业高端性和文化包容性等特征。

二、汤浅—红州现象

日本学者汤浅光朝(Mintomo Yuasa,1962)在贝尔纳研究的基础上通过对《科学技术编年表(1501—1950)》和《韦伯斯特人物传记》里记载的科学成果和代表性科学家进行统计分析,其认为当一国科学成果数量超过全球总数的四分之一时,则该国被认为是此阶段的世界科学中心,近现代历史依次出现了:意大利(1540—1610 年)、英国(1660—1730 年)、法国(1770—1830 年)、德国(1810—1920 年)和美国(1920 年至今)五个科学中心。各国的科学兴隆期大体在 80 年左右,之后便不可避免地移位给下一个国家,至此世界已经经历了四次科学中心转移。根据这一规律,汤浅光朝认为美国的科学中心地位将在 2000 年左右终止。1974 年,赵红州利用《复旦大学学报》所载的自然科学大事记,也发现了"汤浅现象"这一规律,其在国内被称为"红州现象"(Hongzhou, 1985)。

世界科学中心转移的相关研究多建立在"汤浅现象"和"红州现象"的基础上,大多借助科技研究成果数据进行量化研究,而测度指标选取以及对科学中心的界定不同直接决定了转移节点的差异。孙玉涛和国容毓(2018)在对世界科学活动中心转移的研究中指出,科学家的迁移对科学中心的移位有较大影响,美国在很长一段时期内仍将坐拥世界科学中心的位置。而日益深化的科研合作全球化和合作成果归属的模糊化使得传统的统计分析结果失真,"汤浅现象"似乎正在消失。

第五节　分析框架建构

本书主要依据技术创新系统理论、产品空间理论、全球科技中心转移理论和演化经济地理学相关理论,从全球国家尺度和中国城市尺度探究了技术创新发展路径演化问题。其中依据技术创新系统理论将技术(技术类型、数量、质量等)、创新主体(国家、城市、企业等)、网络(合作网络、地区—技术产出二模网络、技术关联网络)作为分析的主对象;依据世界科技中心转移理论分析世界科技中心是否因技术产出规模上的变动正在发生转移;依据产品空间理论从地区技术类型多样性、技术遍在性及由两个构建的技术复杂度指数分析地区技术创新产出具体状态和总体"质量"水平;在演化经济地理学的分析框架下,主要从技术邻近性和外部联系两个方面考察地区技术创新发展路径依赖和路径创造问题(见图 3.6)。

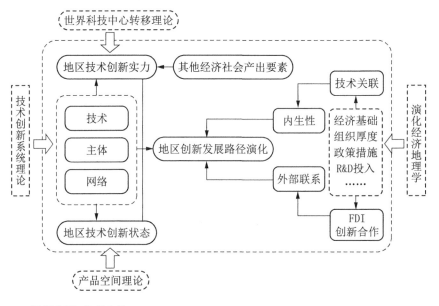

资料来源:作者自绘。

图 3.6 分析框架

第四章
全球技术创新产出时空格局

在经济发展知识化和全球化双重推动下,技术的专利权已成为全球争夺的主要战略性资源。本章通过比较分析世界主要国家和地区技术创新产出的增长态势、技术结构差异及演变,来把握世界技术创新发展动态;通过分析全球技术创新产出的空间演化动态,探究中国技术创新发展水平在世界中的位置,为中国技术创新发展寻找方向。

第一节 研 究 方 法

一、空间非均衡指数

(1) 集中度指数:反映样本的集中分布程度,与阈值 n 有较大关系,公式为:

$$CR_n = \sum_{i=1}^{n} S_i \qquad (4.1)$$

计算时首先对样本数据按从大到小的顺序进行排位,CR_n 表示前 n

位的集中度指数,其中 S_i 是处在第 i 位序的样本值占总样本的比重。

(2) Gini 系数:可较好地反映样本之间的差异程度,公式为:

$$G = \frac{n+1}{n} - \frac{2 \times \sum_{i=1}^{n} i \times x_i}{n^2 \times \hat{x}} \tag{4.2}$$

式中:G 为 Gini 系数值,n 为研究样本单元数,x_i 为样本 i 的属性值,$\hat{x}$ 是全样本平均值。G 值处于 0—1 之间,G 值越低表示样本的规模分布越均衡。

(3) 首位度指数:首位度的概念最早由马克·杰斐逊(M. Jefferson)于 1939 年提出,其在《城市首位律》(The law of the primate city)一文中通过研究 51 个国家的城市人口分布时发现,一个国家内人口规模最大的城市,即首位城市,人口规模一般是第二大城市的 2 倍。杰斐逊发现的这个规律被称为"首位分布规律",现成为衡量城市规模分布状况的常用衡量指标。首位度的衡量一般采用规模最大城市指标值与处在规模第二位城市的指标值之比,其公式为:

$$S_2 = P_1 / P_2 \tag{4.3}$$

式中,S 为首位度指数值,P_1 为规模最大城市指标值,P_2 为第二大规模城市指标值。此后研究中又提出了四城市首位度指数,公式为:

$$S_4 = P_1 / (P_2 + P_3 + P_4) \tag{4.4}$$

其中 S_4 为四城市首位度值,P_1、P_2、P_3、P_4 分别为规模第一至第四位城市指标值。一般认为两城市首位度值为 2,四城市首位度值为 1 时相对合理。首位度值过大表示规模位序结构失衡,资源过于集中。首位度过小表示资源分布过于均衡,地区缺乏增长极,发展易同构,缺失地区秩序掌控者,地区间竞争将更加激烈。本书借用首位度的概念来分析首位国家在全球经济社会活动中位置,从时间序列演变上分析国家间竞争关系。

二、空间重心指数

本书利用加权平均中心法计算重心,重心的位置可用于比较不同类型要素的空间分布差异,重心的轨迹移动有利于追踪要素分布格局的变动。计算公式为:

$$\bar{X}_w = \frac{\sum_{i=1}^{n} w_i x_i}{\sum_{i=1}^{n} w_i}, \quad \bar{Y}_w = \frac{\sum_{i=1}^{n} w_i y_i}{\sum_{i=1}^{n} w_i} \tag{4.5}$$

其中 x_i 和 y_i 分别表示要素 i 的经度和纬度值,w_i 为要素 i 的属性值,n 为要素的总个数。$\bar{X}_w$ 和 $\bar{Y}_w$ 分别表示要素重心的经度和纬度。

第二节　技术创新产出规模的时空分异

一、全球技术创新产出激增现象

世界主要发达国家均经历过创新成果专利化激增的过程(见图4.1)。以美国为例,1900—1985年间,美国发明专利申请量(本国籍居民在全球的申请量)一直在年均6万件左右的水平上波动,自20世纪90年代初,美国发明专利申请开始以6.4%的年均速度激增,由1990年9.1万件增加至2018年的51.5万件。日本自"贸易立国"转向"技术兴国"后,国内技术创新产出开始迅速激增,1985 年,日本国民的专利申请量已占全球的 60.2%。同样,世界其他主要经济体如德国和韩国等的发明专利申请量有着同样趋势的激增过程(Fink, Khan and Zhou, 2016)。技术专利化激增现象与 1994 年世界贸易组织成员方共同签订的《与贸易有关的知识产权协定》有着较大关系,该协定极大提高了全世界知识产权保护的力度。由于专利权具有排他性和地域性,一国在某技术领域大量申请知识产权保护,必然会挤压他国技术发展空间。先发国家往往占据了技术创新的先机,在世界上形成了一定"技术霸权"(technological hegemony)(蔡翠红,2019)。随着中国等后发国家在经济和技术创新上的崛起,由少数发达国家控制世界技术体系的局面正被打破。

以 2006 年为界,2006 年之前,世界技术创新产出激增贡献量主要来自美日德韩等发达国家,2006 年之后,中国成为世界技术创新产出增量的主要贡献者。1985 年时,中国发明专利申请量仅占世界 0.89%,到 2018 年时,已占到 60.7%,并为世界贡献了 112.1% 的增量。中国技术创新发展起步明显滞后于美日德韩等国,1990—1999 年间,中国发明专利数量由仅 5 833 件增长至 16 214 件,十年间年均增速 12%。自 2000 年中国经过第二次专利法修订和 2001 年加入世界贸易组织之后,开始以年均 25% 的增速增长,2008 年以 20.4 万件的申请量分别超过德国(17.2 万件)和韩国(17.3 万件),2012 年以 56.1 万件的申请量分别超过日本(47.3 万件)和美国(49.3 万件)。2008 年美国金融危机和全球金融危机之后,全球发明专利申请增速普遍降低,中国增速也呈现波动趋势,2017 年增速仅为 3.9%。其中,Hu(2014)认为外国直接投资在中国大量申请专利对其商品进行知识产权保护起到了示范和竞争威胁作用;Li(2012)指出中国的专利补贴政策大大促进了专利产出;龙小宁和王俊(2015)等对专利类型进行区分研究发现,专利激励政策主要促进了实用新型和外观设计专利的大量产出,但并未显著降低发明专利的质量。由于各国专利局对专利的认定和审核标准并不一致,且专利申请具有明显的本国优势,各国间发明专利的质量水平并不具有可比性,但对考察各国创新活跃程度具有一定参考价值。

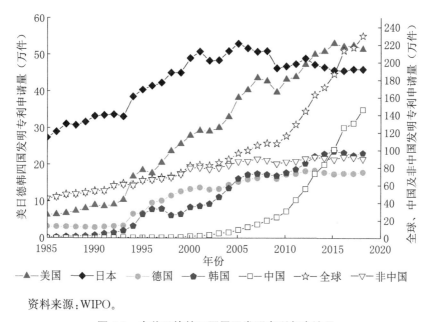

资料来源:WIPO。

图 4.1　中美日德韩五国居民发明专利年申请量

考虑到向别国申请知识产权保护的专利往往具有较高的申请成本、专利布局价值与技术知识含量,为横向比较世界主要国家技术创新产出成果专利化激增的长时序特征,需要选取标准相对统一且具有代表性的技术知识库进行对比分析。美国作为全球最大经济体和授权他国专利最多的国家,世界各国倾向于在美国布局高质量专利技术。2019 年,美国专利及商标局(USPTO)授权 357 889 件,授权专利中权利人为本国国籍的比例为 50.6%,共授权他国专利 176 747 件,是授权他国专利数量最多的专利局。采用美国专利局授权专利具有相对统一的专利质量审核把关标准和足够大的数据样本,为消除专利申请中本国优势的影响,将美国自身授权的专利剔除,仅采用他国在美国专利局获得授权的专利来分析技术创新专利化激增趋势。

日本是在美国专利与商标局申请专利授权最活跃的国家,从图 4.2 中可以看出,自 20 世纪 60 年代中期开始,日本在美国专利与商标局的授权专利一直处在激增状态,在 1975 年以 6 354 件授权专利超越德国(6 058 件)成为外国在美最大的专利被授权国,此后与德韩中三国的差距越拉越大。德国在美专利被授权量长期稳定在 1 万件以下,2010 年开始

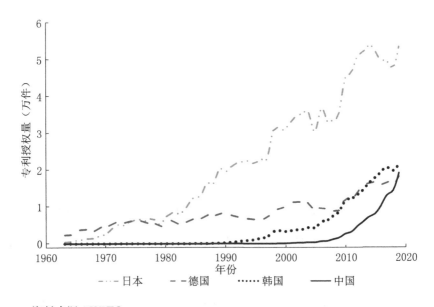

资料来源:USPTO。

图 4.2 中日德韩四国在 USPTO 年度专利授权量

呈现明显的增长态势。韩国在美积极寻求专利授权始自20世纪90年代中期,略早于中国,但整体增长态势与中国类似。韩国技术创新产出的加速增长同中国一样与国家的创新发展政策有较大关系。1982年韩国制定实施"科学技术发展五年计划",成立韩国电子通信研究院、生命工学研究院等国家科研机构,1987年,三星集团成立综合技术院,韩国企业开始争相成立自己的研发中心,韩国企业的研发经费占全国研发支出比重比美国和德国等发达国家都高(任真等,2011)。

中国在美开始大量布局专利权起步最晚,2000年专利授权量开始超过100件,2009年开始以年均29.8%的速度激增,这与中国中央财政从2009年起设立专项资金资助向国外申请专利的中小企业、事业单位和科研机构,并制定实施《资助向国外申请专利专项资金管理暂行办法》(财建〔2009〕567号)的时间节点基本一致,这说明国家的创新发展资助政策具有一定成效。到2019年,中国在美专利授权量达到19 209件,已与德国(18 293件)和韩国(21 684件)的水平基本相当。仅从年度授权专利数量上来看,中国的技术创新水平已经开始赶超德国和韩国,但与日本之间的差距依然较大。考虑到知识的沉淀累积性,中国的授权专利存量与日德韩三国间仍有较大差距。

Kortum和Lerner(1999)等将技术创新成果专利化激增原因总结为三个方面:(1)研发投入强度的增加,(2)倾向于保护专利的友善法庭,(3)存在利于专利产出的信息技术等行业的肥沃土壤。Kim和Marschke(2004)进一步利用美国行业数据验证了上述发现。中国技术创新成果激增同样可归因于以上三方面因素,但也呈现出中国特色。

中国技术创新产出激增现象显现相对较晚,一是由经济发展阶段和经济增长模式所决定,二是因中国建立起相对完善的知识产权保护制度的时间相对较晚。1984年中国颁布第一部专利法,开始系统建立中国知识产权保护制度和法律体系,1985年中国成为《巴黎公约》的成员国,1994年中国成为《专利合作条约》(PCT)成员国。1992年中国与美国签署《中美知识产权保护备忘录》并对专利法进行了第二次修订,新增了对药品、食品、饮料、调味品予以授权的规定,增加了专利"进口权"内容、专利权的权利内容和保护期限,此次修订极大提升了外国企业在华专利申请的积极性。2000年中国在加入世界贸易组织前对专利法进行了第三次修订,进一步完善了技术创新成果保护法律体系,极大提升了国内企业专利申请的积极性。中国国内技术创新产出格局逐渐由外国创新主体引领转变为本国技术创新主体主导。

(1)外国创新主体引领国内技术创新发展阶段。1985—2001年期间,中国国内高质量技术创新产出成果较少,创新性较差的实用新型专利申请增长较快,创新主体主要以个人、科研单位和大专院校为主,创新企业相对较少且以大中型国有企业为主。此阶段,外国来华发明专利申请量多年高于国内(见图4.3)。直到2003年,中国国内发明专利才以56 769件的申请量超过外国来华申请量,中国本土创新者开始成为中国知识产权局申请专利的主力。对于外国在华发明专利长期占比较大,可从以下三个方面进行解释。一是中国知识产权保护制度不断完善,为外国在华申请专利权打下了基础。二是出于市场占有目的。随着改革开放不断深入,中国对先进技术的需求不断增长,外国公司开始通过国际贸易、直接投资设厂等途径快速融入中国市场,为防止产品被模仿,外国企业在华通过申请专利保护其知识产权。三是应对行业对手竞争威胁。外国在华申请专利的目的是确保技术在中国市场赚钱最大利润,利润大小取决于竞争对手技术实力,随着中国本土企业创新能力的提升,外国公司不得不加快在华布局专利,阻断潜在竞争对手的进入和成长。(唐晓云和赵桂芹,2017;Hu,2014;Keupp and Beckenbauer,2010)外国在华积极申请专利并不断要求加强知识产权的保护力度,一方面对国内创新发展起到了示范作用,另一方面也在一定程度上限制了中国技术模仿创新的能力,阻碍了技术知识的快速溢出,减缓了中国技术知识的原始积累进程(Hu,2014)。

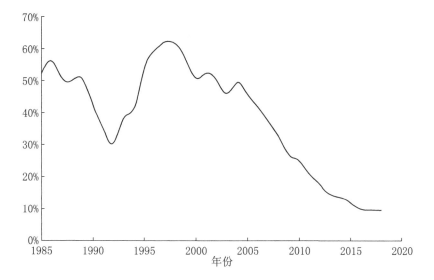

资料来源:中国国家知识产权局(NIPA)。

图4.3　外国在华发明专利申请量年度占比

(2)中国国内技术创新能力崛起阶段。中国本土技术创新主体开始积极寻求产权保护起步于2000年前后,在加入WTO之初,中国整体创新能力较弱,2001年国内发明专利申请量仅有3万余件。为应对发达国家巨大的技术创新优势,积极融入世界贸易体系之中,避免因知识产权纠纷带来不必要的贸易争端,推动中国经济走创新发展之路,从2002年起,国家知识产权局开始实施"专利战略推进工程",重点支持一批国民经济重点行业和高技术发展重点领域开展技术跟踪与技术研发,各地区相继密集出台了一系列专利申请资助、补贴和奖励政策,充分调动了国内自主创新的积极性(张杰,2019),国内发明专利申请量自2001年开始以年均25%的速度增长。除国家创新政策支持外,中国本土企业创新意识的觉醒也是推动中国技术创新快速发展主要动因(见图4.4)。自2002年开始,非职务发明专利申请比重开始快速下滑,一方面,由于非职务发明的研发资金难以保障、研发技术水平一般较低、研发成果难以产业化、获得专利权后维系成本较高等原因,使得非职务发明难以持续大量产出。另一方面,中国企业的创新意识不断增强,逐渐成为创新发展的主力,2001年时企业和大专院校发明专利申请量分别仅占31.2%和8.8%,到2018年时,企业和大专院校仅占到64.3%和16.3%。

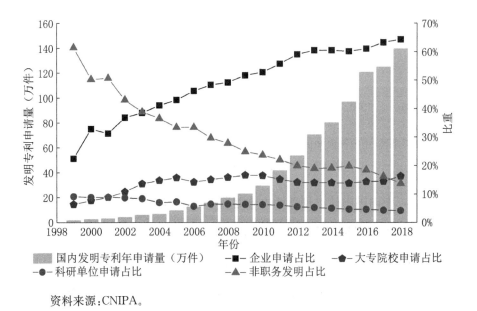

资料来源:CNIPA。

图4.4 中国国内不同创新主体发明专利申请量占比变动趋势

二、技术创新产出空间非均衡性

（一）世界专利权市场具有高度集中性

创新活动有着比其他经济社会活动更强的空间集聚性，全球的技术创新成果主要面向美国专利及商标局（USPTO）、欧洲专利局（EPO）、中国知识产权局（CNIPA）、日本专利局（JPO）、韩国知识产权局（KIPO）这世界五大知识产权局申请知识产权保护。2021 年，这五大知识产权局总共授权 1 462 306 件发明专利，从授权专利来源地来看，世界五大专利局的技术授权量基本被中国、美国、日本、韩国和欧洲国家瓜分，上述国家和地区获得了五大专利局 96％以上的发明授权量（见表 4.1）。其中中国知识产权局、日本专利局、韩国知识产权局的授权专利均以本国居民申请为主，本国申请量都占 75％以上的份额。

表 4.1　2019 年和 2021 年世界五大专利局授权发明专利来源地占比

年份	2019 年					2021 年				
专利局	USPTO	CNIPA	JPO	KIPO	EPO	USPTO	CNIPA	JPO	KIPO	EPO
美国	52.7％	5.2％	10.3％	6.6％	25.3％	45.7％	4.0％	8.3％	6.9％	25.2％
中国	5.0％	79.4％	1.8％	1.4％	4.4％	7.2％	84.0％	2.7％	2.1％	6.3％
日本	15.8％	6.8％	78.8％	9.1％	16.4％	14.2％	5.0％	76.9％	8.2％	14.1％
韩国	6.6％	2.1％	1.9％	76.2％	5.3％	6.3％	1.6％	2.3％	75.6％	5.3％
欧洲	15.8％	5.6％	3.7％	6.3％	46.3％	15.4％	4.3％	7.8％	5.7％	43.9％
其他	4.1％	0.9％	3.5％	0.3％	2.3％	11.1％	1.0％	2.0％	1.5％	5.1％

注：中国未包含港澳台地区数据；欧洲以欧洲专利局成员国统计，包括：阿尔巴尼亚、奥地利、比利时、保加利亚、克罗地亚、塞浦路斯、捷克、丹麦、爱沙尼亚、芬兰、法国、德国、希腊、匈牙利、冰岛、爱尔兰、意大利、拉脱维亚、列支敦士登、立陶宛、卢森堡、马耳他、北马其顿、摩纳哥、荷兰、挪威、波兰、葡萄牙、罗马尼亚、圣马力诺、塞尔维亚、斯洛伐克、斯洛文尼亚、西班牙、瑞典、瑞士、土耳其、英国等 38 个国家。

资料来源：WIPO。

从各国知识产权局来看,2021 年中国知识产权局的第一大外来发明专利授权获得国为日本(占 5％),美国(占 4％)紧随其后。日本专利局的第一大外来专利授权国为美国(占 8.3％)。韩国知识产权局的第一大外来专利授权国为日本(8.2％)。欧洲专利局中美国和日本分别以 25.2％和 14.1％成为除欧洲国家外的第 1 和第 2 大发明专利授权获得者。美国专利及商标局中日本以 14.2％的份额成为第 1 大他国授权专利获得者。美国专利及商标局、欧洲专利局的技术市场则是世界争夺的热点,他国发明专利授权量总占比在 54％以上。

从国家(地区)在世界范围内专利权的布局情况来看(图 4.5),2019年,中国在海外四大知识产权局所获得的授权专利数不足总量的 8％,美国专利及商标局是中国最大的海外专利权布局地(17 249 件)。美国最大的海外专利布局地为欧洲专利局(34 218 件),其次为中国知识产权局(23 147 件)和日本专利局(18 585 件)。日本有 45.5％的授权专利源于海外专利局,其中 20.8％的授权专利来自美国专利及商标局,11.7％来自中国知识产权局,8.6％来自欧洲专利局,4.4％来自韩国知识产权局,日本是所有国家中最注重在全球布局知识产权的国家。韩国海外授权专利主要来自美国专利及商标局,占总量的 16.4％,其次为中国知识产权局(6.9％)、欧洲专利局(5.3％)和日本专利局 2.4％。韩日两国均在对方技术市场布局着较低份额的技术量。欧洲国家最大的海外专利授权量来自美国专利及商标局,占其全部授权专利的 34.7％,其次为中国知识产权局(15.8％),对日韩两国技术市场重视相对不足。

2021 年,中国的海外发明专利授权占总量比重下降到 6％,虽然中国海外专利布局慢于国内,但从中国在美欧日韩专利局授权专利比重均有

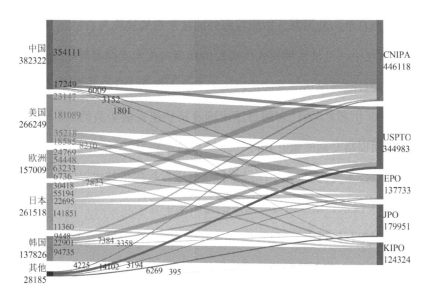

注:中国部分未包含港澳台地区数据,欧洲部分以欧洲专利局成员国数据汇总而得。连线宽度代表国家在相应专利局获得的授权专利数量。

资料来源:WIPO。

图 4.5　世界主要国家或地区在五大专利局发明专利授权数(件)

所提升来看,中国的技术创新能力提升明显,正加快布局海外市场。美国最大的海外专利布局地由欧洲专利局变为中国知识产权局(27 843 件),欧洲专利局退居第二位(27 424 件),其次为日本专利局(15 347 件)。日本的授权专利海外布局占总量比重下降了 2 个百分点,其在美国专利及商标局(占 18.5%)和欧洲专利局(占 6.2%)的布局均有所下降,更加重视了在中国的专利布局,比重上升为 13.9%,在韩国专利局(4.8%)的布局也有所提高,在全球的专利布局更加多样和均衡。韩国同样加强了在中国(7.3%)和日本(2.8%)的专利布局,在美国(13.6%)和欧洲(3.8%)的比重有所下降。欧洲国家最大的海外专利授权量依然来自美国专利及商标局(33.4%),对中国、日本和韩国的专利布局愈加重视,分别提升 4.8、1.1 和 0.8 个百分点。比较而言,中国是抢占海外技术市场实力较弱、市场布局相对单一的国家。中国在海外的技术布局规模与自身经济体量极不匹配，在中国经济发展模式由资源消耗型向技术支撑型转变过程中，仍需要向美日欧等发达国家和地区大量购买技术使用权，并有可能遭受更多的以"断供芯片"为代表的打压中国经济快速发展势头的"技术制裁"。中国亟须提高专利质量并在海外大量布局专利权，不仅为中国企业走出国门提供技术支持，也为中国经济持续健康发展提供技术保障。

(二) 技术创新产出具有高度的空间集中性

授权专利经过人工审核，难免会带有一定人为偏见，且专利授权往往具有本国倾向，并不适合与外国进行比较。通过 PCT 途径向他国提交专利权申请已成为国家布局海外技术市场的主要途径，申请量数据更利于观察地区创新活跃程度。本小节将利用 PCT 专利申请量考察技术创新产出的国家间差异。

1999—2022 年，全球 PCT 申请量由 76 357 件增加至 277 532 件 (见图 4.6)，年均增速为 6.5%，明显快于全球 GDP(2.9%)、货物出口贸易(4.4%)、服务出口贸易(4.8%)、人口总量(1%)、论文发表量(4.7%)等其他经济社会活动指标，创新活动已逐渐成为国家发展过程中的主要活动之一。其中，中国 PCT 申请量占全球比重已由 1999 年的 0.29% 增加至2022 年的 25.2%。与之相比，作为 PCT 申请量常年处在首位的美国则由 40.6% 的全球比重下降为 21.2%，且 2022 年的增速为－0.98%，不仅低于中国(0.5%)而且低于日本(1.6%)和韩国(6.3%)的增速。由此来看，虽然全球整体的创新活动呈现快速增长态势，但每个国家的创新贡献度并不一致，有些国家正成长为全球技术创新产出增长的新引擎，有些地区正成长为世界主要的创新增长极。

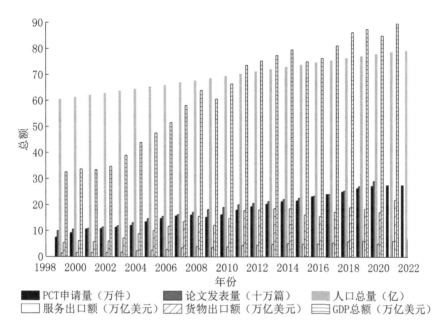

资料来源：World Bank Open Data，当前价美元。

图 4.6　世界主要国家或地区部分经济社会指标年产出趋势

　　从增速上来看，在 1999—2022 年间，世界经济社会产出增速曲线中出现了四次较大的波谷，谷底分别位于 2001 年、2009 年、2015 年和 2020 年。其中 2001 年主要受到美国互联网经济泡沫破灭的影响，2009 年受美国次贷危机引发的全球金融危机的冲击，2015 年受 2008 年全球金融危机后全球市场需求持续低迷且贸易保护主义盛行的影响。而 2011 年增速的突然提升主要受到国际大宗商品价格上涨的影响，但对全球经济发展持续低迷的基本面未有太大改善。2019 年年末新冠肺炎疫情突发，世界经济遭遇重挫，全球需求市场萎缩，产业链、供应链循环受阻，2020 年全球贸易和经济增速出现大幅下滑。受全球化和地方保护主义的双重影响，全球产业分工、全球生产网络和全球价值链不断延伸和重组，国际贸易网络已成为各国经济联系和创新知识溢出的主要桥梁和通道,国际贸易的高波动性牵动着各国创新活动的发展。大学和科研机构是基础研究的主要承担者,其创新产出形式主要以论文为主,受经济活动的影响相对较小,波动起伏相对平缓。企业作为技术专利的主要生产者受经济活动的影响较大,当经济不景气时,企业往往会减少科研经费投入,减缓了技术创新成果的产出。鉴于创新活动的周期波动性和技术更新具有一定周期性,为保证数据分析的稳定可靠性,对经济社会活动进行分析时既要考虑重要的时间节点,也要分析发展的阶段性特征。

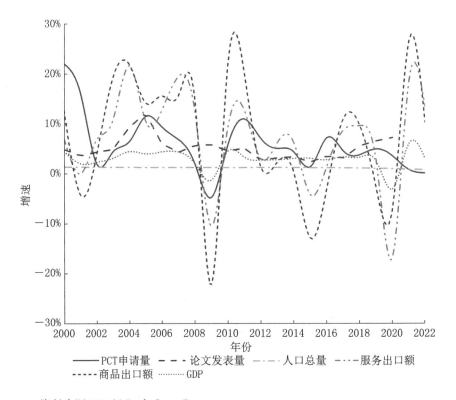

资料来源:World Bank Open Data。

图 4.7　世界主要国家或地区部分经济社会指标年产出增速

　　从长周期来看,全球经济社会活动均呈现增量发展的态势,增速下降仅是短暂现象。本节在分析技术创新的地区差异化发展时,将人口规模、论文发表、货物贸易出口、服务贸易出口和 GDP 总量一起进行比较,一是因为技术创新需要人力资本、基础知识、贸易联系和经济基础等提供创新相关基础资源,二是在分析世界技术创新空间格局变动时,虽然 PCT 专利数据具有较强技术创新代表性,但像发表的论文、国家(地区)间交易的货物和服务等同样包含着一定的创新要素,通过分析多要素的经济社会指标不仅可以佐证以 PCT 专利为代表的技术创新格局变动是否具有可靠性和趋势一致性,同时也有助于预测未来创新格局的变动趋势。

　　技术创新活动具有更高的空间集中性。根据集中度指数(公式 4.1)计算 1999—2022 年间国家(地区)的主要经济社会指标年度产出量前十名之和占全球比重(图 4.8)。从结果来看,PCT 专利申请量十位集中度指数长期稳定在 86.0%—88.8% 之间,比论文发表量(65.4%—72.8%)、人口总量(57.3%—59.3%)、货物贸易出口额(48.7%—56.7%)、服务贸易出口额(48.2%—57.9%)和 GDP 总量(64.9%—67.8%)等指标更具有分布的集中性。从趋势上来看,论文发表量、人口总量、服务贸易出口额的十位集中度指数均呈明显下降趋势,说明越来越多的国家(地区)正参与到科学创新活动和国际贸易中。虽然部分经济社会活动有着向空间扁平化方向发展的趋势,但从以 PCT 申请量为代表的技术创新上来看,从事创新活动有一定的进入门槛,高强度的创新活动所需要的高研发资金投入、大量高素质人才、高资源整合能力和高风险性等是大部分国家(地区)难以承担的,技术创新仍然表现出高度空间集中性,主要活跃于发达国家和少数新兴国家。

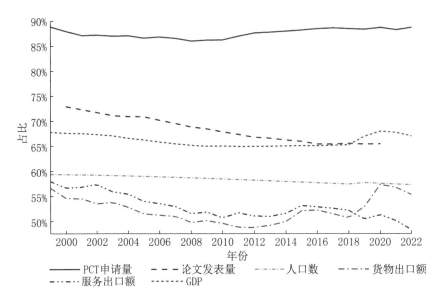

资料来源：World Bank Open Data。

图 4.8　部分经济社会指标年产出前十名国家或地区之和全球占比

分国别来看，在 1999—2022 年间，全球多项经济社会指标产出量前十位的国家（地区）基本保持一致，表现出明显的发展累积连贯性。1999 年时，除人口规模外，美国是世界经济社会活动的最大产出者，尤其在创新方面拥有绝对优势，PCT 专利申请和论文发表量分别占到全球的41.8％和 28.5％（见表 4.2）。由于专利的独占排他性、时效性和地域性，美国通过积极推动全球知识产权保护体系的构建，依靠其在科学技术上的先发优势在世界范围内布局专利，通过收取专利授权使用费、技术封锁和制裁等手段在世界范围内赚取经济和政治上的暴利（蔡翠红，2019）。在人口规模上，中国处在世界首位（占比 20.8％），其次是印度（占比 17.2％）和美国（占比 4.6％），与其他经济社会活动以北美和欧洲国家为主有所不同，亚洲国家或地区（中国、印度、印度尼西亚、日本和巴基斯坦）占据了人

表 4.2　1999 年部分经济社会指标值前十位国家或地区排序与全球比重

位序	PCT 国家（地区）	比重	论文 国家（地区）	比重	人口 国家（地区）	比重	货物 国家（地区）	比重	服务 国家（地区）	比重	GDP 国家（地区）	比重
1	美国	41.8%	美国	28.5%	中国	20.8%	美国	12.6%	美国	17.1%	美国	25.3%
2	德国	14.1%	日本	9.1%	印度	17.2%	德国	9.2%	英国	8.4%	日本	10.9%
3	日本	8.8%	英国	7.2%	美国	4.6%	日本	7.2%	法国	6.7%	德国	6.3%
4	英国	5.5%	德国	6.5%	印尼	3.5%	法国	5.4%	德国	5.1%	法国	4.7%
5	法国	4.7%	中国	5.0%	巴西	2.9%	英国	4.9%	中国	4.2%	中国	4.3%
6	瑞典	3.6%	法国	4.7%	俄罗斯	2.4%	加拿大	4.5%	日本	3.9%	英国	4.2%
7	荷兰	3.2%	意大利	3.4%	巴基斯坦	2.3%	意大利	4.1%	意大利	3.8%	意大利	4.2%
8	瑞士	2.4%	加拿大	3.2%	日本	2.1%	荷兰	3.4%	西班牙	3.3%	巴西	3.1%
9	加拿大	1.9%	俄罗斯	3.0%	尼日利亚	2.0%	中国香港	2.8%	荷兰	3.2%	加拿大	2.4%
10	芬兰	1.8%	西班牙	2.3%	墨西哥	1.6%	墨西哥	2.5%	加拿大	2.2%	西班牙	2.3%

资料来源：World Bank Open Data。

口规模前十席中的五席,人力资本是重要的生产资料,亚洲国家(地区)虽然具有人口规模上优势,但亟须将其转化为经济和创新产出上的人才优势。

2022年,PCT专利申请量前十位国家(地区)中北美占据1席、欧洲占据6席、亚洲占据3席(见表4.3)。与1999年相比,虽然欧洲国家在技术创新产出活动中占有绝大多数席位,但亚洲国家(地区)的技术创新产出增长迅速,除日本长期处世界在前三外,中国和韩国同样进入前十位高创新产出国家(地区)行列,并分别以25.3%和7.9%的占比排在全球第2位和第5位。此时美国在技术创新产出上已无绝对优势,中国、美国和日本的年技术产出量已基本相当,均占到全球创新产出的五分之一左右。

从论文发表量上来看,中国以超过美国7.2%的占比成为全球最大的论文发表国,处在第三至第十位的印度、德国、英国、日本、俄罗斯、意大利、韩国和法国的发文量差异不大,在全球的占比处在2.4%—5.1%之间,论文发表是知识探索、积累的过程,长期的知识积累有利于技术创新上的突破。

在人口规模上,各国(地区)在全球的规模位序变动并不大,印度将超越中国成为全球人口最多的国家。由于中国长期实施以"少生、优生、优育"为宗旨的计划生育政策,中国的人口增速不断放缓,近年来人口年均自然增长率已长期低于0.5%,而印度的人口年均自然增长率是中国两倍之多。虽然人力资本是创新活动的基础要素,但高素质的人才更利于创新产出,近年来中国的大学毕业人数以年均3%的增速进入社会,人口的数量规模优势正逐渐转化为创新发展上的智力优势。

表 4.3　2022 年部分经济社会指标值前十位国家或地区排序与全球比重

位序	PCT 国家（地区）	PCT 比重	文章 国家（地区）	文章 比重	人口 国家（地区）	人口 比重	货物 国家（地区）	货物 比重	服务 国家（地区）	服务 比重	GDP 国家（地区）	GDP 比重
1	中国	22.1%	中国	22.8%	印度	17.8%	中国	13.8%	美国	13.2%	美国	25.3%
2	美国	20.9%	美国	15.5%	中国	17.8%	美国	8.6%	英国	7.0%	中国	17.9%
3	日本	19.5%	印度	5.1%	美国	4.2%	德国	6.7%	德国	6.1%	日本	4.2%
4	韩国	7.8%	德国	3.7%	印尼	3.5%	日本	3.1%	中国	5.2%	德国	4.0%
5	德国	6.6%	英国	3.6%	巴基斯坦	3.0%	荷兰	2.9%	爱尔兰	5.0%	印度	3.4%
6	法国	3.1%	日本	3.4%	尼日利亚	2.7%	韩国	2.8%	法国	4.8%	英国	3.1%
7	英国	2.2%	俄罗斯	3.1%	巴西	2.7%	法国	2.8%	印度	4.4%	法国	2.8%
8	瑞士	1.8%	意大利	2.9%	孟加拉国	2.2%	意大利	2.6%	新加坡	4.1%	俄罗斯	2.2%
9	瑞典	1.6%	韩国	2.5%	俄罗斯	1.8%	中国香港	2.5%	荷兰	2.9%	加拿大	2.1%
10	荷兰	1.6%	巴西	2.4%	墨西哥	1.6%	加拿大	2.5%	日本	2.4%	意大利	2.0%

资料来源：World Bank Open Data。

在货物出口贸易上,中国以超过美国5.2%的占比成为全球最大货物出口国,虽然作为"世界工厂"的中国以出口产品价值链上中低科技含量和低附加值的消费品为主,但从近年来货物出口结构上来看,机电产品出口份额长期占比近60%,其中集成电路、光伏组件、工程机械、医疗器械等高技术含量、高附加值的产品出口增长较快。中国已由以来料加工为主,跨国公司控制研发和市场销售网络的"生产车间型世界工厂",转变为具有一定自主研发能力、自有品牌、自建销售网络的"世界工厂"。传统的制造业强国——德国和日本,分别以6.7%和3.1%的全球份额位居第三位和第四位。研究认为地区具有一定制造业基础或较强的商品制造能力,有利于创新思想、技术在商品化的不断试错过程中快速变现,并进一步提高地区的创新能力。

在服务贸易出口上,美国以13.2%的份额雄踞全球服务贸易出口额首位,其他国家服务贸易出口额与美国有较大差距,从服务贸易出口结构上来看(数据来源:http://unctadstat.unctad.org),美国在旅游服务(26.1%)、知识产权使用服务(15.8%)、金融服务(13.73%)等出口份额较大,英国在金融服务(23.1%)、旅游服务(12.2%)、运输服务(10.5%)上出口占比较大。而中国的服务贸易出口以旅游服务(39.9%)、运输服务(19.0%)和其他商业服务(14.8%)为主,金融服务和知识产权使用服务分别只占0.7%、5.2%。由此可以看出,美英两国的金融服务业较为发达,中国的金融服务业发展相对迟缓。对创新而言,由于创新具有高投入、高风险、回报周期长等特点,这与传统金融市场追求低风险、短期高回报相悖。从福布斯杂志根据企业营收、利润、资产和市值排序的全球上市公司2 000强榜单中可以看出,近年来,中国工商银行和中国建设银行常常居榜单前两位,前十强的企业中中国银行类企业长期占有四席,而前 50 强中未有一家中国科技型企业进入榜单。一边是世界最赚钱的银行,而另一边是中小企业融资难问题,中国企业的创新发展亟须成熟的私募股权基金、天使投资人、投资银行、天使基金等新型科技金融服务的支持。

从 GDP 总量上来看,美国依然是世界最大的经济体,占到全球 GDP 产出 25.3％的份额,高出位居第二位的中国 7.5 个百分点,中国的 GDP 规模已达美国的 70.5％。日本和德国分别以 4.2％和 4.4％的份额位居世界第三位和第四位,印度、英国、法国、俄罗斯、加拿大、意大利的 GDP 规模相差不大,在全球的份额处在 2％—3.4％之间。与 1999 年相比,中国和印度是 GDP 总量增长最快的两个国家,分别由第 5、13 位次提升至第 2、5 位次,是推动世界经济增长的两大引擎。经济基础决定上层建筑,国内生产总值的快速增长将会提高国家对创新资源的调配能力,有利于国家改善科研基础设施水平,营造更好的创新创业环境。

从集中度指数分析中可以看出,全球一半以上的经济社会产出多由十个以内国家或地区控制,具有较高的集中度。但国家或地区在各经济社会指标产出上并未形成一致的规模位序,即使地区具有较多的人力资本或较高的经济产出也不一定具备较高的创新产出能力,如印度。相反中国在多项经济社会指标产出上均已位居全球前两位,已成为世界经济社会格局变动的主要推动力量。

从首位度指数来看(见表 4.4),除服务贸易出口额外,2022 年两国首位度指数(S_2)的值明显低于 1999 年水平,全球经济社会活动产出的第一大国已无绝对的规模优势,正受到第二位次甚至第三、四位次国家的全面挑战。除服务贸易出口额首位国家(美国)仍具有绝对优势外,在 PCT 申请量、论文发表量、人口总量、货物出口贸易额、GDP 总量上,两国首位度指数均低于 2,PCT 申请量和人口总数的两国首位度值已接近 1。从四国首位度指数上来看,除货物进出口外,其余经济社会活动指标的四国首位度值不仅都低于 1,并且与 1999 年相比,首位度值普遍下降。一方面说明处在全球经济社会活动产出首位的国家要么优势正在丧失,要么在某些领域正被新兴大国超越。另一方面说明,在新一轮科技革命和产业革新大背景下,各国发展竞争的激烈程度在加剧。如在 PCT 申请量上,中美日三国的全球份额均为在 20% 左右。创新驱动发展已成为大国关注的重点,各国正积极争夺技术领域的制高点,快速在关键技术领域布局核心或基础必要专利,抢夺技术标准制定的话语权。

表 4.4　1999 年和 2022 年部分经济社会指标国家或地区首位度指数

年份	1999 年						2022 年					
指标	PCT	论文	人口	货物	服务	GDP	PCT	论文	人口	货物	服务	GDP
S_2	2.96	3.14	1.21	1.37	2.04	2.33	1.19	1.47	1.00	1.60	1.88	1.42
S_4	1.47	1.25	0.82	0.58	0.85	1.16	0.53	0.94	0.70	0.75	0.72	0.97

注:S_2 和 S_4 分别由公式(4.3)和公式(4.4)计算而得。

从集中度指数和首位度指数的分析可以看出,世界主要经济社会活动的国家(地区)集中度在下降,世界似乎正变得越加"平坦"。在经济全球化的浪潮下,发达国家(地区)通过产业分工,将中低端产业转移至劳动力成本低廉的发展中国家,积极构建和控制全球生产网络、全球价值链网络和国际贸易网络。正是得益于经济全球化,20 世纪 70 年代至 90 年代,有着"亚洲四小龙"之称的韩国、中国台湾、中国香港和新加坡的经济经历了长时间的高速增长。进入 21 世纪以来,中国、俄罗斯、印度、巴西和南非等新兴国家因在经济上增速较快而被称为"金砖国家"。此外，在经历1999年亚洲金融危机和2008年全球金融危机之后，世界主要发达国家越来越意识到没有中国等新兴国家（地区）的参与，全球经济、社会、环境等问题难以得到有效解决，讨论全球事务的七国集团（G7）逐渐转变为二十国集团（G20）。新兴大国的崛起必然会削弱守成大国的势力范围，带来全球经济政治权力格局的变动，近年来以"英国脱欧""美国退群"等为代表的"逆全球化"行为和各国相继提出"再工业化战略"等产业调整措施，均表明发达国家在全球化过程中的经济、政治收益在下降，新兴国家（地区）的影响力在上升。

三、全球创新产出空间重心转移

新兴大国的崛起是否正带来世界科技创新中心的转移？哪些要素的重心在转移？转移的方向去往何处？这些问题一直是学术界讨论的重要话题。本节利用 Arcgis 制图与分析软件以本初子母线为中央经线，由公式 4.5 计算六个主要经济社会产出指标的年度重心值，通过重心位置及其移动轨迹窥测世界权力中心转移迹象。全球的 PCT 申请量、论文发表量、GDP 总量、货物出口额、服务出口额这五项指标的重心分布位于北大西洋东岸至地中海东岸地区，重心均落在了 $28.8°W$ 至 $36.2°E$ 之间，并在东西方向上基本呈直线移动。从南北半球来看，全球经济社会活动主要以北半球国家参与为主，历年重心均位于 $36.6°N$ 至 $45.9°N$ 之间，相对于东西分布差异，南北差异更加巨大。世界人口的分布重心相对稳定，一直位于波斯湾地区，东西方向上人口重心处在 $51.2°E$ 至 $52.2°E$ 之间，亚洲地区的人口比重相对较大，南北方向上，虽然重心仍然位于北半球，位于

26.9°N 和 28.1°N 之间,但南半球比重有所提高。

从重心轨迹移动趋势上来看,PCT 专利申请量的重心移动范围最大,年均向东移动 3.37°,向南移动 0.24°,其次是论文发表量(1.71°,0.28°)、货物出口量(1.02°、0.18°)、GDP 总量(0.69°、0.09°)和服务出口量(0.53°、0.08°),而人口总量的重心移动轨迹正好相反,其由东北向西南方向移动,且向南移动速度明显快于向西移动速度,年均南移 0.06°,西移 0.05°。从以上经济社会活动产出重心移动轨迹来看,虽然重心由北向南转移的趋势具有一致性,但移动速度相对缓慢,全球经济和科学技术创新活动依然主要集中在北半球。但从以上多项指标重心由西向东快速移动来看,全球的经济和科技创新活动的重心已呈现出由欧美发达国家向亚洲地区国家转移的迹象。

考虑到创新活动具有长周期累积性,产出具有年度波动性,以 5 年为一个周期共分为 1999—2003 年、2004—2008 年、2009—2013 年和 2014—2018 年四个阶段分析技术创新产出空间格局变动。以国家首都为锚点,以 PCT 申请量为高度值做国家技术创新产出空间分布"山峰"图,如图 4.9 所示,世界技术创新产出空间分布极不平坦,有创新的"高峰",也有低缓的"山丘",有高峰连绵的"创新高原",也有广袤的创新"荒漠"地区。在 1999—2003 年间(见图 4.9a),世界存在三座创新高峰,分别是美国(188 386 件)、德国(63 723 件)和日本(53 071 件)。一处创新高原,以德国为主峰,包括英国(23 789 件)、法国(21 590 件)、荷兰(16 539 件)、瑞典(14 379 件)、瑞士(11 426 件)等山峰的高创新产出连绵带。多处低缓的创新山丘,包括加拿大(9 460 件)、韩国(9 266 件)、芬兰(8 068 件)、澳大利亚(7 434 件)、以色列(5 197)、中国(3 918 件)、俄罗斯(2 296 件)、印度

（1 810 件）等国。广袤的创新荒漠地带分布在欧亚大陆腹地、非洲和南美洲。

　　2004—2008 年（见图 4.9b），世界创新山峰的高度均在增长，日本超过德国成长为第二创新高峰，在众多创新山丘中，中国和韩国是成长最快的两个国家，山峰的高度已经能与多个欧洲国家比肩，广袤的创新荒漠地带依然一片荒凉。2009—2013 年（见图 4.9c），世界创新高峰增长为五座，分别是美国（241 542 件）、日本（186 181 件）、德国（88 143 件）、中国（69 617 件）和韩国（49 273 件），中日韩三国所在的东亚地区成长为世界主要的创新增长极。2014—2018 年（见图 4.9d），美国（280 918 件）、日本（227 984 件）和中国（185 141 件）成长为可相互比肩的世界三大创新高峰，德国（91 184 件）和韩国（72 900 件）紧随其后。从技术创新空间格局演变看，世界创新版图已由"单极多峰"发展为"多极多峰"格局，当下未有一处创新增长极拥有绝对优势，虽然创新空间格局已基本定型，但增长极间的竞争较为激烈，以此发展趋势，世界创新最高峰有可能易位。

　　按照"汤浅现象"规律的时间周期来推断，现阶段正处在世界科学中心出现转移的关键时期。从 1999—2018 年间的 PCT 申请累积量来看，全球技术知识主要储备于美国（952 792.6 件）、亚洲东部（日本，594 783.6件；中国，275 741.2 件；韩国，158 848.4 件）和欧洲（德国，325 559.6 件；法国，130 813.8 件；英国，98 894.9 件；荷兰，80 736.3 件；瑞士，71 762.9 件；瑞典，67 428.8 件）三个地区。而像亚洲中西部、非洲和南美洲地区的国家技术创新产出能力整体较弱。从 PCT 申请量区位分布差异指数来看，基尼系数长期稳定在 0.8 左右，一是说明创新活动具有一定的进入门槛，导致其分布具有明显的空间非均衡性，二是说明创新具有累积连贯性，当

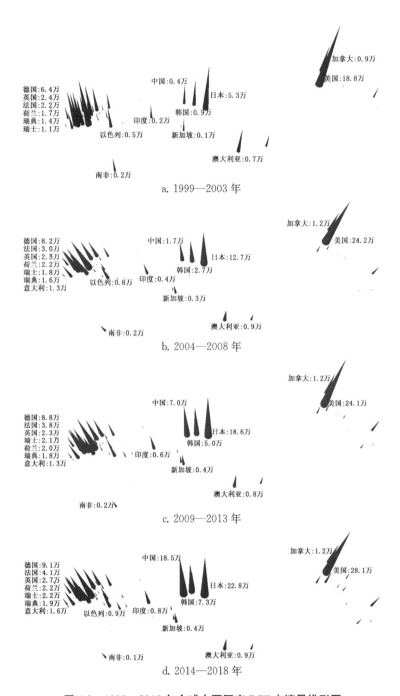

a. 1999—2003 年

b. 2004—2008 年

c. 2009—2013 年

d. 2014—2018 年

图 4.9　1999—2018 年全球主要国家 PCT 申请量锥形图

发达国家率先进入某技术领域时，会尽快将核心专利和标准必要专利占为己有，并通过路障式、城墙式、地毯式、围栏式和糖衣式等专利布局方式阻止或减缓其他创新者顺利进入。随着时间的推移，会呈现出强者越强，弱者越弱的"马太效应"。近 20 年来，美国的技术创新产出累积总量占到全球 29.6％的份额，是世界技术进步的主要贡献者，虽然其近十年（占比 25.9％）和近五年（占比 24.7％）的全球比重在下降，但依然能占到全球总产出近 25％的份额，依据"汤浅现象"中对科学中心的认定标准，长时间内美国依然是全球的科技创新中心。日本和中国是对美国科技创新中心地位威胁最大的两个国家，其中日本近 20 年的技术产出累积量占到全球的 18.5％，近十年占比 20.5％、近五年占比 20.1％，全球比重稳定在 20％左右。而中国是技术创新产出能力增长最快的国家，从近二十年技术产出总量 8.6％的全球份额、近十年 12.6％的全球份额和近五年 16.3％的全球份额来看，以此增长趋势，中国有望成为全球技术知识累积量最大的国家。

虽然中国的技术创新成果产出增速最快，且目前已储备了较大体量的技术知识，但也应该意识到，科学发现和技术创新是相辅相成的关系，往往重大的科学发现是改变人类世界观和发展进程的关键，仅由技术创新产出数量这一指标得出中国将很快成为世界科技创新中心显然是不够充分的。一方面科学成果不仅包含技术专利的产出，还包括涉及基础研究的重大科学发现。以奖励在科学研究上有重大科学发现的诺贝尔奖为例，1901—2020 年间（见表 4.5），诺贝尔三大自然科学奖——化学、物理和生理学或医学奖分别颁发了 112、114 和 111 次，总共有 621 名科学家获奖。其中美国 265 人（占 42.7％）、英国 91 人（占 14.6％）、德国 72 人

（占 11.6％）、法国 34 人（占 5.5％）、日本 22 人（占 3.5％）和瑞典 15 人（占 2.6％）。显然美国是近一个世纪以来世界重大科学发现的最大贡献者，是当之无愧的世界科技创新中心。进入 21 世纪以来，日本成为诺贝尔自然科学奖获得者增速最快的国家，平均每年有 1 人获奖，年均获奖人数仅次于美国，并与英国、德国和法国等欧洲国家间的差距逐渐拉大。诺贝尔科学奖获得者的研究成果从发表到获奖往往需要等待 20 年以上，这说明日本最晚在 20 世纪 70 年代左右已经具备世界一流水平的科研能力，而中国仅在 2015 年由屠呦呦摘得生理学或医学奖这一项诺贝尔自然科学奖，还未大规模涌现被世界认可的重大科学发现与技术发明，虽然近年来以专利形式的技术发明成果被大量申请，但专利的实用价值需要时间的

表 4.5　1901—2020 年诺贝尔三大自然科学奖获得者国籍分布情况

国　家	人数	比率	排名	国　家	人数	比率	排名
美国	265	42.67％	1	以色列	4	0.64％	17
英国	91	14.65％	2	爱尔兰	2	0.32％	18
德国	72	11.59％	3	匈牙利	2	0.32％	19
法国	34	5.48％	4	阿根廷	2	0.32％	20
日本	22	3.54％	5	中国	1	0.16％	21
瑞士	17	2.74％	6	印度	1	0.16％	22
瑞典	16	2.58％	7	巴基斯坦	1	0.16％	23
荷兰	15	2.42％	8	波兰	1	0.16％	24
俄罗斯	14	2.25％	9	芬兰	1	0.16％	25
加拿大	11	1.77％	10	捷克	1	0.16％	26
丹麦	9	1.45％	11	埃及	1	0.16％	27
奥地利	9	1.45％	12	土耳其	1	0.16％	28
澳大利亚	8	1.29％	13	西班牙	1	0.16％	29
意大利	6	0.97％	14	葡萄牙	1	0.16％	30
比利时	6	0.97％	15	南非	1	0.16％	31
挪威	4	0.64％	16				

资料来源：https://www.nobelprize.org/。

检验。从科学发现和技术发明两方面来看,当综合考虑诺贝尔自然科学奖成果和专利申请量时,日本成为下一个科技中心的潜力更大。但近年来中国不仅在技术创新专利申请量上增速较快,同样在多项经济社会产出规模上已跃居世界首位,创新发展的后劲更足。另一方面,并不是每一项专利均具有同等的科学技术含量,即专利的价值不一样,单从数量规模上,是难以准确衡量一个国家真实的科技创新实力。以专利为代表的创新产出由量变到质变是一个渐进的演变过程,此过程是创新发展学习与能力培养的必经之路,但创新产出的数量与质量问题是一个需要深入讨论的问题。

从上文分析中可以看出,虽然全球技术创新年产出整体呈现增长态势,但国家间产出规模及增长态势差异较大,其中中国是世界技术创新格局的主要推动力量。分析中国内部技术创新产出空间格局,有助于理解中国快速增长的技术创新产出能力的动力来源。

从城市尺度来看,中国技术创新产出呈现的明显空间集聚性。本节以各地级及以上城市获得的发明专利授权数量衡量城市技术创新能力(图4.10)。从2021年的发明授权专利空间分布来看,大城市是中国创新产出的主要集聚区。2021年292个城市共获得了57.7万件发明授权专利,北京市(79 210件)是获得发明专利授权量最多的城市,其次为深圳市(45 202件)、上海市(32 860件)、广州市(22 948件)、杭州市(22 948件)、南京市(21 568件)、武汉市(18 553件)、成都市(14 996件)和苏州市(10 845件),获得最少的城市为平凉市,仅1件。城市专利授权量平均值为1 975件,中位数为290件,各城市间技术创新产出能级差距较大,极化现象明显。高技术创新产出城市仍然主要位于经济发达的东部地区,尤其大量集中分布于长三角城市群和珠三角城市群,呈现"群雄争霸"之势,中部、西部和东北地区的高创新产出者主要为省会城市,如西安(14 055 件)、长沙(10 094 件)、郑州(6 731 件)、哈尔滨(5 059 件)等,这些城市行政级别高、人口集中、经济相对发达、调动资源能力强,在省内不仅经济实力上"一城独大",更在创新产出上"一枝独秀"。还有一些省份在技术创新产出上上演着"双城记",如山东省内的青岛市(10 210 件)和济南市(8 208 件),辽宁省的沈阳市(4 569 件)和大连市(4 162 件)均表现为明显的双中心。但在中西部地区更多的省(区)表现为创新成果产出整体性贫乏,如云南省(全省 3 367 件,其中昆明 1 807 件)、山西省(全省 2 284 件,其中太原 1 714 件)、贵州省(全省 2 624 件,其中贵阳 1 768 件)、甘肃省(全省 2 193 件,其中兰州 1 756 件)等。从地级市发明专利授权量与申请量上比较来看,两者呈现的技术创新空间格局大体一致,但申请量未经过人工筛选,披露相对详细,更能反映地区的创新发展活跃程度,下文以地级市发明专利申请量探究中国技术创新复杂度演化趋势。

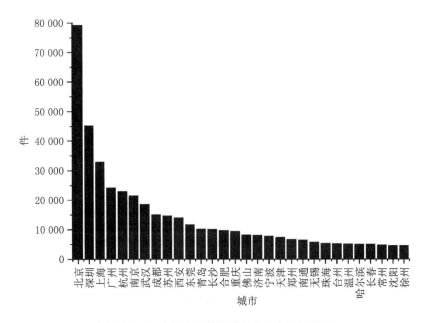

图4.10　2021年中国部分城市发明专利授权量

　　从中国四大区域来看(图 4.11)，技术创新产出规模自东向西呈现阶梯式下降。东部地区是经济最为发达，技术创新最为活跃的地区，技术创新产出长期占全国 70％左右的份额，中部和西部地区所占份额基本相当，东北地区所占份额一直处在最低水平。从变动趋势来看，2007 年前后东部地区比重达到 75.4％的最高水平，整体呈现出"倒 U 型"增长趋势，中部和西部分别达到 9.2％和 8.7％的最低占比，呈现"微笑曲线型"增长趋势。东北地区所占份额最低且在不断下降，由 1999 年 12.4％的占比一直降到 2017 年的 3％。由此来看，中国的技术创新资源开始由东部地区向中西部地区缓慢扩散。

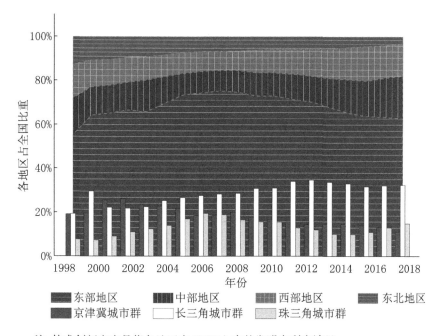

注：技术创新产出是指各地区在 CNIPA 中的发明专利申请量。

图 4.11　中国分地区技术创新产出比重变动趋势

从城市群尺度来看,东部沿海三大城市群是中国最具创新活力的地区。京津冀、长三角和珠三角三大城市群创新产出常年占到全国60%左右,虽然近年来东部地区比重在下降,但三大城市群在东部比重持续上升,2017年时已占东部地区的92.9%。其中,长三角城市群是东部地区创新发展的中坚力量,城市群中城市创新实力普遍较高,城市间创新产出基尼系数由2000年最高时的0.84降到了2017年的0.47,集中度指数由2000年的0.78降为2017年的0.26(见附表2),创新产出从主要由上海市贡献演变为上海、苏州、南京和合肥市齐头并进,空间集中性上由极化转向相对均衡;京津冀城市群的创新产出占全国比重下降明显,已由2002年时的26.3%逐年下降为2017年的11.1%,基尼系数长期处在0.8以上,京津两市的创新产出长期占到整个城市群90%左右的份额,空间分布极化现象明显;珠三角地区在全国的比重变化呈波浪式变动,2006年时达到19.6%的最高水平,2008年全球金融危机爆发后,珠三角地区创新活力下降最为明显,到2014年时占全国比重降至10%的低点,近年来创新活力逐渐恢复,2017年时创新产出占全国比重再次超过京津冀城市群,达到15%。此外,珠三角城市群创新产出空间分布由集聚向均衡转型明显,城市创新产出基尼系数由最高时的0.77(2007年)降到了2017年的0.48,深圳和广州两市创新产出在城市群内的占比由80.7%降为55.7%,佛山和东莞两市创新水平提升明显。总体来看,京津冀、长三角和珠三角三大城市群是中国最具创新活力的地区,其中京津冀城市群创新产出空间分布极化现象明显,长三角和珠三角城市群相对均衡。中西部地区创新活力增长明显,2008年后东部地区创新产出比重持续下滑,其中京津冀城市群和珠三角城市群比重下降明显,仅长三角城市群比重略有增长。这与劳动密集型企业向中西部经济较发达的省会城市转移,技术密集型企业比重由珠三角向长三角城市群倾斜的相关研究基本一致,均表现为"西进北上"的态势(齐元静、杨宇和金凤君,2013;刘树峰和杜德斌,2018)。

中国三大城市群间呈现有差异的规模等级结构(见图4.12)。以2017年各城市发明专利申请量的 ln 值作为衡量城市技术创新产出能力的指标,对三大城市群内城市的技术产出规模等级分布进行分析,京津城市群中的北京和天津是城市群内最主要的技术创新产出者,而河北省内的城市技术创新产出普遍较低,城市群内未形成明显的等级结构体系。长三角城市群内的城市技术创新产出普遍较高,上海、苏州、南京、合肥、杭州的技术创新年产出均在2万件以上,处在创新产出量的第一梯队,是城市群的创新引擎城市,对周边地区具有一定辐射带动作用,从技术创新产出规模上看呈现"倒金字塔"型等级结构。珠三角城市群内的深圳、广州和佛山是技术创新产出规模最高的三个城市,虽然珠三角城市群内城市技术创新产出的非均衡指数在逐年下降,但城市间仍然表现出"金字塔式"的规模等级结构。城市群内存在一定的等级层次结构有利于创新资源的流动和合理分配,等级结构的断层往往意味着地区创新资源的内循环机制被阻断。阿隆索(Alonso)等研究发现,位于特大城市周围的中小城市往往会受益于大城市提供的高等级公共服务所带来的经济正外部性而快速发展,但这种现象在京津冀城市群内并未出现。京津冀城市群的"极化作用"明显大于"扩散作用","规模互借"效应不突出,"集聚阴影"现象十分明显,不仅存在经济上的"环京津贫困带",也存在技术创新上的"环京津创新贫乏带"。

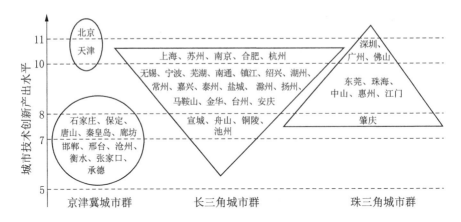

图 4.12 京津冀、长三角和珠三角城市群内城市技术产出规模等级结构

　　城市群呈现不同的技术创新增长势头和等级层次结构很大程度上源于区内创新主力的差异。随着企业创新意识的觉醒,技术创新的主力逐渐由个人、大学、科研院所转向为数众多的企业。京津冀城市群内的高校资源、科研院所和大型国企总部大多集聚在京津两市,创新主体的高集聚性降低了京津两市与其他城市创新联系的积极性;长三角城市群除拥有众多且分布相对分散的高校和科研院所外,善于利用外资是长三角城市群技术创新快速发展的关键,如早期上海乐金广电电子有限公司、南京LG同创彩色显示系统有限责任公司等外资企业均是引领本地创新发展的主要开拓者。从上海市来看,截至2019年,上海市共有外商投资的企业总数达到5.9万余家,跨国公司地区总部705家,外资研发中心达452家,是全国集聚最多外资机构的城市。2019年在上海证券交易所"科创板"首批上市的25家企业中有12家企业位于长三角城市群地区,这12家企业中有6家为外商投资企业,可见外商是推动长三角地区科技创新的重要力量。珠三角城市群大学和科研单位相对较少,创新产出以分布相对广泛的私营企业为主,其中深圳市的华为技术有限公司、中兴通讯股份有限公司是本地区创新最为活跃的企业。此外,由于技术创新倾向于"肥沃技术领域",近年来,高创新产出企业由主要集中的石化企业向 ICT产业领域企业转变,其中联想、百度、大唐科技、中国移动、中芯国际、网易、腾讯、华为、中兴、大疆科技等互联网与信息通信企业逐渐成为引领城市群创新发展的引擎,能否进入"肥沃技术领域"已成为决定城市未来技术创新能级的关键。

第三节　技术创新产出领域结构的时空分异

一、技术创新的"肥沃技术领域"

由于"肥沃技术领域"的存在,技术创新领域的产出差异往往决定着地区技术创新能级。1999—2020 年全球共累积产出 358 万余件 PCT 专利,其中申请量前五位的技术领域分别为计算机技术(占比 7.5％)、数字通信技术(占比 6.7％)、医疗技术(占比 6.6％)、电机/电气装置/电能技术(占比 6.3％)和药品技术(占比 4.6％)。这五项的总申请量大体相当,是历年较热门的技术产出领域。从时序上来看,各时段侧重的技术领域略有差异,表现出一定的技术兴衰演化特征(表 4.6),其中生物技术、有机精细化学和电信技术分别由 1999—2003 年间的申请量第 1、4 和 9 位次,下降至 2016—2020 年间的第 11、15 和 16 位次,虽然这些技术年申请量稳定在 5 000 件左右,但技术热度相较一些新兴技术有所下降。其中计算机技术、数字通信、电机/电气装置/电能技术、运输技术和半导体类技

表 4.6 美日德韩中五国在 35 个技术领域的产出比重

技术领域	1999—2003 年						2016—2020 年					
	全球（件）	美国	日本	德国	韩国	中国	全球（件）	美国	日本	德国	韩国	中国
生物技术	32 522	51.2%	7.9%	9.2%	1.3%	4.2%	34 591	35.9%	11.4%	5.1%	5.6%	11.0%
医疗技术	28 626	55.3%	4.5%	7.3%	1.1%	0.5%	79 516	35.4%	16.3%	5.2%	5.8%	9.1%
计算机技术	26 793	52.6%	10.1%	7.9%	1.9%	0.5%	101 326	33.4%	13.5%	3.0%	6.0%	30.7%
有机精细化学	25 479	37.0%	13.5%	14.9%	1.6%	0.3%	29 421	27.6%	12.7%	9.2%	7.0%	11.7%
药品	21 760	45.5%	9.2%	8.9%	1.3%	1.0%	46 688	35.4%	7.8%	3.9%	5.8%	11.3%
电机/电气装置/能源	20 735	33.1%	17.2%	17.1%	2.0%	1.0%	80 796	11.8%	31.8%	11.2%	8.5%	17.0%
数字通信	19 203	44.4%	7.4%	8.1%	2.0%	0.7%	97 427	21.5%	10.1%	2.1%	9.7%	39.8%
测量	19 184	40.6%	9.9%	16.0%	1.0%	0.4%	54 312	15.4%	23.5%	10.4%	4.6%	14.8%
电信	18 206	40.6%	10.1%	11.2%	2.8%	0.7%	29 318	22.6%	17.1%	2.6%	11.2%	30.7%
音像技术	17 856	34.1%	22.9%	7.2%	2.6%	0.8%	43 193	15.5%	27.2%	3.3%	9.7%	33.3%
运输	14 868	27.5%	7.5%	25.9%	1.3%	0.8%	52 003	12.4%	25.0%	18.1%	4.0%	12.0%
基础材料化学	14 665	41.1%	11.6%	16.8%	1.1%	0.6%	27 985	27.8%	21.6%	10.8%	5.3%	8.0%
其他特殊机械	13 083	32.6%	10.0%	14.8%	1.4%	0.5%	33 820	22.6%	19.4%	10.2%	5.2%	9.3%
光学	12 967	44.1%	19.4%	9.2%	2.0%	0.4%	37 763	15.5%	32.0%	5.1%	6.0%	25.5%
化学工程	12 568	36.6%	9.1%	17.1%	1.0%	0.5%	24 296	23.3%	15.2%	11.0%	6.5%	11.4%
土木工程	11 874	29.2%	4.2%	13.7%	1.9%	1.1%	31 377	26.9%	9.3%	7.9%	4.6%	12.0%
装卸	11 616	31.1%	8.2%	13.8%	1.6%	0.4%	28 837	19.0%	20.8%	10.6%	5.2%	11.8%
高分子化学/聚合物	10 812	38.3%	18.6%	17.6%	1.8%	0.4%	21 070	20.3%	33.7%	9.4%	7.7%	7.9%

续表

技术领域	1999—2003 年						2016—2020 年					
	全球（件）	美国	日本	德国	韩国	中国	全球（件）	美国	日本	德国	韩国	中国
机械工具	10 718	26.3%	8.7%	26.6%	1.4%	0.8%	29 881	14.4%	24.5%	21.6%	3.5%	9.5%
半导体类	10 665	43.3%	21.6%	16.2%	1.3%	0.4%	19 901	14.6%	27.1%	16.3%	4.4%	13.4%
发动机/泵/涡轮机	10 321	23.9%	10.3%	32.4%	1.7%	0.9%	37 146	22.4%	31.5%	6.0%	8.7%	22.7%
机械工具	9 393	30.2%	12.2%	20.5%	1.4%	0.4%	27 384	14.5%	25.5%	18.4%	3.5%	8.8%
家具、游戏	9 312	36.2%	5.4%	8.6%	3.5%	1.6%	22 474	20.5%	11.8%	6.2%	8.5%	20.2%
纺织/造纸机	8 964	32.4%	14.5%	14.4%	1.2%	0.5%	13 592	24.4%	26.0%	9.3%	4.4%	10.7%
控制	8 863	39.2%	9.1%	14.4%	2.2%	0.5%	24 013	19.7%	24.6%	9.5%	3.7%	22.4%
计算机技术管理方法	8 720	63.6%	8.8%	2.8%	3.8%	0.4%	25 446	31.1%	15.7%	2.7%	9.5%	21.5%
冶金、材料	8 325	29.0%	18.1%	14.7%	1.4%	0.7%	21 345	14.3%	31.9%	8.9%	8.0%	11.8%
其他消费品	8 044	32.6%	8.5%	12.3%	4.6%	1.5%	26 633	17.3%	13.3%	6.4%	9.4%	22.4%
表面技术加工/涂层	7 751	41.1%	18.6%	14.7%	1.4%	0.3%	18 394	19.2%	36.4%	8.6%	6.2%	9.8%
生物材料分析	6 461	49.0%	9.7%	10.0%	0.7%	0.3%	9 590	31.4%	13.3%	6.9%	6.8%	7.4%
环境技术	5 616	31.3%	11.6%	15.8%	2.7%	1.0%	13 675	14.9%	18.5%	9.3%	6.6%	15.5%
基础通信程序	5 275	40.9%	12.2%	12.7%	1.7%	0.4%	7 573	22.5%	25.5%	7.4%	3.4%	18.3%
食品化学	4 903	34.0%	11.8%	5.6%	2.3%	0.8%	10 500	15.1%	19.6%	3.5%	9.9%	8.6%
热处理工艺/设备	4 506	26.0%	14.5%	14.1%	3.0%	2.1%	19 047	10.2%	30.2%	7.2%	6.7%	22.9%
显微结构/纳米技术	440	58.2%	7.7%	17.5%	1.1%	0.2%	2 052	9.0%	15.4%	8.9%	4.6%	9.9%

注：全球指标下对应各技术领域 PCT 申请总量，单位为件；美国、中国、日本、德国对应各技术领域在全球占比。

术的申请量上升明显,分别由 1999—2003 年间的第 3、7、6、11 和 20 位次,上升至 2016—2020 年间的第 1、2、3、6 和 10 位次,成为近年来技术创新的热点领域。而像表面技术加工/涂层、生物材料分析技术、环境技术、食品化学技术和显微结构和纳米技术等领域由于一直未有重大技术突破或应用范围相对较窄,新技术申请量常年处于末尾。1999—2003 年和 2016—2020 年两时段内,美日中德韩五国的新技术申请总量分别占到全球 67.2% 和 77.2% 的份额,全球各技术领域的新技术申请布局与变动主要由少数几个创新大国牵动,分析主要国家的技术领域布局有利于把握世界技术创新发展的竞争态势。

国家(地区)在技术领域结构上存在较大差异。1999—2003 年间,全球及美国、日本和德国在各技术领域的专利布局相对均衡,各国(地区)对各技术领域的关注差异并不大,基尼系数均在 0.35 左右,三位集中度指数均在 0.2 左右(见表 4.7)。与之相比,中国的基尼系数和集中度指数分别达到 0.52 和 0.42,技术领域布局较为集中,技术创新主要依靠少数几个领域支撑发展。2016—2020 年间,全球、美国、日本和德国在 35 个技术领域的布局差异指数值均有所提高,而中国的差异指数值稍有下降,这说明少数技术领域正成为全球主要国家技术创新关注的热点,国家间的技术竞争在加剧,而中国正在由主要集中于少数技术领域向更多技术领域扩展,谋取更加全面的创新发展。相对单一的技术结构对创新能力处于快速提升的中国来说,也许更利于提高对有限创新资源的利用率,但从长远来看,结构的单一既不利于技术体系抵抗外部冲击,也不利于内生出更多样化的技术。

表 4.7　美日德韩中技术领域申请量差异指数

	1999—2003 年		2016—2020 年	
	基尼系数	集中度	基尼系数	集中度
全球	0.30	0.19	0.35	0.24
美国	0.37	0.25	0.42	0.30
日本	0.34	0.21	0.37	0.22
德国	0.32	0.18	0.40	0.27
韩国	0.32	0.18	0.41	0.28
中国	0.52	0.42	0.51	0.38

注:此处集中度为三位集中度指数,即 CR_3。

　　从全球技术领域结构演变来看(见表 4.6、图 4.13),不论是热门技术领域还是常规技术领域的技术产出均由少数几个国家主导。美国作为全球最主要的技术创新产出国,涉及的技术领域与全球技术总体结构基本一致,1999—2003 年,美国在 35 项技术领域中的 33 项新技术申请量大多占据绝对优势,但在运输技术领域仅领先德国 1.68 个百分点,德国在发动机/泵/涡轮机和机械元器件技术领域占据产出优势。到 2016—2020 年时,美国在多数技术领域的优势有所下降,其中在电机/电气装置/电能、测量、运输、光学、半导体类、装卸、控制、冶金/材料、高分子化学、机械工具、热处理工艺和设备、表面处理技术/涂层、环境技术、纺织/造纸机、食品化学、基础通信程序和显微结构/纳米技术等 19 项技术领域被日本超越,在数字通信、音像、电信和其他消费品技术领域被中国超越。

　　在 1999—2020 的 22 年间,美国主要在计算机技术、医疗技术、药品、生物技术、有机精细化学、生物材料分析等 12 项技术领域内长期保持较高的产出,对运输、基础材料化学、其他特殊机械、化学工程等的关注度在下降,技术领域专业化程度在提高。德国重点发展的技术领域与美国有

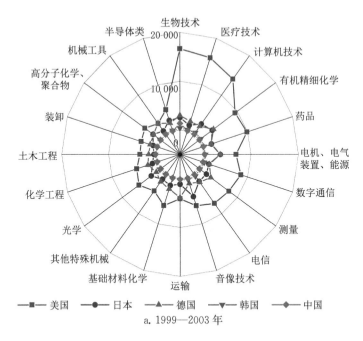

a. 1999—2003 年

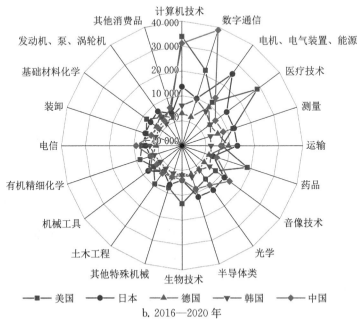

b. 2016—2020 年

资料来源：基于 PCT 专利申请量数据绘制。

图 4.13　国家优势技术领域布局差异

较大差别,德国在运输、电机/电气装置/电能、机械元器件、发动机/泵/涡轮机和机械工具等技术领域有着较高且持续性的新技术产出,在有机精细化学、制药、数字通信、计算机、光学、计算机技术管理办法、食品化学、土木工程、电信等技术领域活跃度不高。日本的技术结构变动较大,其中电机/电气装置/电能、计算机、光学、半导体等技术领域是日本一直专注的高产出技术领域,在药品和有机精细化学领域关注度下降趋势与全球基本一致,对运输、发动机/泵/涡轮机和医疗技术领域的关注度显著上升。韩国技术创新产出能力增长较为迅速,其在数字通信、电机/电气装置/电能、计算机技术、医疗、音像、电信、半导体类和药品等技术领域具有较高产出,在发动机/泵/涡轮机、基础通信程序等技术领域产出较低,其中电信、食品化学、数字通信、半导体等技术领域的技术产出在全球具有较高比重。中国的技术领域结构变动较大,技术领域处在多样化快速增加的阶段,现已在数字通信、音像、电信其他消费品四个技术领域具有全球最高技术产出量,对计算机技术、光学、半导体、测量、运输、土木工程等技术领域的关注度提升明显,而食品化学、高分子化学/聚合物、生物材料分析、表面处理/涂层和显微结构/纳米等技术领域一直处在产出量末尾。从现状来看,中、美、日、韩在计算机技术、数字通信、电机/电气装置/电能、测量和半导体技术领域的技术产出量均较大,具有较高的竞争性,运输技术领域在德国和日本的技术领域中一直位居产出的前三甲,是日、德两国重点发展的技术领域。不仅在技术领域上,King(2004)等通过论文引用数据也发现,美国在生命和医学科学方面存在较大科学优势,而欧洲国家在物理科学和工程学方面的表现稍好一些,并且在欧盟内部也存在较大科学领域发展差距,其中法国在数学方面科学实力很强,而德国和英国在物理科学和生命科学方面表现出更强实力。

国家不仅在技术领域的布局有较大差异性,而且在同一技术领域内,国家在细分的技术小类产出上往往存在着更大差异(见表4.8)。1999—2003年间,申请量前20项的技术小类中美国的技术申请量大多占到50%左右的份额,有着绝对领先优势。德国、日本、英国、瑞士分别有10类、8类、1类、1类的技术申请量,处于第二位次,但与美国的申请规模相差悬殊。2014—2017年间,美国处在申请量首位的技术类减少为14类,在H04W(无线通信网络)、H04L(数字信息传输)、H04N(图像通信)三个技术类上被中国超越,在H01L(半导体器件)、H01M(用于直接转变化学能为电能的方法或装置)、G02B(光学元件、系统或仪器)三类技术上被日本超越。在G06F(电数字数据处理)、G01N(借助于测定材料的化学或物理性质来测试或分析材料)、H04B(传输)、B65D(用于物件或物料贮存或运输的容器)、B01D(分离)这5类技术的申请量也有被中国和日本超越的趋势。由此可见,美国在新技术产出上一家独大的局面正在瓦解,以日本、中国为首的创新产出大国已在多个技术类上超越美国,成为多类新技术产出的引领者。

国家—技术关联二模网络由简单向复杂演变日益显著(见图4.14)。以节点大小表示技术总产出规模,连线粗细表示相连国家产出该类技术的数量,团块由35个技术领域团和1个国家团构成。1999—2003年间(见图4.14a),国家与技术间的连线较为稀疏,较粗的连线均由美国发出,用花簇来比喻,此时国家—技术网络更像是由美国作为根茎支撑起的单支花簇,呈现"一花独放"之势。到2014—2017年间(见图4.14b),国家—技术网络连线更加稠密,较粗的连线不仅由美国发出,也由日本、中国、

表 4.8　部分国家在全球 PCT 申请量前二十的技术小类中占比

1999—2003 年

技术小类	美国	德国	日本	英国	法国	荷兰	瑞士
A61K	46%	9.7%	7.8%	5.7%	5.1%	2%	1.9%
G06F	55.8%	6.8%	8.3%	4.3%	3.4%	4.4%	2.5%
H04L	47.4%	8.4%	7.2%	3.4%	4%	3.5%	7.3%
G01N	46.2%	12.6%	9.1%	6.9%	3.8%	1.8%	2.6%
C12N	48.6%	10.1%	8.4%	5.1%	3.6%	1.8%	1%
A61P	39%	9.7%	12.8%	7%	5.1%	1.4%	3.4%
H01L	42.3%	16.2%	20.9%	2.3%	3.6%	5.8%	0.9%
A61B	55.7%	7.7%	4.8%	3.9%	3%	3.2%	1.6%
G06Q	62%	3.1%	9.6%	3.2%	1.8%	1.3%	1.2%
H04N	39%	4.9%	17%	3.9%	7.6%	14%	1.3%
C07D	36.3%	13.6%	15.1%	6.1%	3.3%	1.6%	3.3%
C07K	52.8%	7.1%	6.9%	5.6%	3.1%	1.5%	1.4%
G02B	46.2%	9.8%	14.8%	5.6%	4%	2.7%	2.2%
A61F	59.6%	6.8%	4.3%	3.3%	3.5%	1.1%	3.9%
H04B	42.8%	9.8%	11.3%	3.5%	3.1%	4.8%	7%
B65D	34.7%	9.5%	7%	8%	6.5%	3.4%	2.4%
C07C	32.3%	18.5%	16.6%	4.7%	4.8%	4.2%	1.1%
H04W	32.1%	8.2%	8.6%	2.8%	2.8%	1.9%	16.7%
A61M	52.9%	6.4%	4.6%	6.8%	2.9%	0.9%	3.4%
C12Q	52.6%	10.3%	7.1%	7%	3.7%	1.6%	1.6%

2014—2017 年

技术小类	美国	日本	中国	德国	韩国	法国	英国
G06F	37.4%	12.7%	26.7%	2.2%	6.4%	1.8%	1.7%
H04W	21.3%	13%	35%	1.4%	11%	2.2%	1%
H04L	26.1%	6.9%	37.7%	2.9%	7.5%	3.4%	1.4%
A61K	39.9%	8.2%	6%	5.2%	6.6%	5.5%	3.5%
H01L	26.2%	32.9%	16.2%	6.9%	7.7%	2.2%	1%
A61B	37.4%	20.7%	7%	4%	5.2%	2.3%	2%
H04N	22.7%	23.4%	25.8%	1.3%	13.1%	2.7%	1.2%
G01N	29.9%	21.3%	7.9%	7.8%	4.9%	4.6%	4%
G06Q	39.6%	13.6%	13.5%	2.2%	10%	1.8%	2.1%
H01M	14.4%	40.3%	9.5%	9.6%	15.5%	2.8%	1.8%
G02B	23.7%	34.8%	13.8%	6.5%	6.3%	2.6%	1.6%
C12N	38.7%	13.4%	9%	4.8%	5.9%	3.8%	2.9%
A61M	37.4%	10.6%	5.3%	9.8%	3.5%	3.9%	4%
A61P	30.5%	13.2%	14.4%	4.3%	3.3%	3.6%	3.8%
A61F	44.1%	16.2%	5.2%	5.3%	3.3%	2.3%	2.8%
H04B	26.6%	13.2%	24.4%	2.1%	15%	3.2%	1.9%
E21B	56.6%	1%	3.3%	1.4%	0.4%	5.7%	5.2%
C07D	31.8%	9.5%	10.5%	9.7%	5.7%	2.2%	3.7%
B65D	27.4%	13.4%	6.6%	6.7%	6.7%	4%	3.7%
B01D	28.2%	18.3%	7.8%	11.6%	7%	3.2%	2.1%

德国、韩国等国家发出,此时的花簇是由多个国家作为根茎支撑起的多个花朵组成,有"百花齐放"之势。具体而言,从2014—2017年间全球申请量最多的计算机技术领域的技术小类G06F(模拟计算机)来看,美国、中国、日本和德国的申请量分别占到37.4%、26.7%、12.7%和2.2%,国家间存在明显差距。其中,美国和中国申请量最多的技术均为计算机领域的G06F技术类,但日本和德国申请量最多的技术小类均为H01L(半导体器件),韩国申请最多的技术类分别为H04W(无线通信网络),法国和英国申请最多的技术类均为A61K(医用、牙科用或梳妆用的配制品)。各国的技术发展建立在自身现有技术知识储备和产业结构基础之上,并且往往将创新资源专注于能够产生竞争优势并且达到利益最大化的技术领域,这就造成:一方面,各国的新技术产出因基础创新资源的差异而不尽相同;另一方面,各国为实现近期利益最大化或追求长远目标而在某些技术领域激烈竞争。由于受到世界知识产权保护条约的约束,即专利权的独占排他性,一国在某技术领域申请的新技术越多,其他国家就越难以进入,这在一定程度上造成了技术创新上的"产业分工"。技术创新分工的结果是技术产出的多样化增加,研发能力越强的国家大量布局基础必要技术专利、核心技术专利,并制定技术研发和实施标准。而创新资源贫乏、研发能力弱的国家大多只能遵循已制定的技术标准在核心技术外围进行研发,获得相对较低的附加值。由于这种"技术分工"的存在,即使一国生产数量再多的非核心、非基础必要技术,也难以与掌握核心并制定该领域技术研发及应用标准的国家相抗衡。因此,即使国家具有同样规模的技术产出量或技术种类的多样性,但因技术组成结构上的差异,如技术是否具有遍在性? 是否具有难以模仿性? 国家间的技术竞争力也会大不相同。根据技术复杂度理论,因国家间的知识库组成结构不尽相同,只有那些能够生产更多其他国家难以生产和模仿的新技术时,国家才会具备更复杂、更具竞争力的技术体系,才会比其他国家拥有更高的创新竞争优势。

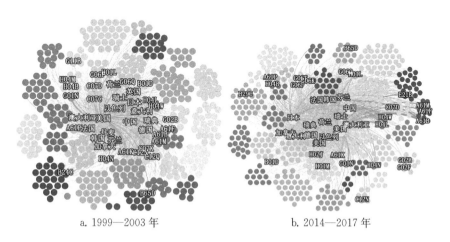

a. 1999—2003 年　　　　　　　　　b. 2014—2017 年

注:图中不同颜色代表 35 个技术领域,粗细表示 PCT 量。

图 4.14　国家与技术产出二模关联网络图谱

中国虽然是技术创新产出增长最快的国家,但从国际比较来看,中国的技术创新有着更加明显的领域集中性,相对单一的技术结构不利于抵抗外部冲击,往往缺乏发展韧性。由于技术专利权具有明显的地域性,国家尺度下的专利布局往往与中国国内城市尺度存在一定差异,通过国内技术领域变动趋势有利于了解中国未来技术发展潜力,中国国内城市在不同时段同样具有不同的"肥沃技术领域"。

1999—2003 年间(图 4.15a),制药技术、基础材料化学、食品化学、材料/冶金等领域是城市参与度较高的技术领域,这与 21 世纪初中国经济发展以重化工业推动的产业结构有直接关系。但与同期世界技术创新热点差别较大,对比前五大高产出技术领域,除了制药技术外,世界其他国家更关注医疗技术、计算机技术、生物技术和有机精细化学领域。从热点技术领域更替来看,中国城市技术创新的热点跟进稍慢于世界同期。随着 ICT 产业的发展,数字通信、计算机技术成为最高产的技术领域,而随着进出口贸易繁荣,中国逐渐发展成为制造业大国,并在电机/电气装置/电能、机械工具、其他专用机械等领域创新活跃度逐渐提高,而像医疗技术、生物技术、发动机/泵/涡轮机、半导体等技术领域具有研发周期长、投入高、风险高等特征往往活跃于少数大城市。微观结构与纳米技术领域进入门槛较高,且一直未有重大技术突破,主要活跃于北京、上海和苏州三市。除北京、上海在多数技术领域具有优势外,大多数城市是以少数技术领域引领本市创新发展。如 2014—2017 年间,深圳市仅数字通信领域就占全市技术产出的 21%,佛山在家具/游戏(占全市产出的 12.8%)、热工艺技术/设备(占全市产出的 9.5%)领域具有较高专业化产出。在 2014—2017 年,中国城市积极参与的技术创新热点领域与同期世界热点技术领域依然有所差异,仅计算机技术、电机/电气装置/电能技术、数字通信技术、测量技术、制药技术为其共同关注的前十大热点技术领域。中国城市参与度较高的机械工具技术(第 4 位次)、基础材料化学技术(第 7 位次)、材料/冶金技术(第 10 位次)和食品化学技术(第 12 位次)等,在世界热点技术领域中分别排到第 27、17、25 和 32 位次,而世界产出较高的部分热点技术领域如医疗技术(第 4 位次)、音像技术(第 8 位次)、半导体技术(第 9 位次)和光学技术(第 10 位次)在中国城市间的参与热度仅排在第 19、33、30 和 31 位次。显然中国在多个技术领域产出相对不足,经济发展难免会受制于人。

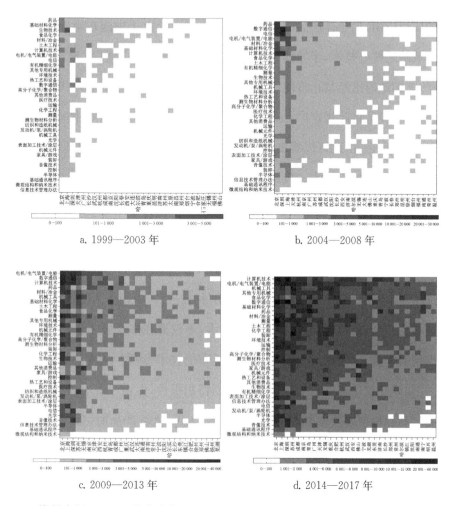

a. 1999—2003 年　　　　　b. 2004—2008 年

c. 2009—2013 年　　　　　d. 2014—2017 年

资料来源：CNIPA，单位为件。

图 4.15　中国 30 个主要城市在 35 个技术领域专利布局变动趋势

　　以半导体技术为例，半导体是电子产品的基石，被誉为"工业粮食"，已成为全球创新最为活跃的技术领域之一。中国每年需要从国外进口大量集成电路产品用于生产手机、计算机、汽车等，中国集成电路贸易逆差呈逐年递增趋势，2018 年高达 2 276.6 亿美元。而随着 5G 技术、物联网、人工智能、无人驾驶汽车、工业机器人、智能穿戴等一批新技术和新硬件的广泛应用,半导体产品的需求将进一步增大。由于中国在半导体技术领域缺乏核心技术,半导体相关产品的贸易逆差额一直居高不下。2020年,美国政府已经禁止将使用美国技术、软件或设备生产的芯片供给华为公司,当美国将此规定广泛适用于中国其他企业之时,必将对中国经济带来沉重打击。由此可以看出,虽然中国每年产出大量技术专利,但大多未能掌握关键、核心技术。技术专利大规模的产出一定程度上快速培育了技术创新的能力,但仍未改变中国经济发展在较多领域受制于美、日等国技术的现状。当然任何一个国家都不可能保证在所有技术上处于绝对领先地位,但只要能够掌握几项他国难以产出的核心技术,在技术应用上形成相互牵制之势,他国便难以轻易发动"科技战"。中国作为经济大国,产业结构齐全,消费市场大,技术需求量大,不仅要在多个技术领域谋求占据绝对优势,也应在所有技术领域广泛布局技术专利。从专利权角度来看,知识产权保护的目的是提高社会创新积极性,但由于互补性专利、牵制专利和标准必要专利等的存在,企业在商业化新产品时,如果无法拥有产品所需的全部技术专利使用权,就需要通过支付使用费或交叉许可授权等方式穿越"专利丛林"(patent thicket fair reasonable and non-discriminatory)。专利权在一定程度上为后发创新者设置了发展障碍,带来强者更强、弱者更弱的"马太效应"。虽然标准必要专利以公平、合理、无歧视为原则(Fair Reasonable and Non-discriminatory, FRAND)构建了专利池,但专利所有者往往通过产业联盟等方式主导行业技术标准制定,谋求垄断利润,如"高通税"。随着华为科技有限公司在5G通信和芯片领域的崛起,美国政府动用国家行政力量围剿打压华为,中美之间不仅在经济领域摩擦不断,更在科技前沿领域争夺控制权。不同于过去争夺生产原材料、资本和消费市场,知识经济时代主要通过笼络人才、布局技术专利、垄断行业标准等控制全球生产网络,赚取最大利润。地区只有在多个领域具有"一技之长",布局足够多的核心必要专利才能立足于市场,只有拥有足够多样化的技术才能具备抵抗外部冲击的发展韧性。

二、技术领域的进入与退出

技术的进入与退出直接关系到地区技术知识库的更新与衰退,新技术的进入不仅可以丰富现有技术知识库,也可带来新的创新方向,激发潜在的创新活力。技术的退出一方面可能会造成本地技术知识库规模的减小,另一方面也会释放一定创新资源为新技术提供进入和生长的空间。当然地区技术创新实力主要依靠那些能够长期、持久、大量产出的技术支撑,存续技术是孕育和接纳新技术的重要基础,技术的进入与退出是盘活地区创新资源的重要方式。

对地区技术进入与退出机制的解释可以从"竞争效应"(competition effect)和"乘数效应"(multiplier effect)两方面展开。技术的进入与退出主要是技术前后向依赖的动态内生演化过程,熊彼特"破坏性创新理论"认为,新技术的进入会导致新旧技术间的激烈竞争,在竞争过程中资源的投入产出效率不断提升,而技术产出效益低的一方往往被淘汰,从而促使现有技术结构革新。另一种观点认为,新技术的进入动力源泉是本地存在富集的创新资源、活跃的创新氛围带来的引力优势,存在集聚溢出等正向促进的"乘数效应"。其中,乘数效应促使地区在未来发展阶段的技术演化动向与现有技术创新方向基本保持一致,具有滚雪球式的累积效果。而"竞争效应"往往具有技术颠覆破坏性,促使地区在未来发展阶段产生更多新的技术创新研究方向,加快地区技术结构的革新。

对技术进入率与退出率作如下定义:1999—2008 年间的技术领域进入率为在某技术领域内,2004—2008 年间相比 1999—2003 年间新出现的技术数量与 1999—2003 年间不存在的技术类总数之比。1999—2008 年间的技术退出率为在某技术领域内,1999—2003 年间能够产出但 2004—2008 年不再产出的技术类的数量与 1999—2003 年间能够生产的技术类数量之比。同理,2009—2017 年间的技术领域进入与退出率是在 2009—2013 年与 2014—2017 年之间进行比较而得。当然由于各技术领域包含的技术小类数目并不一致,有些技术领域仅包含一个技术小类,如半导体技术领域仅包含 H01L 技术小类,有些技术领域包含多个技术小类,如发动机/泵/涡轮机技术领域包含 F01B、F02B、G21B 等 35 个技术小类,因此技术领域间的进入与退出率比较意义并不是很大,但可在同一技术领域进行国家间和时间段上进行比较分析。某一技术领域的进入率越高则表明此领域技术创新越活跃,技术领域的退出率越高表明国家的技术结构在剧烈调整变动。当技术领域表现为低进入率和高退出率时,表明国家在此技术领域的创新活跃度在下降。

从国家(地区)在 35 个技术领域的进入与退出来看(见图 4.16),1999—2008 年,美国、日本、中国、德国、韩国、法国、英国、荷兰、瑞士、意大利、瑞典、加拿大、以色列、澳大利亚、奥地利、比利时、西班牙等国在多个技术领域均拥有较高的进入率,表现为较高的技术创新活跃度,而像印度、土耳其、沙特阿拉伯、南非等国在所有技术领域的进入率均不高,技术创新活跃度较低。2009—2017 年,国家(地区)的技术创新更加活跃,多个技术领域表现出更高的技术进入率,其中数字通信、运输技术、其他

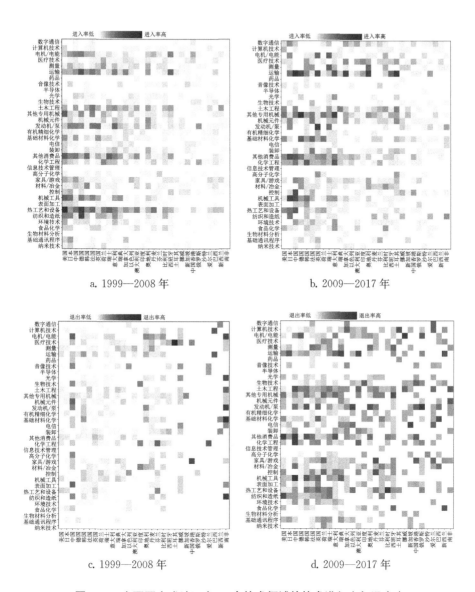

图 4.16　主要国家或地区在 35 个技术领域的技术进入率与退出率

专用设备、其他消费品、化学工程等领域的进入率相比 1999—2008 年有

所提高，但在发动机/泵/涡轮机、热工艺和设备等技术领域的进入率下降

明显。技术的高进入率仍然主要发生在发达国家之间，中国是唯一在较

多技术领域有着较高进入率的发展中国家。此外,日本、中国、韩国等东亚国家的技术进入率较为抢眼,均在多个技术领域拥有较高的技术进入率,其中日本早在1999—2008年间就已开始大量进入众多技术领域,中国和韩国的技术进入率在2009—2017年间相对更高。日本在电机/电气装置/电能、发动机/泵/涡轮机、纺织和造纸技术等领域一直保持相对较高的进入率,中国在计算机技术、土木工程、装卸技术领域一直保持高进入率,韩国在音像技术、半导体技术领域有较高进入率。高技术进入率有利于丰富国家(地区)技术种类多样性,提高国家(地区)技术体系整体复杂程度和竞争优势,但进入该技术领域仅是跨过了基础的技术门槛,保持持久的高创新产出才能在此领域站稳脚跟。

从技术退出率上来看,1999—2008年间,技术退出率普遍较低,各国(地区)主要处在技术原始累积阶段,仅有中国、南非等少数新兴国家和韩国、芬兰、挪威少数几个发达国家在较多技术领域有着高退出率。此时的中国正处在创新发展起步阶段,在较多技术领域存在大量试错性尝试,技术创新的存续率并不高。而韩国作为快速成长的新进发达国家,经济结构升级调整较快同样带来了多个技术领域上的高退出率。2009—2017年,多个国家(地区)的技术退出率明显增加,新旧技术正处在加速演替之中,新一轮科技革命和产业革新正在兴起。

此外,2008年全球金融危机后,全球经济发展持续低迷,多国提出"再工业化"举措,美国号召企业回流本土。2019年末,新冠肺炎疫情开始全球蔓延,国际分工所形成的商品生产产业链和运输供应服务链进一步受到冲击,全球的产业分工再次进入加速调整布局期。从历史经验来看,技术革命带来的技术大量更替往往与经济危机相关联,熊皮特在《经

济周期：资本主义过程之理论的、历史的和统计的分析》一书中通过分析
历史上发生的三次产业革命总结提出技术创新发展的"长波周期理论"，
指出创新的不连续性、阶段扎堆爆发性往往带来的是经济危机而不是经
济繁荣，新的技术大量出现一般会对旧事物带来毁灭性破坏，经济的发展
正是在改革或摧毁旧技术体系的过程中不断前进，创新对旧事物的破坏
性带来的经济发展低谷与新技术大量应用带来的经济繁荣造成了经济发
展的周期波动性。门施（G. Mensch）在《技术的僵局》一书中通过对112
项重大技术创新进行现代统计分析发现，重大基础性创新大量涌现的高
峰期与经济发展萧条期基本重合，技术创新与经济繁荣存在"逆相关"关
系，经济萧条是创新涌现的主动力，技术创新是经济繁荣的前奏和基础。
但英国学者弗里曼（C. Freeman）在经济发展长波理论中指出，经济长波
上升阶段是由几十年科技发展累积成果导致的大规模新投资、新产业、新
就业带来的，经济繁荣带来的创新资源富集进一步促进了创新发展，技术
创新周期与经济繁荣周期成"正相关"关系。2009—2017年间，全球主要
国家（地区）在多数技术领域上表现为高进入、高退出，这表明全球技术创
新进入新一轮技术革新高潮期，新产品、新产业、新就业在不断涌现，旧技
术在加速淘汰，国家（地区）技术知识库正进入快速更新阶段。

　　从国家（地区）整体层面比较各国技术知识库变动差异及发展态势。
其中将1999—2008年国家（地区）技术进入率定义为：国家（地区）在
1999—2003年间未产出而在2004—2008年新产出技术类的数量与
1999—2003年间未产出的技术总类数之比。将1999—2008年技术退出
率定义为：国家（地区）在1999—2003年间产出而在2004—2008年间未
产出的技术类数量与1999—2003年间能产出的技术总类数之比。技术

的退出率和技术存续率之和为1。2009—2017年的国家（地区）技术进入率、退出率和存续率同样为与2009—2013年和2014—2017年两时段进行比较计算而得，结果如表4.9所示。

表4.9　全球主要国家或地区技术进入率与退出率

序号	国家（地区）	1999—2008年			2009—2017年		
		进入率	退出率	存续率	进入率	退出率	存续率
1	美国	20.6%	28.1%	71.9%	11.8%	18.7%	81.3%
2	日本	15.7%	20.7%	79.3%	12.1%	9.7%	90.3%
3	德国	15.4%	15.7%	84.3%	12.8%	10.6%	89.4%
4	中国	14.7%	47.4%	52.6%	21.1%	24.2%	75.8%
5	韩国	11.8%	33.3%	66.7%	13.7%	18.2%	81.8%
6	法国	11.9%	25.3%	74.7%	14.1%	17.3%	82.7%
7	英国	11.9%	26.0%	74.0%	9.7%	19.7%	80.3%
8	荷兰	9.2%	20.7%	79.3%	7.9%	18.2%	81.8%
9	瑞士	9.7%	26.8%	73.2%	8.0%	17.7%	82.3%
10	瑞典	6.9%	32.0%	68.0%	5.6%	17.6%	82.4%
11	意大利	14.3%	12.5%	87.5%	13.9%	16.4%	83.6%
12	加拿大	8.8%	26.9%	73.1%	11.5%	15.0%	85.0%
13	芬兰	3.6%	33.8%	66.2%	6.9%	12.9%	87.1%
14	澳大利亚	8.7%	20.3%	79.7%	5.6%	14.6%	85.4%
15	以色列	5.9%	21.2%	78.8%	4.3%	12.0%	88.0%
16	西班牙	9.2%	19.0%	81.0%	6.4%	20.0%	80.0%
17	丹麦	6.1%	23.3%	76.7%	4.7%	15.3%	84.7%
18	奥地利	11.4%	26.7%	73.3%	8.8%	15.4%	84.6%
19	比利时	7.5%	26.1%	73.9%	7.6%	10.3%	89.7%
20	印度	1.4%	17.6%	82.4%	4.6%	10.8%	89.2%
21	俄罗斯	3.7%	12.2%	87.8%	4.3%	16.3%	83.7%
22	挪威	2.9%	27.9%	72.1%	3.4%	10.2%	89.8%
23	新加坡	4.1%	5.3%	94.7%	2.8%	12.4%	87.6%
24	爱尔兰	3.4%	20.8%	79.2%	3.7%	17.0%	83.0%
25	土耳其	2.0%	20.0%	80.0%	11.7%	5.4%	94.6%
26	巴西	5.2%	16.7%	83.3%	2.1%	13.6%	86.4%
27	中国香港	3.9%	16.7%	83.3%	4.8%	12.7%	87.3%
28	南非	1.6%	20.5%	79.5%	1.6%	10.9%	89.1%
29	新西兰	3.4%	10.0%	90.0%	1.1%	9.1%	90.9%
30	卢森堡	3.2%	35.7%	64.3%	2.8%	12.7%	87.3%

注：国家或地区序号按照1999—2017年PCT申请累积总量排序，仅选取申请量排名前30位国家或地区。

国家(地区)的技术进入率可反映一国(地区)的创新活跃程度,退出率能够反映一国(地区)技术存续能力和国家创新系统稳定性。从国家(地区)整体技术进入率来看,各时段的技术进入率整体呈现出申请量大的国家(地区)技术进入率较高,国家(地区)整体技术规模较小往往意味着创新资源的相对匮乏,难以孕育更多新技术。1999—2008 年技术进入率最高的国家(地区)为美国(20.6%),其次为日本(15.7%)、德国(15.4%)和中国(14.7%),意大利、法国、英国、韩国和奥地利的技术进入率均在 10% 以上,30 个国家(地区)的均值为 7.9%,中位数为 7.2%,进入率最低的国家为印度(1.4%),不足美国的 1/14,国家(地区)间存在较大的差距。2009—2017 年间,国家(地区)间技术进入依然保持较高水平,30 个国家(地区)技术进入率均值为 7.6%,中位数为 6.7%,此时,美国(11.8%)、日本(12.1%)、德国(12.1%)的技术进入率稍有下降,中国成为技术进入率最高的国家(地区),达到 21.1%,其次为法国(14.1%)、意大利(13.7%)、韩国(13.7%),此时技术进入率最低的国家为新西兰(1.1%),印度的技术进入率提升至 4.6%。相比而言,美日德等发达国家的技术进入率要先于中国达到高峰值,基础技术和核心技术往往被技术的先进入国家(地区)占有,后进入国家(地区)大多在核心技术周围进行研发布局,后进入国家(地区)只有实现重大技术突破才有可能超越先进入的发达国家。

从国家(地区)整体技术退出率来看,1999—2008 年间技术退出率明显高于 2009—2017 年间,经过二十年发展,技术退出率均值和中位数分别由 23%、21% 降为 14.5% 和 14.8%。国家(地区)技术知识库由高进入率、高退出率演变为高进入率、低退出率,技术存续率明显提高,国家(地区)整体技术知识库由快速更替演变为相对稳定。技术创新的连贯稳定性,更利于创新资源的高效利用和重大关键技术的突破。1999—2008 年间,技术退出率最高的国家(地区)为中国,退出率高达 47.4%,近一半的技术类库存被淘汰,此时的中国整体创新体系不够成熟,创新资源被极大浪费,似乎整个国家的创新热情十分高涨,创新资源虽被极大调动投入,但创新方向却没有头绪,处在创新能力培养阶段。此阶段,韩国、芬兰、卢森堡、瑞典等国的退出率也相对较高,处在 30% 以上,美国、日本、法国、英国、荷兰、瑞士等传统创新大国的技术退出率在 20%—30% 之间,德国的退出率较低,仅为 15.7%,德国表现为明显的高技术进入率和较低技术退出率,国家(地区)技术知识库处在新技术不断进入,存续技术不断壮大的技术多样化阶段。退出率最低的国家(地区)为新加坡(5.3%),稍高于技术进入率(4.1%)。一国较低的技术进入率与退出率往往是创新活跃度较低的表现,技术库更新率较低一般存在两种情况:一是国家技术知识库已经具备了生产几乎所有的技术类,且在各技术类中保持着高水平创新成果的持续高产出;二是国家对新技术的接纳程度不高。新加坡在 1999—2003 年的技术一般多样性水平为 297 类,具有相对比较优势多样性水平仅为 19 类,新加坡的技术知识库属于"未富先衰",若新技术类的进入量长期低于技术退出类数,国家(地区)技术知识库将逐渐消耗殆尽。

2009—2017 年间,国家(地区)的技术退出率整体下降明显,中国依然是退出率最高的国家(地区),退出率高即意味着技术优势难以长期维持,造成这种现象原因有:一是国家整体创新能力不足,技术创新常因"技术瓶颈"难以突破而中断;二是创新系统不够成熟,创新成果难以有效转化获得收益,影响后续研发资源投入;三是在创新政策鼓噪下,存在大量

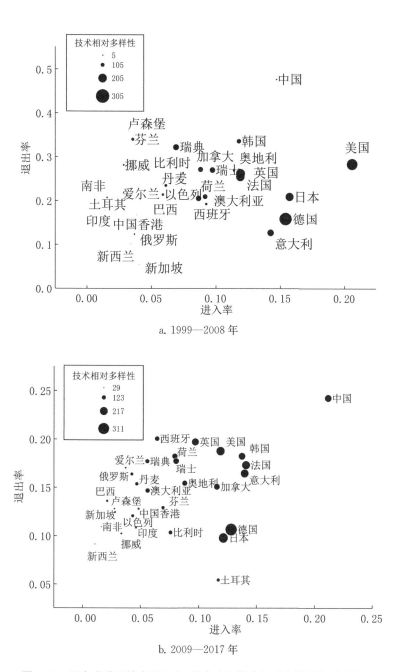

a. 1999—2008 年

b. 2009—2017 年

图 4.17 国家或地区技术进入率、退出率和技术相对多样性相关散点图

创新投机行为。从图 4.17 可以看出,中国一直处在图中右上角,技术的高进入率与高退出率一定程度上培养了创新能力,沉淀了一定量的优势技术,中国具有相对比较优势的技术多样性提升显著。此外,土耳其是技术退出率最低的国家(地区),技术进入率处于中上水平,国家(地区)技术知识库处在快速膨胀阶段。西班牙的技术退出率仅次于中国,技术进入率处于中游水平,同中国一样表现出创新系统的极度不稳定性。德国和日本是技术进入率高、技术退出率较低、技术产出较高、技术种类最多样的两个国家(地区)。

从空间上来看,高技术进入率与退出率的国家(地区)主要集中在北美、欧洲和东亚,与技术产出规模分布基本一致,是创新活跃度最高的地区。一定程度上说明,国家(地区)的技术知识库规模越大,涉及的技术领域越多,越容易激发创新的灵感,越利于技术知识重组成新技术。一般认为,事物演化发展过程中普遍存在路径依赖现象,新技术的出现、存续和退出往往受到现有的本地知识基础、区域制度、风俗习惯和对外联系等因素的影响。历史偶然事件的存在往往不可预测,而内生性的技术间关联差异往往是造成地区走上不同技术发展道路的关键。

中国作为技术创新产出规模增长最快,技术进入与退出率最高的国家,国家内部技术领域变动存在较大差异。在 1999—2017 年间,中国城市技术创新一直处于蓬勃发展阶段,技术进入率明显高于技术退出率,技术多样性整体处于增量阶段,多数技术首先主要进入北京和上海这两个创新资源丰富的大城市,1999—2003 年间电机/电气装置/电能、材料/冶金、机械工具、机械元件、其他消费品、基础材料化学、食品化学和土木工程等是城市进入较为普遍的技术领域,此阶段技术退出率普遍较低。

2009—2017 年间,除上述技术领域外,纺织和造纸机械、运输等也成为城市普遍进入的技术领域,此阶段众多城市已经储备了生产多样化技术的能力,技术结构处在快速调整阶段,进入率较高的技术领域其退出率大多也较高,城市间在技术领域的控制权争夺较为激烈,各城市的技术进入与退出存在较大差异。

以运输技术领域为例,深圳市在此领域一直处于高进入状态,技术类退出率为 0,现已能够生产运输技术领域内所含的全部 45 个技术小类,2017 年深圳市在运输技术领域内的 571 个创新主体的 80％为企业,比亚迪股份有限公司、鸿富锦精密工业（深圳）有限公司和大疆创新科技有限公司是深圳市此领域的主要创新引擎企业,其中比亚迪股份有限公司是世界主要新能源汽车生产商,也是中国新能源汽车领域主要的专利申请者。从比亚迪电动汽车的发展历程来看,活跃的创新者往往紧盯技术领域前沿,并努力掌握领域核心技术。2000 年,大力发展电动汽车被列入"863"计划 12 个重大专项之一。2004 年国家颁布《汽车产业发展政策》,明确提出鼓励发展节能环保电动汽车和混合动力汽车。2007 年,国家发改委颁布《新能源汽车生产准入管理规则》。2009 年后国家开始推广新能源汽车使用,并配套财政补贴鼓励私人购买,新能源汽车进入快速发展阶段。在此期间,比亚迪集团依靠在蓄电池领域的技术储备逐渐成为全球第二大充电电池生产商。2003 年,比亚迪通过收购秦川汽车获得了汽车生产资质,由于在电池领域具备 100％的自主研发、设计和生产能力,拥有锂电池的核心技术优势和顶级供应商地位,迅速进入了电动汽车领域。2008 年,比亚迪推出了世界首款不依赖专业充电站的双模电动车 F3DM,此后,比亚迪长期占据全球新能源汽车销量榜单首位。与深圳市相比,济南市在运输技术领域两时段进入率分别为 0.2% 和 0.7%,2009—2017 年退出率却高达 8%,2014—2017 年在全国运输技术领域专利申请比重也仅为 0.9%,排在第 28 名,远低于深圳市 4.6% 的比重。2017 年济南市在此领域共有 80 个创新主体,企业占比仅为 37.5%,大学和科研院所占 13.8%,高达 48.8% 的创新主体为个人,而个人申请的专利往往技术含量相对较低,在运输技术领域济南市未能形成以企业为主体的创新体系。与深圳市比亚迪企业的发展历程不同,济南运输领域标志性企业——济南轻骑在发展过程中虽然通过两次成功的技术引进提升了产品品质,但在公司发展最辉煌的时候未专注于自主研发,而是通过资本运作不断扩大集团产业规模。由于资本运作的失败和"禁摩令"在中国大中城市的普遍实施,面对国内市场需求萎缩和国外市场上来自拥有核心技术的日韩企业的竞争,济南轻骑逐渐没落。济南市在交通技术领域低进入率和高退出率的现象主要原因在于企业的技术创新积极性不高,企业主体地位不突出,而个人、大学和科研院所的技术创新通常具有"猎奇性"。

从上述比较来看,深圳比亚迪和济南轻骑走着不同的技术创新发展道路,正是学术界争论较多的"干中学""技工贸""贸工技""自主创新""外部引进"等创新发展模式的实践。比亚迪主要依托在电池领域的技术积累进入汽车行业,济南轻骑在发展过程中多次引进国外技术,但由于传统的燃油发动机核心制造技术短期内难以突破,且在企业发展最辉煌时未将精力放在提升自身技术研发能力之上,过度的资本炒作和规模扩张导致企业一蹶不振。以此来看,企业的长足发展需要核心技术的支撑,而在传统行业中,企业往往会面临发达国家几十年甚至上百年的技术积累的封锁,企业短期内难以实现技术突破,此时企业需要寻找"技术机会窗口"。新兴技术领域往往具有较少的技术专利障碍,且研发周期短,技术更迭快,企业更容易从新兴技术领域中找到"机会窗口"实现弯道超车。

第四节　本 章 小 结

本章通过分析全球技术创新产出的数量规模、技术产出领域结构和技术进入与退出动态特征,重点探讨了技术创新产出的空间非均衡性和演化趋势,得出以下结论。

第一,全球技术创新产出有着比其他经济社会活动更强的增长态势和空间集聚性。全球技术创新产出呈现出明显的专利化激增现象,主要集中分布在北美、欧洲和亚洲东部地区,在空间上呈现出"创新高峰""创新高原""创新山丘"和"创新荒漠"的差异。其中美日德三国是传统的技术创新产出大国,而中国是最主要的技术崛起国家。

第二,全球科技创新中心呈现"自西向东"转移的迹象。技术创新产出重心已由北大西洋中部移至地中海东部沿岸,有着比其他经济社会活动更强的空间移动特征。依据"汤浅现象"规律来看,美国在未来较长时期内依然是全球科技创新中心,但以中国和日本为代表的亚洲东部地区正成为全球技术创新产出增长最快的增长极,美国在全球的技术霸权正受到挑战。

第三,技术创新存在"肥沃技术领域",部分热门技术领域是国家(地区)竞争的焦点,国家(地区)在技术领域布局结构的差异决定了国家(地区)技术创新产出的增长趋势和国家(地区)竞争实力。技术进入率和退出率较高表明当下正处在新一轮技术革命和产业革新期,此时正是后发国家(地区)从新兴技术领域实现技术赶超的关键机遇期。

第五章
全球技术创新复杂度的空间演化

国家整体的技术知识库不仅因技术的数量、结构而异，更因所含技术的遍在性、多样性和复杂度所体现的质量水平而异。地区技术知识库是一个复杂巨系统，技术彼此之间具有明显的知识依赖性和价值竞争性。只有地区能够生产更加多样化的其他地区难以复制的且具有规模比较优势的技术时，地区才具有较强的技术创新竞争优势。对于地区技术创新发展的整体质量水平研究主要从技术的遍在性、多样性和复杂度三方面展开讨论。

第一节　研　究　方　法

一、相对比较优势

相对比较优势仅仅考虑在地区技术创新中具有一定规模比例的技术，用以降低地区技术创新的偶发性事件对评价地区创新真实实力产生噪音的影响。具体指一个地区某类技术申请量占该地区所有技术总量份额与在所有地区中该类技术所占份额之比，是反映一个地区某类技术竞

争力的指数,公式为:

$$RCA_{c,\,t} = \frac{PAT_{c,\,t} \big/ \sum_{t=1}^{m} PAT_{c,\,t}}{\sum_{c=1}^{n} PAT_{c,\,t} \big/ \sum_{c=1}^{n} \sum_{t=1}^{m} PAT_{c,\,t}} \tag{5.1}$$

其中,$PAT_{c,\,t}$ 为地区 c 申请技术类 i 专利数量,共 n 个地区,m 类技术。一般当 $RCA_{c,\,t} \geqslant 1$ 时,表示某类技术在该地区具有比较优势。

二、技术复杂度指数

地区技术复杂度指数以城市技术多样化指数和技术遍在性指数为基础,通过对两者进行多次迭代运算而得。该指数构建的基本理念为:越复杂的技术知识综合体越能产生独特的、其他地区难以模仿的技术知识。国家(地区)间的技术复杂网络由 $C=99$ 个国家(地区)和 $T=630$ 类技术相互关联构成 $C \times T$ 矩阵。该指数基于地区—技术双模网络结构模型构建(如图 5.1),图中国家(地区)C_1 和国家(地区)C_2 均能生产技术 T_2,但技术 T_1 只能被国家(地区)C_1 生产,具有明显的独特性,技术 T_4 不仅能被国家(地区)C_2 生产,还能被国家(地区)C_3、C_4 生产,具有明显的遍在性。由于国家(地区)C_1 能够生产更加非遍在性的技术,所以国家(地区)C_1 相较于国家(地区)C_2 具有更复杂的技术知识复杂体系。

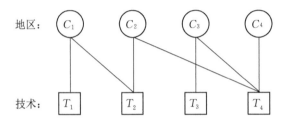

图 5.1 地区—技术知识双模网络结构

地区技术知识复杂度指数是建立在地区拥有一定规模和多样性技术的基础之上,其中,地区技术相对多样性指数是指国家(地区)所能生产的具有相对技术优势的技术类别数量,当地区 c 能够生产技术类 t,且 $RCA_{c,t} \geqslant 1$ 时,则 $M_{c,t} = 1$,否则 $M_{c,t} = 0$。

$$DIVERSITY = K_{c,0} = \sum_{t}^{m} M_{c,t} \qquad (5.2)$$

技术遍在性指数是指能够生产某类技术的地区数量,技术越遍在,越能够在更多的地区生产出来,则需要掌握该技术的门槛越低,其技术的价值也相对较低。

$$UBIQUITY = K_{t,0} = \sum_{c}^{n} M_{c,t} \qquad (5.3)$$

城市知识复杂度指数综合考虑了地区技术多样性和技术遍在性特征,由公式 5.2 与公式 5.3 相结合经过 n 阶迭代最终得到,同理可计算某类技术的知识复杂度水平。

$$KCI_{country} = K_{c,n} = \frac{1}{K_{E,0}} \sum_{t}^{m} M_{c,t} K_{t,n-1} \qquad (5.4)$$

$$KCI_{tech} = K_{t,n} = \frac{1}{K_{t,0}} \sum_{c}^{n} M_{c,t} K_{c,n-1} \qquad (5.5)$$

在公式 5.4 中,当阶数 n 取 2 时表示该国家(地区)具有相对比较优势的技术平均多样复杂度水平,当阶数 n 取 1 时表示该国家具有相对比较优势的技术的平均遍在度大小。KCI 的每次迭代均会对地区技术复杂度产生更加精细的估计,当 n 的增加不再改变其排序时,迭代终止,并做归一化处理(0—100),本书中计算复杂度指数 KCI 迭代次数 $n=20$。

第二节　技术创新产出遍在性的时空分异

一、遍在技术的识别

技术的遍在程度反映了地区在该技术领域竞争的激烈程度,地区整体的技术遍在度水平反映了地区生产稀缺技术的能力。技术的遍在度水平通过能够生产该技术的地区数来衡量,以 1999—2017 年间国家(地区)PCT 专利申请量为基础数据,分四个时段研究技术遍在度的演变趋势,结果如表 5.1 所示。1999—2017 年间,技术遍在度与技术产出规模有一定关系但并不构成严格的相关关系,高遍在度的技术往往处在所谓的"肥沃技术领域",在各时段虽有差异,但变动不大,表现出一定的路径依赖。其中 A61K(医用、牙科用或梳妆用品)、B65D(物料贮存或运输的容器)、G06F(电数字数据处理)在四个时段一直是处在遍在度前五位的三个技术类。从演变趋势来看,虽然 A61K 和 G06F 的遍在度均在提升,但 G06F 的技术产出规模已反超 A61K,且差距越拉越大,显然 G06F 已成为当下竞争最为激烈的热门技术类。B65D 虽然遍在度较高,但技术产出规模较低,其高遍在度更多源自技术进入门槛相对较低且技术具有广泛应用性。"肥沃技术领域"的技术往往更新迭代较快,对原始累积技术依赖性相对较低,地区更容易找到新兴技术进入点。虽然肥沃技术领域拥有更多的进入路径,但更多的地区在产出上并不具有规模优势,肥沃技术领域仍然由少数技术产出大国(地区)控制和引领。

表 5.1　1999—2017 年基于 PCT 专利的遍在度较高的 15 类技术

1999—2003 年			2004—2008 年		
技术类	产量	遍在度	技术内涵	技术类	产量	遍在度	技术内涵

技术类	产量	遍在度	技术内涵	技术类	产量	遍在度	技术内涵
A61K	26 498	67	医用,牙科或梳妆品	A61K	35 762	76	医用,牙科或梳妆品
B65D	5 618	60	物料贮存或运输容器	G06F	34 789	68	电数字数据处理
G06Q	9 529	54	数据处理系统或方法	B65D	8 400	62	物料贮存或运输的容器
A63B	1 742	53	体育锻炼器械	A61B	17 534	61	诊断,外科,鉴定
G06F	19 164	53	电数字数据处理	G01N	17 920	61	测试或分析材料
A61P	12 101	52	化合物或药物制剂	A61F	9 592	59	可植入血管内的滤器
G01N	13 659	51	测试或分析材料	G06Q	10 019	58	数据处理系统或方法
A61B	10 043	49	诊断,外科,鉴定	A63B	2 743	54	体育锻炼器械
A61F	6 166	49	可植入血管内的滤器	A23L	3 574	53	食品,非酒精饮料
A61M	4 833	47	介质输入人体的器械	A61P	11 208	53	化合物或药物制剂
B01D	4 369	46	分离	C02F	2 713	53	废水,污泥的处理
H04N	8 590	46	图像通信,如电视	H04L	25 357	53	数字信息的传输
E04B	997	45	一般建筑构造	H04N	13 754	53	图像通信,如电视
G09F	1 407	44	广告,标记,印鉴	C07D	13 116	51	杂环化合物
H04L	15 220	44	数字信息的传输	C12N	9 979	51	微生物,酶,培养基等

续表

2009—2013 年				2014—2017 年			
技术类	产量	遍在度	技术内涵	技术类	产量	遍在度	技术内涵
A61K	32 991	75	医用、牙科或梳妆品	A61K	29 822	76	医用、牙科或梳妆用品
G06Q	14 976	75	数据处理系统或方法	A61B	25 785	73	诊断、外科、鉴定
A61B	22 155	70	诊断、外科、鉴定	G06F	52 259	73	电数字数据处理
G06F	46 925	69	电数字数据处理	G06Q	17 924	72	数据处理系统或方法
B65D	8 663	66	物料贮存或运输容器	B65D	7 962	69	物料贮存或运输容器
A61F	10 041	65	植入血管滤器、假体	G01N	18 550	66	测试或分析材料
G01N	19 920	63	测试或分析材料	A01K	2 108	58	畜牧业、渔业等
H02K	4 944	61	电机	A61F	8 754	58	植入血管滤器、假体
F03D	2 992	60	风力发动机	F03B	811	58	液力机械或液力发动机
C02F	3 761	58	废水、污泥的处理	A61M	9 543	57	将介质输入人体的器械
F03B	1 348	58	液力机械或发动机	B01D	7 296	57	分离
A23L	3 811	57	食品、非酒精饮料	H04L	30 559	56	数字信息的传输
A61P	11 450	57	化合物或药物制剂	H04N	18 646	56	图像通信，如电视
B01D	8 111	57	分离	A61P	9 168	55	化合物或药物制剂活性
H01L	32 930	57	半导体器件	A63B	2 797	55	体育锻炼器械

　　遍在度较低的技术主要分为两类：一类是知识含量较高的技术，地区在进入此类技术领域时候需要具备丰富的技术知识储备，并跨越一定的技术门槛，如 G21D（核发电技术）；另一类是知识含量不高且技术经济产出效益相对较低，专利布局价值较小的技术，如 B21L（金属链条的制造）。结合表 5.2 和图 5.2 可以看出，1999—2017 年间，遍在性较低技术的来源地相对固定，竞争性较低。其中美国是非遍在技术的主要来源国，其次是日本、德国和中国。美国在 B41L、D03L、F16T、B21L、F22D、C10C、G04D、F15C、D06H、G12B、F16S、G03D 等多个技术类具有较高的技术产出，日本仅在 G03D 和 C06D，中国仅在 F16S 和 G21D，法国仅在 G03D，瑞士仅在 G21H 等少数技术上有较高产出，德国对多数低遍在度技术均有涉猎，产出相对均衡，其他国家（地区）仅在少数非遍在技术上有较低的产出量。从此可以看出，技术创新产出大国（地区）不仅仅在热门技术领域有着大规模产出，同时涉猎着广泛的非遍在技术。

表 5.2　1999—2017 年基于 PCT 专利数据的遍在度较低的 20 类技术

技术类	1999—2003 年	2004—2008 年	2009—2013 年	2014—2017 年	均值	技术内涵
G21D	6	5	6	7	6.0	核发电
D06H	5	5	8	6	6.0	纺织材料作标记、接缝
F16T	4	5	9	6	6.0	凝汽阀
G12B	2	8	6	7	5.8	仪器零部件
C10C	3	7	7	5	5.5	焦油、沥青的加工、焦木酸
F22D	3	4	6	8	5.3	预热或蓄预热
C07G	1	4	7	9	5.3	未知结构的化合物
F41F	3	4	7	5	4.8	子弹或导弹的发射器
D03J	6	3	6	3	4.5	织造的辅助设备
G06E	5	3	5	5	4.5	光学计算设备
F22G	2	5	5	6	4.5	热蒸汽

续表

技术类	1999—2003 年	2004—2008 年	2009—2013 年	2014—2017 年	均值	技术内涵
C06D	5	3	5	4	4.3	烟雾发生装置;毒气攻击剂
C06C	3	7	2	3	3.8	起爆或点火装置
F15C	3	7	3	1	3.5	计算或控制用流体回路元件
G04D	4	2	3	4	3.3	制造或维修钟表工具
G21H	1	4	3	5	3.3	从放射源取得能量
B41L	6	3	1	2	3.0	复写、复制或印刷设备
F16S	0	3	4	5	3.0	一般结构元件
G03D	6	3	0	2	2.8	加工曝光的照相材料的设备
B21L	2	2	1	3	2.0	金属链条的制造

注:均值表示各时段能够产出此技术的国家(地区)数的多年均值。

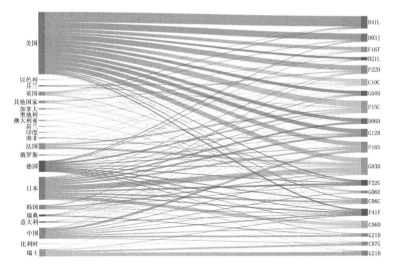

图 5.2　1999—2017 年间较低遍在度技术及其产出地

二、技术遍在性的国家或地区差异

地区整体的技术遍在性水平由公式 5.3 计算而得,基于 PCT 申请专利和 USPTO 授权专利数据来看,国家(地区)整体技术遍在度水平在两套数据库中的位置有差异,但随时间变动趋势基本一致。1999—2003年,美国、日本和德国是技术遍在度最低的国家(地区),能够产出较多相对稀缺的技术。从 PCT 专利来看,前十名低技术遍在度的国家(地区)中有八个国家来自欧洲,此时的欧洲地区是产出稀缺技术最活跃的地区。韩国、中国和印度等亚洲国家(地区)仅排在第 11、23 和 29 位。从USPTO 数据来看,欧洲国家(地区)依然是稀缺技术产出最活跃地区,亚洲的中国台湾地区和韩国同样产出较多非遍在技术,推测是通过 PCT 途径布局海外技术和对美国市场的重视程度造成了不同数据库间国家(地区)技术遍在性测度的差异。到 2014—2017 年时,亚洲的日本、中国、韩国、中国台湾地区已经成为全球非遍在技术产出最重要的国家(地区),其中中国是技术遍在度水平下降最明显的国家,已由 1999—2003 年的第23 和 25 位次上升为现在的第 2 和 5 位次。而与研究期初处在相同位置的印度一直处在近 30 的位置。总体来看,除中国外,近二十年内国家(地区)在非遍在技术产出能力上具有较强的稳定性。

表 5.3　1999—2017 年四时段技术遍在度整体较低的 30 个国家或地区

位序	1999—2003 年				2004—2008 年			
	PCT		USPTO		PCT		USPTO	
	国家(地区)	遍在度	国家(地区)	遍在度	国家(地区)	遍在度	国家(地区)	遍在度
1	美国	4.27	日本	3.51	美国	5.32	日本	3.71
2	德国	5.11	德国	4.93	日本	5.59	德国	5.76
3	日本	5.23	中国台湾	5.16	德国	5.94	中国台湾	5.93
4	荷兰	6.95	韩国	5.80	法国	7.72	韩国	6.13
5	法国	7.04	加拿大	6.54	荷兰	7.87	法国	7.82
6	英国	7.20	法国	6.94	瑞典	8.46	加拿大	8.01
7	瑞典	7.31	英国	7.33	意大利	8.54	意大利	8.60

续表

位序	1999—2003 年				2004—2008 年			
	PCT		USPTO		PCT		USPTO	
	国家（地区）	遍在度	国家（地区）	遍在度	国家（地区）	遍在度	国家（地区）	遍在度
8	芬兰	7.58	意大利	7.45	韩国	8.69	英国	8.63
9	瑞士	7.92	芬兰	7.45	中国	8.75	瑞士	8.96
10	意大利	7.94	瑞士	7.57	芬兰	8.81	瑞典	9.24
11	韩国	8.39	瑞典	8.04	瑞士	9.02	荷兰	9.64
12	澳大利亚	8.95	列支敦士登	8.07	英国	9.08	澳大利亚	10.39
13	加拿大	9.02	荷兰	8.17	澳大利亚	10.34	奥地利	10.44
14	丹麦	10.36	新加坡	9.12	奥地利	10.43	中国香港	10.51
15	以色列	10.52	中国香港	9.14	加拿大	10.58	芬兰	10.54
16	奥地利	10.62	澳大利亚	9.27	比利时	11.00	新加坡	10.55
17	开曼群岛	10.67	奥地利	9.44	以色列	11.48	列支敦士登	10.78
18	比利时	10.76	开曼群岛	9.56	丹麦	11.62	中国	10.81
19	西班牙	10.94	比利时	9.85	西班牙	11.71	以色列	12.00
20	俄罗斯	11.07	委内瑞拉	10.00	沙特	12.50	开曼群岛	12.00
21	挪威	11.35	以色列	10.26	土耳其	12.56	比利时	12.16
22	南非	11.41	百慕大	11.14	挪威	12.66	丹麦	12.33
23	中国	11.55	丹麦	11.28	新加坡	13.05	百慕大	12.95
24	新加坡	11.89	马来西亚	12.00	南非	13.15	卢森堡	13.78
25	土耳其	12.20	中国	12.03	卢森堡	13.21	印度	13.88
26	中国香港	12.28	南非	12.50	俄罗斯	13.33	西班牙	14.02
27	卢森堡	12.93	印度	12.92	中国香港	13.59	挪威	14.21
28	爱尔兰	13.04	巴西	13.25	中国台湾	13.97	马来西亚	14.63
29	印度	13.35	挪威	13.36	巴西	14.38	希腊	15.33
30	中国台湾	13.83	西班牙	14.05	印度	14.86	爱尔兰	16.95

位序	2009—2013 年				2014—2017 年			
	PCT		USPTO		PCT		USPTO	
	国家（地区）	遍在度	国家（地区）	遍在度	国家（地区）	遍在度	国家（地区）	遍在度
1	日本	5.72	日本	4.27	日本	5.66	日本	4.16
2	德国	6.61	德国	6.33	中国	6.05	韩国	5.96
3	美国	6.78	韩国	6.47	美国	6.61	中国台湾	6.21

续表

位序	2009—2013 年				2014—2017 年			
---	PCT		USPTO		PCT		USPTO	
	国家（地区）	遍在度	国家（地区）	遍在度	国家（地区）	遍在度	国家（地区）	遍在度
4	中国	6.85	中国台湾	6.57	德国	6.64	德国	6.42
5	韩国	8.66	中国	8.07	韩国	8.34	中国	6.69
6	法国	8.69	法国	8.28	法国	8.77	加拿大	7.86
7	瑞典	8.81	加拿大	8.55	瑞典	9.33	法国	8.49
8	瑞士	9.59	意大利	8.84	意大利	9.50	英国	8.92
9	意大利	9.81	英国	8.98	瑞士	9.98	瑞士	8.92
10	英国	10.10	瑞士	9.24	荷兰	10.00	意大利	8.99
11	荷兰	10.18	荷兰	9.81	英国	10.31	荷兰	9.63
12	奥地利	10.35	瑞典	10.01	奥地利	10.44	瑞典	9.84
13	芬兰	10.70	奥地利	10.48	列支敦士登	10.65	奥地利	10.46
14	加拿大	12.04	中国香港	11.87	芬兰	10.92	中国香港	11.39
15	西班牙	12.29	澳大利亚	11.89	加拿大	12.36	开曼群岛	11.46
16	比利时	12.51	以色列	11.94	开曼群岛	12.44	芬兰	11.52
17	澳大利亚	12.67	比利时	12.11	比利时	12.45	以色列	12.00
18	开曼群岛	13.00	芬兰	12.44	土耳其	12.63	新加坡	12.02
19	俄罗斯	13.30	列支敦士登	12.50	泰国	12.75	澳大利亚	12.70
20	卢森堡	13.35	丹麦	12.53	西班牙	12.97	比利时	13.04
21	丹麦	13.87	百慕大	12.85	阿联酋	13.00	沙特	13.34
22	列支敦士登	14.22	新加坡	12.97	澳大利亚	13.38	丹麦	13.67
23	中国台湾	14.37	印度	13.68	中国香港	13.40	百慕大	14.23
24	以色列	14.47	西班牙	14.18	丹麦	13.67	西班牙	14.27
25	巴西	14.58	卢森堡	14.68	卢森堡	13.81	爱尔兰	14.60
26	新加坡	14.73	开曼群岛	15.10	以色列	13.97	列支敦士登	14.91
27	中国香港	14.74	沙特	16.45	俄罗斯	14.47	卢森堡	14.96
28	印度	15.00	挪威	17.03	沙特	15.41	印度	15.00
29	挪威	15.19	爱尔兰	17.15	新加坡	15.56	挪威	15.63
30	沙特	15.50	泰国	17.33	挪威	16.02	巴西	16.64

中国在国际上技术遍在度的下降源自国内城市技术创新的广泛参与和创新能力的普遍提升，其中中国国内的遍在性较高的技术领域与全球有着一定的相似性，但在农牧渔业相关技术领域占比相对较大。从遍在

性较低的技术来源来看,低遍在技术依然主要来自北京市、上海、深圳、天津、南京、西安、成都等技术产出大城市。随着时间推移,国内城市技术遍在度在上升,不同于具有国际布局价值的技术专利依然主要掌握在极少数国家手中,国内城市间技术溢出明显,导致越来越多技术的独占性即非遍在性下降明显。从空间上来看,东部沿海三大城市群地区是低技术遍在度城市的主要集聚区,遍在度最低的城市由 1999—2003 年的上海市(4.01)、北京市(4.33)、天津市(4.79)逐渐演变为 2014—2017 年的深圳市(23.46)、北京市(24.47)和上海市(29.41)。

第三节　技术创新产出多样性的时空分异

一、技术创新产出的一般多样化

技术的多样性是国家(地区)成为复杂技术知识综合体的基础,新思想、新知识、新技术的产生需要在丰富多样的创新要素中孕育、摩擦和碰撞。技术多样性规模反映了国家(地区)技术知识储备的丰度和广度,技术种类越多样,国家(地区)的创新活跃度越高。较高技术复杂度的城市不仅产出着大量生活、生产中普遍常用的技术,也产出一定量其他城市难以产出的技术,即非遍在的技术。城市技术的多样化发展不仅能够分担技术研发风险,更能够提供多元的创新思想,在多元的创新要素碰撞中激发创新灵感,擦出创新火花,利于雅各布斯外部性溢出,更利于新技术的产生。但多样化同样存在一定资源协调整合成本,马歇尔外部性强调行业内专业化更利于资源的最大化利用(Marshall,1980;Arrow,1962;

Romer，1986，1990)，如果创新者能够垄断创新成果，或者在地理空间上临近更少的竞争者，则创新者能够将更多精力和资源投身于创新。波特外部性(Porter，1990)则认为尽管竞争会降低创新回报，但激烈的竞争会促使企业不断创新，技术创新的多样化与专业化一直是学术界讨论的热点。下文将 1999—2017 年间 PCT 专利申请数据分为四个时段，探究国家(地区)技术多样性水平与演变动态(见表 5.4)。

表 5.4　1999—2017 年两时段技术多样性前 22 位国家或地区

位序	一般多样性				相对多样性			
	1999—2003 年		2014—2017 年		1999—2003 年		2014—2017 年	
	国家	种类	国家	种类	国家	种类	国家	种类
1	美国	618	美国	627	德国	313	德国	312
2	德国	604	德国	610	美国	249	日本	256
3	英国	589	日本	605	日本	208	美国	229
4	日本	587	法国	591	英国	208	意大利	217
5	法国	581	英国	585	法国	198	法国	215
6	瑞士	551	加拿大	583	意大利	152	英国	192
7	澳大利亚	542	中国	570	瑞典	150	中国	182
8	意大利	542	瑞士	565	瑞士	142	韩国	182
9	瑞典	540	意大利	560	澳大利亚	128	瑞士	159
10	荷兰	539	荷兰	558	加拿大	119	加拿大	158
11	加拿大	534	韩国	557	韩国	114	荷兰	145
12	韩国	529	澳大利亚	554	荷兰	111	奥地利	139
13	丹麦	482	瑞典	543	芬兰	77	西班牙	126
14	芬兰	478	西班牙	518	丹麦	73	澳大利亚	122
15	以色列	474	芬兰	518	以色列	66	瑞典	114
16	奥地利	464	奥地利	511	西班牙	63	比利时	105
17	西班牙	464	以色列	493	奥地利	60	芬兰	94
18	俄罗斯	462	丹麦	484	比利时	46	丹麦	93
19	中国	440	俄罗斯	479	挪威	43	土耳其	93
20	比利时	431	比利时	471	俄罗斯	41	俄罗斯	87
21	挪威	417	挪威	447	南非	39	以色列	82
22	南非	401	巴西	420	中国	38	巴西	62

1999—2003 年间,美国的技术创新活动涉及了最多的技术类别,总量达 618 类,但仍未涉及全部的 640 个技术小类,其次为德国(604 类)、英国(589 类)、日本(587 类)和法国(581 类)。此时中国涉及 440 类,仅占全部技术小类的 68.8%,排在第 19 位,与发达国家(地区)间存在一定差距。整体来看,73.7%的国家(地区)涉及的技术类别在 300 类以下,各国(地区)涉及的平均技术类别数为 184.2 类,中位数为 86 类,基尼系数达 0.58,国家(地区)间技术多样性水平存在较大差距。

2014—2017 年间,美国(627 类)、德国(610 类)、日本(605 类)、法国(591 类)和英国(585 类)等发达国家依然处在高技术多样性国家行列,国家平均技术多样性水平为 214 类,中位数为 125 类,基尼系数为 0.52。整体来看,各国的技术多样性水平呈上升态势,分布的均衡性有所提高。此阶段中国涉及的技术种类达 570 类,占全部技术小类的 90.5%,技术多样性水平提升迅速,位列第 7 位。中国不仅在技术产出规模总量上增长迅速,所涉及的技术领域也在迅速扩展。从两时段多样性变化上来看,国家的技术多样性种类数相对稳定,具有与其自身体量(如 GDP)相对应规模的"天花板效应",当多样性超出与其相匹配的体量时,往往会带来额外的资源协调成本,国家在创新发展的过程中会在多样化与专业化之间不断摆动以寻找利益最大化的平衡点。

二、技术创新产出的相对多样化

由于知识的缄默性、异质性、复杂多样性等特征,任何一个地区都难以完全掌握全部的技术知识,地区为了实现效益最大化,降低多样性带来的资源整合协调成本,会不断提高具有比较优势的技术知识份额。并且,

从规模效应来看,只有布局足够多的技术才能形成竞争优势,阻断竞争对
手轻松进入该领域的渠道。根据公式 5.1 计算技术比较优势(RCA),从
地区技术多样性水平随 RCA 值变动来看(图 5.3),随着 RCA 值由 0.1 增
加至 1,国家(地区)的技术多样性水平开始呈现断崖式下降,说明多样的
技术中存在较多产出规模较小的技术类,这些技术在数量上并不能形成
规模优势,并且少量偶发技术往往不具有创新连贯性,难以在国家知识体
系中沉淀,对国家(地区)整体的技术体系影响较小。基于此,本书参考
Hidalgo(2007,2009)在构建国家(地区)出口产品空间时的处理方法,利
用相对比较优势指数 $RCA=1$ 作为阈值,将不具备技术比较优势和少量
偶发的技术类剔除。通过对数据降噪处理,减少冗余数据对地区技术多
样性水平测度结果的影响。

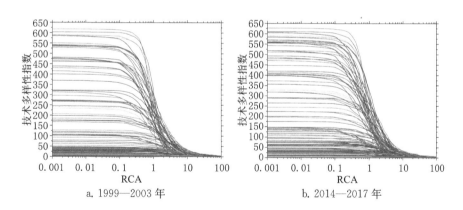

图 5.3　国家或地区技术多样性随 RCA 变化趋势

　　从国家(地区)具有相对比较优势的技术类来看(表 5.4),1999—2003
年,德国(313 类)、美国(249 类)、日本(208 类)、英国(208 类)和法国(198
类)依然处在高技术多样性水平国家前列。其中德国在近一半的技术类
别中具有相对比较优势,是处在第六位次的意大利(152 类)的近 2 倍,是

处在第 22 位次中国(38 类)的 8 倍多。国家(地区)具有相对比较优势技术的多样性水平平均值为 62.5 类,中位数为 24 类。此时的中国技术创新水平低于世界平均水平,整体实力较弱,由于经济发展上中国主要以出口加工贸易带动,对产品的技术含量要求相对较低,随着 2001 年中国加入 WTO,融入国际市场,中国的知识产权保护意识开始提高,技术创新发展开始进入快车道。2014—2017 年,德国(312 类)、美国(229 类)、英国(192 类)、瑞典(114 类)等国的具有相对比较优势的技术分别减少了 1 类、20 类、16 类、36 类,有从技术多样化发展向专业化发展调整的趋势。日本(256 类)、法国(215 类)、意大利(217 类)、加拿大(158 类)、韩国(182 类)、荷兰(145 类)、芬兰(94 类)和丹麦(93 类)等国分别增加了 48 类、17 类、65 类、39 类、68 类、34 类、17 类和 20 类,这些国家(地区)正处在技术快速多样化过程中。此时中国也由 38 类迅速增加至 182 类,是具有相对比较优势技术类增加最多的国家。中国正凭借其创新资源和技术市场的丰度和广度孕育着越来越多的优势技术,根据中国经济发展势头和与经济体量相当的美日德等国相比,中国的优势技术类数增加空间依然巨大。

根据已有研究经验来看,地区的技术(产业、产品等)的多样化程度不仅受自身体量(GDP 总量、创新资源丰度等)的影响,也与发展阶段有关,呈现一定"倒 U 型"关系或多阶段"驼峰型"(Cadot,2011)波动,国家在发展早期倾向于快速实现多样化,寻找更多带来最大收益的技术(产品)等,当技术(产品)形成一定规模优势后,在规模效益和多样化整合成本作用下,国家的多样性发展速度会下降,开始将更多资源着重投入能实现效益最大化的技术(产品)中,逐渐倾向于专业化发展,但受产品生命周期或技术革命的影响,技术(产品)会出现淘汰、升级、更替,国家可能会再次进入增强多样化发展阶段,进而呈现驼峰状波动发展。由此可见,国家(地区)的技术多样性水平不仅与自身创新资源丰度有关,也受到发展阶段的影响。

具体从中国国内城市技术多样性变化来看,2014—2017 年,城市间技术一般多样性均值由 1999—2003 年时的 65 类增长为 250 类,中位数由 35 类增长为 236 类,城市所涉及的技术种类普遍提高,城市间差距明显缩小。但从 2014—2017 年来看,北京市有超过 34％的技术类年均产出少于 10 件,深圳市更有多达 52％的技术类年均产量少于 10 件。技术产出量较小并不足以产生规模优势,也不可能在此技术领域内构建起技术专利围栏阻止其他竞争对手的进入。当采用相对多样性水平时,北京市多样性下降 14.6％,深圳市下降 25.3％,这说明具有同等技术规模产出的城市有着不同的技术专业化发展的倾向。进一步计算城市技术专业化指数(指数值越高表示专业化程度越高,具体计算方法参考 Frenken,2007)发现,北京和深圳市专业化指数分别为 0.71 和 0.90,而上海市仅为0.44。专业化指数结果进一步说明城市技术创新能力的提升存在技术均衡多样性发展和相对专业化发展两种路径,城市并不一定要追求拥有最多样的技术,当城市规模不足以承担技术多样化所带来的整合成本时,多样的技术会带来规模不经济。要具有较高的技术创新产出能力,保证一定水平的技术多样化水平是基础,但处于同等技术产出规模的城市往往具有不同的技术多样性结构,判断一个城市的技术创新综合实力,不仅要看其技术产出总量,更要分析其复杂的技术结构。

第四节 技术创新产出复杂度的国际比较

对于一国（地区）的技术创新实力，单单从国家（地区）技术产出规模的增减和技术知识结构的变动很难反映其真实水平。考察一国（地区）的技术创新能力既要看技术产出的规模也要看技术的质量，即技术的价值，只有那些知识含量高，他国（地区）难以产出和复制，但本国（地区）可以大量产出且能够获得较高商业利润或战略布局价值的技术才能够显著提升国家（地区）的技术创新竞争力。而那些知识含量低、既没有商业化价值也没有战略布局价值的技术，不仅不能提升国家（地区）技术创新能力，还会挤占、浪费国家（地区）创新资源，影响国家（地区）经济正常发展的投入产出效率。显然，考察一国（地区）的技术知识库的整体价值和质量，认清本国（地区）在世界中的技术创新竞争力，对于国家（地区）合理安排分配创新资源、选择最优的技术创新发展道路显得尤为关键。本小节通过构建技术遍在性指数、技术多样性指数和技术复杂度指数来考察国家（地区）间技术创新能力的差异。

一、技术遍在性与多样性协同演化

越遍在的技术，越容易被他国（地区）产出或模仿，技术的遍在性和多样性共同决定着一国（地区）技术知识库整体复杂程度。以技术多样性指数为横轴，以技术遍在性为纵轴，绘制 1999—2017 年四阶段关系散点图。从图 5.4 可以看出，在 1999—2017 年四个阶段中，国家（地区）的技术遍在性与技术相对多样性之间均呈现出明显的负相关关系,即一国(地区)所拥有的技术越多样,越容易生产遍在性较低(即相对稀缺)的技术。其中,美国、日本和德国一直处在关系散点图的右下角,技术多样性水平常年在 200 类以上,技术遍在性水平常年在 7 以下,是拥有技术多样性最高、技术遍在性最低的三个国家。英国、法国、瑞士、意大利、韩国、瑞典、荷兰、加拿大等国常年处在中间位置,各国(地区)间技术多样性存在较大差距,在 100—200 之间,但技术遍在性水平差距并不大,均处在 7—12 的低位水平。从上文分析中可知,一国(地区)技术多样性规模与其自身技术产出体量有较大关系,体量较小的国家(地区)难以负担众多技术类别带来的整合成本。虽然这些国家(地区)技术多样性存在较大差异但均有一定量的具有竞争优势的技术能够"独步天下"。而哥伦比亚、克罗地亚、伊朗、墨西哥、乌克兰、巴西、捷克、匈牙利、葡萄牙、希腊、新西兰等国常年处在左上角位置,技术多样性少于 50 类,技术的遍在性处在 15—31 之间,这些国家产出的技术种类较少且技术相对普遍,在国际上的技术创新竞争力较弱。

新兴经济体代表的"金砖国家"中,俄罗斯、巴西、印度一直处在技术多样性和技术遍在性的中下水平,仅有中国的位置变动较大。2006—2016 年的十年被称作金砖国家经济发展的"黄金十年",在此期间,金砖国家对世界经济发展贡献了 69% 的增量,而以美日德为首的 G7 国家仅贡献了 10% 左右。但从发展模式上来看,新兴经济体的经济快速增长多以出口石油、天然气、铁矿石、大豆、牛肉等矿物、农牧产品类的大宗商品带动,尤其是 2002—2016 年的"大宗商品超级上涨周期"极大促进了俄罗斯和巴西等国的经济增长,但在技术创新产出上却增长乏力。对印度而言,劳动力充足且用工成本低廉,外资企业开始涌入,带动了制造业的发展,但相比于发展强势的 IT 和制药业,技术专利大量产出的沃土——制造业发展依然相对较弱。近年来,虽然印度在技术产出总量上的增速较快,增长势头紧随中国,但其技术遍在性较高,具有国际比较优势的技术多样性较少,与中国的差距依然较大。从四个时段来看,中国是技术相对多样性增加最多,由 38 类增加至 182 类,技术遍在性下降最快,由 11.6 降至 6.6。技术多样性仅次于德国、日本、美国、意大利和英国,技术遍在性稍高于日本、德国和美国。

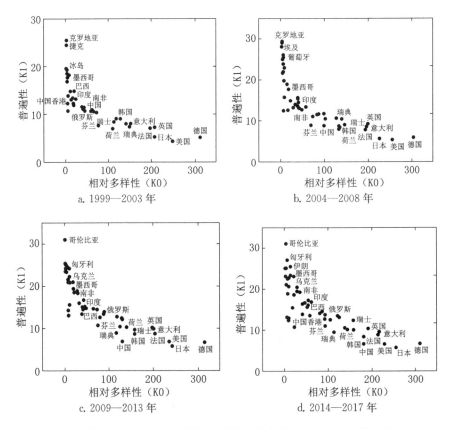

图 5.4　基于 PCT 申请专利的国家或地区技术遍在性与相对多样性关系

从技术遍在性指数和多样性指数整体变动趋势来看,国家(地区)的技术多样性和技术遍在性均值分别由 1999—2003 年间的 70.2 和 12 增长至 2014—2017 年间的 77.2 和 15.8,世界技术总量快速增长的同时,多数国家(地区)涉足的技术领域在不断扩展。相应地,知识含量较低的技术被越来越多的国家所掌握,技术整体的遍在性在提高,国家对创新资源(人才、资金、企业、技术标准等)的争夺愈加激烈,对竞争对手的打压愈加明目张胆。从图 5.4 可以看出,1999—2017 年的近二十年间,多数国家(地区)在世界技术创新产出格局中的位置已经固化,仅有中国等极少数国家(地区)依托经济的高速增长、创新资源的高投入实现了技术知识种类的极大丰富和技术知识含量的极大提升。

二、国家技术复杂度空间格局演变

对于国家技术创新水平的测度需要综合考虑"量"和"质"两方面内容。上文对国家技术产出总量、技术的进入与退出率、技术多样性水平、技术遍在性水平等方面进行了分析,既反映了国家技术知识库的规模特征,也反映了技术组成结构、技术知识的更替活跃度和技术的相对重要性等。但每一项指标只侧重反映国家技术创新能力的一个方面。对国家整体创新能力的测度需要一个反映相对全面的指数,其中综合指标体系法是一种常用的多指标测度手段,虽然指标体系法综合考虑了多指标特征,但各指标权重的设定是一个"仁者见仁、智者见智"的问题。为测度国家技术创新综合水平,本小节引入技术复杂度指数。技术复杂度指数的构建原理为:越复杂的技术综合体产出着越多样的其他地区越难以产出的技术。一国技术复杂度程度主要取决于国家所拥有技术的多样性和遍在性水平,综合来看,技术复杂度指数既与技术产出数量规模相关,也与技术产出的质量相联,可较好地测度一国技术创新产出能力的综合水平。国家技术复杂度根据公式 5.4 对国家技术多样性和技术遍在性反复迭代计算而得,采用 PCT 申请专利和 USPTO 授权专利两套数据进行测度,将 1999—2017 年分为四个时段进行比较分析,结果如表 5.5 所示。

表 5.5 1999—2017 年基于 PCT 专利测度的世界主要国家技术复杂度值

1999—2003 年		2004—2008 年		2009—2013 年		2014—2017 年		1999—2017 年	
国家	KCI	国家	KCI	国家	KCI	国家	KCI	国家	KCI
美国	100	美国	99.52	美国	96.35	日本	97.33	美国	98.26
德国	93.68	德国	94.44	日本	96.04	美国	97.16	日本	94.87
日本	91.75	日本	94.37	德国	93.97	中国	96.24	德国	94.30
法国	82.26	法国	84.80	中国	90.19	德国	95.11	法国	84.52
瑞典	80.24	意大利	80.98	法国	84.70	法国	86.32	瑞典	80.57
荷兰	79.17	荷兰	80.87	韩国	81.68	韩国	84.44	意大利	79.49
英国	78.48	瑞典	80.86	瑞典	81.28	意大利	81.22	荷兰	78.98
芬兰	77.47	瑞士	79.29	瑞士	79.34	瑞典	79.91	中国	78.72
意大利	76.73	英国	78.81	意大利	79.02	瑞士	79.46	瑞士	78.69
瑞士	76.68	韩国	77.95	英国	78.34	荷兰	79.28	英国	78.58
韩国	68.83	芬兰	77.23	荷兰	76.62	英国	78.66	韩国	78.23
澳大利亚	66.80	中国	75.85	奥地利	75.97	奥地利	75.98	芬兰	74.39
加拿大	66.23	奥地利	70.24	芬兰	71.04	芬兰	71.82	奥地利	70.34
丹麦	61.21	澳大利亚	69.75	西班牙	68.92	加拿大	71.68	加拿大	68.63
奥地利	59.15	加拿大	67.74	加拿大	68.87	比利时	68.89	澳大利亚	67.29
西班牙	57.57	比利时	65.92	澳大利亚	66.50	土耳其	68.75	西班牙	64.38
比利时	56.60	丹麦	65.90	比利时	65.96	西班牙	66.34	比利时	64.34
以色列	56.03	西班牙	64.69	俄罗斯	64.03	澳大利亚	66.11	丹麦	63.43
中国	52.61	以色列	59.82	列支敦士登	63.22	丹麦	64.60	以色列	58.48
挪威	51.92	土耳其	55.81	丹麦	62.01	列支敦士登	64.03	俄罗斯	57.05

国家的技术复杂度最高值出现在 1999—2003 年时段的美国(表 5.5),此时全球通过 PCT 途径申请的专利达 48 万余件,仅美国一国就占了 39.2% 的份额,涉及 627 类技术,占全部技术类的 98%。此时的美国是在

全球布局技术专利权最积极的国家,展现出最复杂的技术结构体系。德国和日本紧随其后,随着经济全球化与知识化的深入发展,技术知识产权成为逐渐成为各国争夺的焦点。由于专利技术具有排他性,其他国家技术创新产出的崛起必然会挤占美国在传统的技术优势领域的发展空间,美国的整体技术复杂度稍有下降,到 2014—2017 年降为 97.16,仅次于日本(97.33),位列第 2 位。除了美国外,世界主要的技术创新产出国均表现为技术结构体系复杂度的提升。其中中国凭借技术产出规模和技术多样化上的激增,国家整体技术复杂度水平逐渐由 52.61(第 19 位次),逐渐提升到 96.24,成为仅次于日本和美国的技术产出第三复杂的国家。虽然当下中国技术产出复杂度较高,但技术具有明显的累积性,且发明专利产权保护期长达 20 年,技术的作用具有持久性和滞后性,技术的价值需要时间的检验。因此从 1999—2017 年技术产出累积量上来看,美国(98.26)依然是技术产出最复杂的国家,其次为日本(94.87)和德国(94.3),中国(78.72)处在第8 位,与瑞士(78.69)、英国(78.58)和韩国(78.23)处在同一水平,但从发展趋势来看,中国在技术创新发展上的主要竞争对手是美日德三国。

从全球国家的技术复杂度的空间分布来看,空间集聚特征明显,具有随时间变动演化趋势。全球国家的着色由以代表较低技术复杂度的灰白色调为主,逐渐演变为黑灰相间色调,表明全球技术复杂水平整体呈现出上升趋势。1999—2003 年间,全球国家技术复杂度普遍不高,绝大多数国家技术复杂度处在 60 以下,仅有美国(100)、德国(93.7)、日本(91.7)、法国(82.3)、瑞典(80.2)处在较高技术复杂度国家行列。此时中国处于中低技术复杂度国家梯队,技术复杂度估值仅为 52.6,与南非(50.7)、俄罗斯(49.9)、印度(43.5)和巴西(31.3)四个金砖国家水平相近。

2004—2008 年,欧洲和北美国家普遍处于中等及以上技术复杂度水平,澳大利亚(66.9)和亚洲东部的日本(94.4)、韩国(78.0)和中国(75.8)四国技术复杂度水平较高,中国是唯一由较低技术复杂度水平国家跃升至较高技术复杂度水平的国家,亚洲绝大多数国家、非洲和南美洲所有国家仍以较低技术复杂度为主。

2009—2013 年和 2014—2017 年间,国家技术复杂度的分布格局基本定型,较高技术复杂度国家主要集中在北美、欧洲和东亚地区,而非洲、南美洲、亚洲中部和西部是较低技术复杂度国家集中的技术创新活动"洼地",其中美国是技术复杂度最高的国家,与日本和德国长期处在技术复杂度水平第一梯队,法国、意大利、瑞典、瑞士、英国等欧洲国家和东亚的韩国稳定在第二梯队,加拿大、澳大利亚、西班牙、土耳其等国处在第三梯队,俄罗斯、印度、巴西、南非四个金砖国家处在第四梯队。中国的技术复杂度水平是增长最快的国家,由研究期始处在技术复杂度中低水平国家行列迅速增长至研究期末技术复杂度水平最高梯队国家之中。各国的技术复杂度估值虽有波动,但大多数国家的技术复杂度水平均呈上升趋势,未有国家显著下降,这说明技术创新具有一定的知识累积性、连贯性和历史依赖性。

由于未有一个能够涵盖全球所有技术产出的数据库,基于 PCT 专利数据测度的国家技术复杂度水平需要进一步检验。PCT 作为国家间签署的专利合作条约,极大简化了在多国申请知识产权保护的流程,使得专利的国际申请更加经济、便捷、高效。随着 PCT 条约于 2020 年 1 月 2 日在萨摩亚生效,PCT 条约缔约国数量已达到 154 个,但像阿根廷、巴拉圭、委内瑞拉、缅甸、巴基斯坦、阿富汗、伊拉克等少数国家或地区仍然不能直接适用该条约。非 PCT 缔约成员的国家(地区)虽然仍有 PCT 专利申请量的统计，但此统计量多为与 PCT 缔约国合作申请的平均量，非 PCT 缔约成员申请国际专利多走"保护工业产权巴黎公约"的途径，故以这些国家（地区）的 PCT 专利统计量反映其技术创新情况失真度较大。此外，PCT 专利数据是申请专利数据，相比授权专利数据而言，专利的有效性和价值并未得到任何一国专利局审核认可。即使假设高昂的申请费用可以起到一定门槛作用，但国家间普遍的国际专利申请补助减免政策，让申请费用这一门槛的质量把关作用也在下降。如韩国有着长期连贯的海外专利申请奖励政策，国内小企业和个人在申请国外专利时每年可向政府申请至多 3 件，每件不超过 200 万韩元的资助，优秀的专利成果还将减免自其申请国外专利日起前两年的国内费用。日本针对中小新兴企业、小规模企业有着专门的国内专利申请减免和国际申请促进补助金，2014 年日本特许厅发布《专利费用减免措施》，对中小企业在国内申请时的"审查请求费""专利费"，在申请国际专利的"调查手续费""寄送费""初步审核费"等，均减免三分之二的费用。自 2009 年开始，中国不仅在国家层面颁布了《资助向国外申请专利专项资金管理办法》等一系列国际专利申请补助奖励政策措施，更在省级、地市层面上有着广泛覆盖的国际专利申请资助措施，相对于日韩等国多在专利申请进入国家阶段才予以资助，中国对处在国际阶段的专利申请就予以经费上减免、资助或奖励。研究认为，中国对 PCT 专利申请的资助奖励政策存在的资助门槛较低、资助方式较为简单、资助持续关注跟进差等问题，并且多数地区将专利申请量作为企业税收减免、资质评级、人才考核等的指标，一定程度上滋生了部分企业通过申请低质量的专利骗取国家补贴的可能。整体而言，国家对专利申请费用的补助减免政策有可能会带来专利申请数量激增的"虚假繁荣"现象。因此,对基于 PCT 申请专利的国家技术复杂度结果需进行可信度检验。美国专利与商标局(以下简称 USPTO)作为授权他国专利最多的专利局,拥有相对统一的审核标准和足够多的样本量,下文采用USPTO 授权专利测度国家(地区)技术复杂度水平,并与 PCT 专利数据测度结果进行比较分析,为消除本国优势的影响,剔除美国自身授权专利数据,仅对非美国的国家(地区)测度技术复杂度水平(见表5.6)。

基于 USPTO 授权专利测度的国家(地区)技术复杂度水平(KCI)的国家(地区)位序与变动趋势基本与基于 PCT 专利申请数据测度的结果基本一致。日本和德国一直是技术结构最复杂的两个国家,四个时期技术复杂度均值分别为 96.9 和 90.0,远超其他国家,处在技术复杂度水平第一梯队。并且日本在 2004—2008 年达到最复杂水平,但随着其他国家(地区)技术创新能力的提升,日本和德国等少数几个传统技术创新强国(地区)的优势技术领域正在被慢慢蚕食,国家(地区)整体技术复杂度水平呈现出缓慢下降趋势。中国台湾地区(84.4)、加拿大(80.5)、法国(80.8)、韩国(79.3)、瑞士(78.6)、英国(78.1)、意大利(78.0)这七个国家(地区)技术复杂度均值长期处在 75 以上,且彼此间相差并不大,处在技术复杂度水平的第二梯队。研究初期技术复杂度较低的国家(地区)大多呈现增长趋势,如俄罗斯、印度、以色列等国技术复杂度分别由 30.3、51.4、58.8 上升至 43.7、59.0 和 70.1,但国家位次分别仅提升 0、1 和 5 个位次,其中,中国的技术复杂度水平提升最为明显,由 1999—2003 年时的 45.9,提升至 2014—2016 年的 83.7,技术复杂度位次由第 28 位次,逐年上升至仅次于日本(90.8)和德国(87.4)的第 3 位次。从空间上来看,高技术复杂度的国家(地区)仍然主要集中在欧洲、北美和东亚地区,在非洲、南美洲、

表 5.6 基于 USPTO 数据库专利测度的世界主要国家或地区技术复杂度值

位序	1999—2003 年		2004—2008 年		2009—2013 年		2014—2016 年		1999—2016 年	
	国家（地区）	KCI	国家（地区）	KCI	国家（地区）	KCI	国家（地区）	KCI	国家（地区）	KCI
1	日本	98.49	日本	100	日本	98.40	日本	90.78	日本	96.91
2	德国	91.79	德国	90.97	德国	89.73	德国	87.45	德国	89.98
3	中国台湾	86.00	中国台湾	84.54	中国台湾	83.19	中国	83.72	中国台湾	84.28
4	加拿大	81.22	法国	81.09	法国	82.05	加拿大	83.46	法国	80.82
5	法国	79.82	韩国	79.70	韩国	81.60	中国台湾	83.40	加拿大	80.53
6	瑞士	79.14	加拿大	78.17	加拿大	79.26	韩国	80.92	韩国	79.29
7	意大利	78.03	瑞士	77.84	瑞士	78.40	法国	80.34	瑞士	78.63
8	英国	77.84	意大利	77.49	英国	78.25	英国	80.13	英国	78.13
9	韩国	74.93	英国	76.29	中国	78.22	瑞士	79.14	意大利	78.05
10	瑞典	73.72	瑞典	73.55	意大利	77.60	意大利	79.08	瑞典	73.74
11	列支敦士登	73.26	荷兰	70.54	荷兰	73.00	荷兰	75.75	荷兰	72.07
12	荷兰	68.99	澳大利亚	69.77	瑞典	72.82	瑞典	74.86	列支敦士登	69.44
13	澳大利亚	68.82	列支敦士登	68.50	列支敦士登	71.77	以色列	70.09	奥地利	68.55
14	奥地利	68.19	奥地利	67.19	奥地利	70.46	奥地利	68.38	澳大利亚	68.31

续表

位序	1999—2003 年		2004—2008 年		2009—2013 年		2014—2016 年		1999—2016 年	
	国家（地区）	KCI	国家（地区）	KCI	国家（地区）	KCI	国家（地区）	KCI	国家（地区）	KCI
15	芬兰	67.34	丹麦	63.94	比利时	66.60	澳大利亚	68.08	中国	67.86
16	比利时	67.31	中国	63.61	澳大利亚	66.57	芬兰	66.83	比利时	65.01
17	丹麦	63.99	芬兰	63.24	以色列	65.35	丹麦	66.48	丹麦	64.82
18	以色列	58.84	比利时	62.83	丹麦	64.86	沙特	64.58	芬兰	64.60
19	中国香港	55.74	以色列	60.95	芬兰	60.98	列支敦士登	64.25	以色列	63.81
20	西班牙	54.42	中国香港	57.15	西班牙	57.20	比利时	63.28	中国香港	57.83
21	挪威	53.84	新加坡	54.43	印度	56.37	挪威	62.80	西班牙	56.44
22	新加坡	52.91	西班牙	52.33	中国香港	55.85	中国香港	62.60	新加坡	55.01
23	巴西	52.06	印度	52.12	新加坡	54.55	西班牙	61.82	印度	54.71
24	印度	51.36	挪威	51.12	挪威	50.11	墨西哥	60.38	挪威	54.47
25	卢森堡	51.31	百慕大	42.23	沙特	49.25	印度	59.00	巴西	48.33
26	南非	51.03	巴西	42.16	新西兰	47.80	巴西	58.31	沙特	48.13
27	沙特	48.51	卢森堡	39.39	俄罗斯	44.56	新加坡	58.12	卢森堡	45.78
28	中国	45.88	开曼群岛	37.61	百慕大	44.31	爱尔兰	57.25	新西兰	43.92

亚洲中部和西部地区未出现较高技术复杂度的国家(地区)。

基于 PCT 申请专利和 USPTO 授权专利数据测度的国家(地区)技术知识复杂度结果略有差异,但整体格局和演化趋势基本一致。因未有一个绝对全面的数据库能够涵盖任何国家(地区)的所有技术知识,本书仍以 PCT 申请专利数据集为主要分析数据,将 USPTO 授权专利数据集的测度结果作为补充。通过对基于 PCT 申请专利和 USPTO 授权专利测度的国家(地区)技术复杂度水平取均值得到国家技术复杂度综合值,其中美国仅采用基于 PCT 专利测度的 KCI 值,中国台湾地区仅采用基于 USPTO 专利测度的 KCI 值,美国的综合 KCI 值可能被低估,而中国台湾地区的综合 KCI 值可能被高估。对于国家(地区)技术创新整体实力的评价,既要看当下技术创新产出现状,也要重视技术知识存量。从图 5.5 中可以

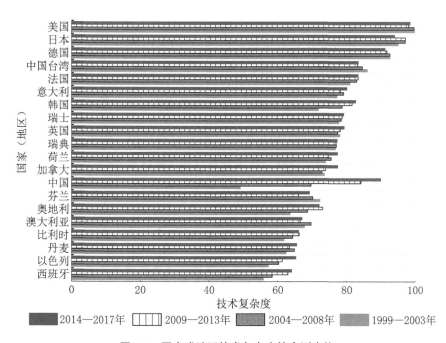

图 5.5　国家或地区技术复杂度综合测度值

看出,美国、日本、德国和中国台湾地区是传统的高技术复杂度强国或地区,不同于绝大多数国家(地区)的技术产出结构更加复杂化,这四个国家(地区)的技术复杂度在萎缩。中国是技术复杂化提升最快的国家,虽然当下技术创新产出复杂度已经仅次于美日德三国,并且当下产出的技术成果已经开始碰触到美国等发达国家的核心技术利益,正逐渐从技术创新后发者、跟随者演变为竞争者,但从技术知识存量角度来看,中国技术复杂度处在中上游水平,仍然有众多历史累积技术牵制着中国发展,中国成长为最具复杂度的技术综合体仍然需要至少二十年左右累积技术知识。

三、中国城市技术复杂度演变差异

(一) 中国城市技术创新多样性与遍在性

中国是技术复杂度提升最快的国家,其国家内部城市技术创新产出的多样化与遍在度值得进一步进行剖析。根据公式 5.2 和公式 5.3 分别计算 1999—2017 年间四时段基于 CNIPA 数据库的国内发明专利的城市技术相对多样性和技术遍在性水平,并对各时期技术产出量前三分之一的城市绘制技术相对多样性与技术遍在性相关性散点图(见图 5.6),城市技术多样性水平和技术遍在性水平呈现明显的负相关关系,与国家尺度测度结果分布规律基本一致,但中国城市间的技术多样性和技术遍在性差距更大、演变更加剧烈。

1999—2003 年(见图 5.6a),北京和上海市生产着最多样的、整体遍在性最低的技术,与其他城市差距较大,分异特征明显。虽然此时深圳市和天津市与北京和上海有着相近的技术遍在性,但能够产出的具有竞争比较优势的技术种类数仅为北京和上海的三分之一左右,此阶段全国技术创新主要由北京和上海支撑。

2004—2008 年(见图 5.6b),上海与北京市依然位于最右下角,有着最多样的技术和最低遍在性的知识库。城市技术多样性在增加的同时,技术遍在性往往随之提高,如天津市技术相对多样性由 44 增加至 122 时,技术遍在性由 5.4 增加至 16.7。少数城市与之相反,如苏州市技术多样性由 14 增加到 137 的同时,技术遍在性也由 12.9 下降至 12.2。此时期城市技术多样性增长较快,是城市抢夺技术发展优先权而在技术产出上增量增质的关键阶段。

2009—2013 年(见图 5.6c),全国城市的技术多样性显著提升,多个城市的技术多样性水平已与北京和上海市相差不大,苏州市以 279 类优势技术跃升为技术最多样性的城市,技术遍在性水平长期位居前三低的深圳市未在技术多样性上有显著提升,深圳市的技术创新走着一条相对专业化的道路。

2014—2017 年(见图 5.6d),城市的技术产出多样化道路开始分异,北京、上海等城市的多样化增速在下降,无锡、天津、重庆、苏州的技术多样化水平已经超过北京和上海市,成为技术多样化水平最高的四个城市。但在技术遍在度上北京、深圳和上海市依然是最低的三个城市。高技术多样性和低技术遍在性的城市以长三角城市群内城市居多,珠三角城市群内城市虽然具有较低的技术遍在性,但技术多样性水平多处于中下游水平,优势技术种类数大多不及长三角地区城市的一半,如珠三角的深圳市、广州市、珠海市和东莞市的技术非遍在性水平分别排在第 2、5、13、16 位,但技术相对多样性水平仅排在第 46、23、73 和 51 位。相比而言,珠三角地区的城市技术专业化倾向更加明显,即通过专注于少数优势技术增加城市整体技术产出规模。

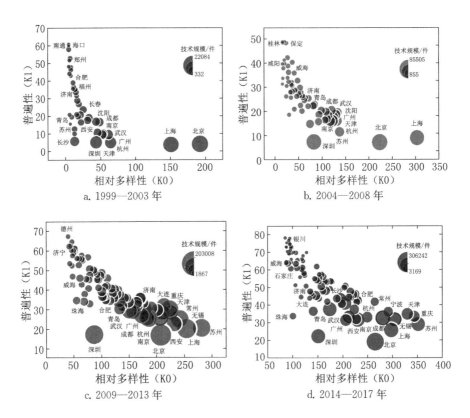

图5.6　中国城市技术相对多样性和遍在性相关关系演变

(二) 中国城市技术创新复杂度特征

城市技术创新产出水平既不由技术产出总量完全决定,也不由城市包含技术种类多样性直接决定,而是主要取决于能否产出越多其他城市难以产出的技术,即城市技术复杂度水平。将1999—2017年分为四个时间段,对中国地级及以上城市技术复杂度进行测度,结果如表5.7所示。

表 5.7　1999—2017 年四时段中国部分城市技术复杂度值

排序	1999—2003 年		2004—2008 年		2009—2013 年		2014—2017 年		1999—2017 年	
	城市	复杂度	城市	复杂度	城市	复杂度	城市	复杂度	城市	复杂度
1	深圳	75.83	深圳	90.44	深圳	96.01	深圳	100	深圳	90.57
2	上海	70.37	北京	86.42	北京	94.44	北京	96.03	北京	86.74
3	北京	70.05	上海	81.71	上海	91.52	上海	92.24	上海	83.96
4	天津	62.46	苏州	74.18	苏州	91.08	苏州	90.46	苏州	77.37
5	长沙	54.57	南京	69.78	西安	86.37	广州	88.88	南京	73.68
6	南京	53.95	杭州	69.44	无锡	85.01	成都	88.86	天津	73.65
7	佛山	53.91	天津	68.23	南京	83.88	无锡	87.90	杭州	72.61
8	苏州	53.76	佛山	67.72	成都	83.06	东莞	87.30	西安	72.25
9	武汉	53.04	宁波	65.65	杭州	82.01	南京	87.12	广州	71.06
10	杭州	52.22	西安	65.18	广州	80.37	杭州	86.77	佛山	70.10
11	西安	50.69	广州	64.84	重庆	80.07	西安	86.76	成都	70.00
12	广州	50.16	长沙	64.16	常州	79.14	天津	85.27	武汉	68.52
13	成都	45.83	无锡	63.12	天津	78.63	重庆	84.44	无锡	68.47
14	珠海	45.03	重庆	62.54	宁波	78.34	宁波	84.21	长沙	67.22
15	长春	42.63	成都	62.27	青岛	77.05	佛山	83.92	宁波	66.51
16	青岛	42.36	哈尔滨	61.49	济南	76.86	武汉	83.57	重庆	66.25
17	沈阳	41.32	武汉	61.27	南通	76.52	嘉兴	82.04	青岛	64.12
18	温州	41.27	惠州	60.71	东莞	76.40	温州	82.03	温州	63.59
19	重庆	37.95	沈阳	60.04	武汉	76.21	合肥	81.12	珠海	62.86
20	无锡	37.87	温州	59.88	大连	74.90	青岛	80.71	哈尔滨	62.50

　　技术复杂度最高值出现在 2014—2017 年的深圳市（见表 5.7），不同于国家尺度，中国城市未表现出技术复杂度明显下降的城市，整体处在技术持续复杂化的过程中。深圳、上海和北京一直都是技术复杂度最高的三个城市，1999—2003 年间，三者技术复杂度估值均刚刚超过 70，全国城市均值为 6.5，技术整体复杂水平普遍较低。2004—2008 年间，深圳、北京、上海三市的技术复杂度差距在拉大，全国城市技术复杂度整体水平提升显著，技术平均复杂度水平达到 16.6。其中苏州、广州等城市技术复杂度水平上升明显，苏州取代天津成为第四大技术复杂度的城市，广州市技

术复杂度水平逐期上升,到研究期末已位列第五位,而天津市的技术复杂水平呈逐期下降趋势,到研究期末跌至第 12 位次。

2009 年后,高技术复杂度城市开始增多,2009—2013 年和 2014—2016 年间城市技术复杂度均值分别达到 35.4 和 47.4。绝大多数城市技术复杂度水平均在提升,城市位序虽呈现一定的波动性,但更表现出显著的发展连贯性,说明技术创新具有一定知识累积性和路径依赖性,未有城市出现技术复杂度显著提升或下降。其中济南市的技术复杂度估值在四个时段分别为 25.5、56.3、76.9 和 77.6,城市位序分别排在第 36、27、15 和 31,虽然复杂度在提升,但城市间技术创新竞争愈加激烈。

从空间上来看,中国具有较高技术复杂度城市的分布格局经历了由研究期始的一片死寂,几处星点,到研究期末的团块状成片分布。1999—2003 年,全国城市技术复杂度普遍较低,仅深圳、上海、北京和天津四市为较高技术复杂度城市。2004—2008 年,较高技术复杂度城市开始增多,主要分布在东北地区、环渤海沿岸、长三角城市群和珠三角城市群内,中西部地区零星分布的几个具有较高技术复杂度的城市均为省会城市。2009—2013 年,较高技术复杂度城市在全国开始广泛分布,除了长三角城市群和珠三角城市群内积聚分布着大量较高技术复杂度城市外,其他地区主要为行政级别高、资源积聚能力强的直辖市、省会城市或计划单列市,中西部地区城市技术复杂度增长明显弱于东部地区。2014—2017 年,长三角城市群内城市整体表现为高技术复杂度,是全国高技术复杂度城市连片分布最广的地区,珠三角城市群内高技术复杂度城市虽有集聚分布,但数量明显少于长三角城市群。其中环渤海地区和长江经济带是较高技术复杂度城市增长最多的地区,均呈现出较高技术复杂度城市连片分布的趋势。从四阶段全国城市技术复杂度空间演化来看，城市技术复杂度在空间上表现为核心—边缘分布格局，早期的高技术复杂度城市具有一定引领、示范、溢出作用，后进的高技术复杂度城市多以其为核心在其外围成长起来。

第五节　本 章 小 结

对于地区技术创新水平的测度不仅要从数量上关注规模效应，更要从地区技术知识库结构上关注"质量"特征。本章主要从地区技术遍在性和多样性两方面构造地区技术复杂度指数来测度地区技术创新发展质量。

热门技术领域往往具有较高的技术遍在度，其中以 A61K（医用、牙科用或梳妆用的配制品）技术类为代表的医药技术领域和以 G06F（电数字数据处理）、G06Q（数据处理系统或方法）、H04L（数字信息的传输）等为代表的信息通信技术（ICT）领域一直是近二十年来的"肥沃技术领域"。技术的遍在程度主要由技术的知识含量和技术专利权布局价值两方面决定，非遍在的技术要么技术门槛过高，要么缺乏布局经济价值。由不同遍在度的技术组成的地区技术知识库决定了地区整体技术的遍在程度。地区技术的遍在性往往与地区技术多样性相辅相成，技术多样性越高的地区往往生产着越多非遍在的技术。其中美国、日本和德国一直产出着最多样的低遍在度的技术，拥有多样的低遍在技术决定了地区具有较高的技术复杂程度，更高的技术竞争力和技术创新发展韧性。多数国家技术创新产出上表现出较强的稳定连贯性,仅中国是技术多样性增长最多、技术遍在度下降最明显、技术整体复杂度提升最多的国家。相比于美国、日本、德国、法国等高技术多样性的国家,中国通过专注于相对少数的技术领域产出大量低遍在度技术实现了技术体系的快速复杂化。由于尺度效应,中国国内城市尺度上的技术产出特征与国家尺度存在一定差异,因中国技术创新发展起步相对较晚,不同于国家尺度上,美国在研究期始已达到最复杂的技术产出结构,后被其他国家(地区)逐渐蚕食了优势技术领域。中国城市的技术创新产出一直处在增量增质的过程,即使是技术产出量较高的北京市、上海市和深圳市的技术复杂度也一直呈现上升趋势。不同于国家尺度上的国家技术复杂度与相对多样化水平高度正相关,中国城市尺度上,技术最复杂的城市一直为深圳市,但其相对技术多样化水平一直处在中游水平,走着一条更加专业化的技术创新之路。深圳市能够依靠更加专业化的技术结构成为最复杂的技术综合体,关键在于深圳市有着利于创新企业落地、成长的"土壤"和国内广阔的创新资源供给市场,深圳市的创新发展离不开香港、北京、上海等高创新产出城市对其源源不断的创新资源输送。

第六章
技术创新复杂度提升的影响因素分析

地区经济、社会发展进步的本质是一个新技术不断涌现，旧技术不断消亡，地区技术在专业化与多样化进程中不断更迭的过程。熊彼特创新理论将创新尤其是技术变革视为经济社会向前发展的根本动力，认为发展的本质在于创造性破坏，是一个非平衡的动态过程，只有新技术、新产品、新组织模式、新市场等新事物的不断涌现才能推动经济社会向前发展。虽然技术进步很早就被视为促进经济增长的重要因素，但早期新古典经济增长理论把创新看作随机的外生变量。之后，以罗默（Paul M. Rome）、卢卡斯（Robert E. Lucas, Jr.）等为代表的经济学家提出的新经济增长理论才将技术进步视为经济增长的内生可控变量。除探究技术与经济增长之间关系外，技术创新学派关注的另外一个重点是技术创新的生成、发展和传播模式，如显性与缄默知识、专业化与多样化、邻近性、创新集群、地区创新系统、本地蜂鸣与全球管道等。经济地理学在经过制度、文化、关系转向之后，近十几年来，更加注重演化转向，地区多样化带来的发展韧性、地区发展路径依赖与突破等问题成为研究的热点。基于过程演化思维来看，地区技术的不断生成、升级、衰退和退出，推动着区域产业的变迁,而产业投入产出收益的不同造成地区经济发展水平的差异。地区技术创新复杂度高的地区往往拥有更加多样的具有比较优势的专业化产出的复杂技术。对于如何增加地区具有比较优势的技术的多样性以实现地区复杂度的提升,地区技术的生成与演化是众多偶然事件堆积的巧合,还是遵循一定历史发展规律的产物,一直是学术界讨论的热点。

第一节　研　究　假　设

早期的演化经济地理学对于新产业的形成更加强调偶然性和机会主义,美国加利福尼亚学派基于行业生命周期理论提出,其区位机会窗口理论认为,在知识经济和全球化经济的影响下,越来越多的新兴技术、企业等的产生和发展不再简单依附于当地现有知识基础、原材料、劳动技能、生产组织等,高流动性的资本和强连同的对外关系网络,促使更多"松脚型"新兴技术、企业在空间区位落地选择上具有更高的灵活性和自由度。之后,Martin(2006)基于历史发展的视角提出区域发展路径依赖理论,虽然早期阶段仍然将历史偶然或随机事件用来解释新企业的区位选择,但在发展过程中更加强调路径依赖性。一旦新技术在某区位落地,在规模报酬递增、示范效应、知识溢出、集聚经济正向外部性等机制的作用下,新技术快速发展,新的技术发展路径逐渐形成。当区域内依托该技术发展起来的企业产出在区域内达到一定份额,甚至形成一定规模的产业集群时,前期的生产设备、基础设施、知识储备和人力投入等沉没成本和区域内联系或依存关系等均会强化路径发展依赖性,甚至形成路径锁定。只有当地区遭受不可预测的外部冲击时,原有技术才可能被淘汰或衰退,路径依赖才会被打破。早期路径依赖理论着重解释了路径依赖与锁定的形成机制,但其从机会主义视角将新路径的形成看作历史偶然的随机事件,并未看到现有技术或旧技术能够重组或延伸出新技术的可能,其将路径锁定看作产出份额的长期稳定不变,也并非动态非均衡的演化思维,对于路径解锁过于注重外部力量的冲击作用,而忽视了内生自我更替演化模式。

随着演化经济地理的发展,新路径的生成不再强调历史偶然事件,而是将区域发展路径演化的内在逻辑置于现有经济社会活动与新经济社会活动之间的多维关联性(relatedness)之下(Boschma,2017)。在企业层面,关联性强调企业间自身知识基础相似性与搜索接受外部知识的能力,提出了认知邻近性(cognitive proximity)的概念。企业往往以自身掌握的知识基础为中心向四周搜索邻域知识(Boschma,2005)。认知邻近性较近的知识容易被吸收重组,形成渐进式创新发展路径,认知邻近性较远的知识难以被接收和重组,而一旦接收并重组关联性较低的知识,区域将实现路径突破式发展。在产业层面,关联性强调企业衍生带来的路径延伸或分化。Klepper(2007,2009)研究发现,美国许多产业集群大多是从在位企业衍生而来,新企业通过继承在位企业优秀"基因"得以快速发展,这种产业发展的关联性在美国半导体行业最具代表性(Tanner,2014)。Rogers(1984)研究发现硅谷地区大约一半的半导体公司是仙童公司(Fairchild Semiconductor)直接或间接分化而来的关联企业。大学和研究型机构是地区发展衍生出新路径的重要知识技术来源,其中生物技术领域被认为是从大学研发活动中衍生出新企业频率最高的产业(Zucker,1998)。在区域层面上,关联性强调多样化要素间的联系,地区拥有多样化的知识、技术、产业利于知识和技术的重组创新(Neffke,Henning and Boschma,2011)。基于认知距离视角,Frenken(2007)将多样化分为相关多样化与无关多样化,区域相关多样化的存量知识、技术为新技术的生成铺垫了更多可能的发展路径,而与现有要素关联性较弱或者存在较多无关多样化要素则较难形成新技术(Boschma et al.,2012b)。Hidalgo 等(2007)通过研究国家间产品出口结构演化提出了产品空间理论,指出当下产品结构影响着未来新产品的形成和经济发展。贺灿飞等(2016,2018)发现,中国产业和出口产品演化同样具有较强关联性。区域层面的多样性,不仅要关注单要素类型多样,同样要重视不同要素间的关联性。

演化经济地理视角下的路径依赖,强调知识和技术的主导作用,将区域发展路径演化置于知识和技术逻辑之下,基于技术关联视角,认为区域内现有发展路径可内生化出新的发展路径。

假设 1:地区技术关联性越高,越能生成更多新技术,越能提高技术多样化水平。

演化经济地理学将区域发展路径的演化主要看作一个具有关联性的内生化过程(Boschma et al.,2012a),对于外生力量的关注相对不足,如外生力量的介入能否推动区域实现发展路径突破(Zhu et al.,2017;Neffke,2018 Elekes,Boschma and Lengyel,2019),外生力量在推动地区发展路径突破时是否与内生力量存在某种互动关系(Isaksen and Trippl,2017;Barzotto,2019;Chaminade et al.,2019;Essletzbichler,2012;Hassink,Isaksenand Trippl,2019)。外部力量的获取主要来自两个渠道:一是直接进入本地的外部活动主体,如 FDI 在本地设厂或建立研发机构、人才引进等;二是与外部建立某种联系,如跨区域合作创新(论文、专利等)、通过留学或访学形成的师承关系、嵌入全球生产网络和价值链、进出口贸易、跨国并购、贸易博览会等。

虽然在全球化时代,地区或多或少会受到非本地力量的影响,如主动或被动嵌入全球生产和贸易网络之中。但由于资源禀赋的差异,地区间对外部力量的需求、吸引与吸纳能力不尽相同,地区能够充分利用外部力量突破自身发展路径依赖,一是需要自身有一定发展基础和制度厚度,二是外部力量需要与内生力量建立一定互动关系(Trippl et al.,2018)。Isaksen(2016)、Barzotto(2019)等的研究发现欠发达地区由于自身资源丰度和多样性不足,往往难以内生出新的发展路径,区域内较强的主体关联性带来的内生化的不断延伸、升级、突破当下路径的能力往往多出现在经济发达的地区。根据 Tödtling(2005)和 Isaksen(2014)等人的研究,依据组织厚度,即地区知识供给者(如大学、科研机构、企业 R&D 部分、培训机构等)、经济活动主要参与者(大、中企业)、交流平台(协会、学术会议)、发展政策和行业标准等的丰度,可将地区分为三种类型。(1)高组织厚度和多样化区域,如发达国家、城市群、大都市区、经济核心区等。这些地区知识来源丰富、发展主体多样、内外部联系交流频繁、发展制度和政策完善,具有较强的内生演化、吸纳外部力量和抵抗外部冲击的能力,易实现发展路径的升级或突破。(2)高组织厚度和专业化区域,如部分发展中国家、老工业区、专业化程度较高的产业集群等。这些地区的科研院所和技能培训机构往往根据本地需求提供更加针对性的专业化服务,领域内存在一定知识交流桥梁,但接纳不相关知识的能力较弱;地区发展演化路径较为明确,但易陷入路径锁定之中,具有一定路径延伸拓展能力。

(3)低组织厚度和产业基础薄弱区域。这些地区缺乏知识和技术本地供给来源,发展制度和政策不完善也不配套、内部知识关联性较差、缺乏内外部沟通渠道,基本不存在内生演化发展新路径的能力,往往被动延伸现有发展路径,面临路径耗竭险境。这些地区需要借助外部力量,通过路径移植等进入新发展道路。基于此本书提出以下两个假设:

假设2:外部力量是区域创造新发展路径演化的重要推动力量。

假设3:外部力量与内生力量的互动效应影响着地区创新发展路径的演化。

综上所述,区域发展路径的演化受到内部和区域外部两方面力量的推动,本书从认知邻近性的视角,构建区域技术关联密度,考察本地化力量对地区技术专业化产出能力的影响,从合作创新考察区域获取外部力量的能力及其对区域技术多样化发展路径的影响,在此基础上构建地区技术创新复杂度演化路径选择模型,并比较分析典型国家的"技术空间"演化历程及趋势。

第二节　路径依赖:
本地技术关联对技术专业化的影响

技术的生成、发展、衰落与退出是地区技术知识库结构演化的过程,影响着地区技术专业化程度和多样化水平。近年来,"多维邻近性"已成为解释地区产业演化、集群形成、知识溢出的重要视角,C.A.伊达尔戈(César A. Hidalgo)、R.豪斯曼(Ricardo Hausmann)和 R.博施马(Ron

Boschma)等科研团队在研究地区"产品空间"、产业结构、产业集群等的演化过程中均强调"认知临近性"的重要性,指出认知临近是区域遵循路径依赖的重要依据,企业、技术、知识等在区域内成长过程中的相互学习、合作、竞争等与其技术(知识)关联度有关(即认知距离),认知距离越近往往意味着所需要的生产要素(劳动力、资本、原材料等)、组织结构、制度环境等越相似。其中,Hidalgo(2009)在研究国家层面进出口贸易时发现,当新产品所需要的生产要素、生产环境与国家能够提供的包括技术知识、文化习俗、法规制度、基础设施等在内的生产能力越相近时,该产品在国家内出现的概率越大。Neffke 等(2011)、Essletzbichler(2015)、Boschma 等(2013)、周沂和贺灿飞(2019)等研究也发现,地区产业和产品结构的演化同样遵循基于本地技术关联的路径依赖性,那些与地区技术关联密度越高的产业(产品等)越容易进入该地区。Balland(2017)进一步研究发现,越复杂的技术、越难以被其他地区模仿复制的技术的空间移动性越弱,地理空间黏性越高。

　　本小节假设新技术更容易进入与现有技术关联度更高的国家。对于技术类之间的关联程度的测度,本书参考 Hidalgo 和 Hausmann(2009)在研究国家层面"产品空间"结构演化时候设计的产品技术关联度方法,认为如果某两类技术能够被同一国生产,则说明该国具备生产两类技术知识所需的知识储备、研究人员、基础研究设施、资本组合、法律法规等要素存在一定的相似性。两类技术同时能被某国一起生产的概率越高,则两类技术的相似性也越高。具体计算公式如下:

$$\varphi_{ij}=\min\{P(V_{ci}>0/V_{cj}>0),\ P(V_{cj}>0/V_{ci}>0)\} \tag{6.1}$$

式中，c 代表国家，i 和 j 代表基于 IPC 四位数的某小类技术，V_{ci} 和 V_{cj} 分别表示国家 c 产出的 i 类和 j 类技术数量，φ_{ij} 表示 i 类技术和 j 类技术间的技术关联程度。基于所有国家的技术两两关联关系构成 630×630 的对称矩阵。国家具有的不同类别技术的相关密度进一步通过具有比较优势的技术类加权关联系数得到，公式如下：

$$density_{c, i, t} = \frac{\sum_{j} \varphi_{i, j} x_{cj, t}}{\sum_{j} \varphi_{i, j}} \times 100 \qquad (6.2)$$

式中，$\varphi_{i, j}$ 表示技术 i 类和技术 j 类间的技术关联度，$x_{cj, t}$ 为技术 j 在城市 c 中的比较优势度，比较优势计算公式参见公式 4.3，当比较优势指数 RCA 大于 1 时，$x_{cj, t}$ 为 1，否则为 0。

一、技术关联密度的国际差异

从 1999—2017 年四个时段国家技术关联密度均值前 20 国排序来看，如图 6.1 所示，美国、德国和日本分别以 66、65 和 57 的平均技术关联密度位居前三位，随着时间的推移，大多数国家的技术关联密度是在增加，这是因为：一是技术种类增加，二是某些技术的遍在性增加，技术间的关联性随之增加。其中德国、美国、英国、法国、瑞典等国的技术关联密度有所下降，究其原因：一是在于具有比较优势的技术类有所减少，国家在某些收益较高的技术领域专业化程度升高；二是在新一轮科技革命和产业革新下，较早进入科技前沿领域或"无人区"也将导致技术间关联性下降。此外，国家技术关联密度大体与国家经济、科技产出总规模成正比，但各国技术创新发展起步时间和发展进度上也有所差异，其中中国是技术关联密度增长速度最快的国家，1999—2017 年四个时段技术关联密度分别为 14、26、35 和 48，技术关联密度排序由研究初期的第 19 位次逐渐上升至第 13、9、4 位次，现已成为仅次于德国、美国和日本的第四高的技术关联密度国家。

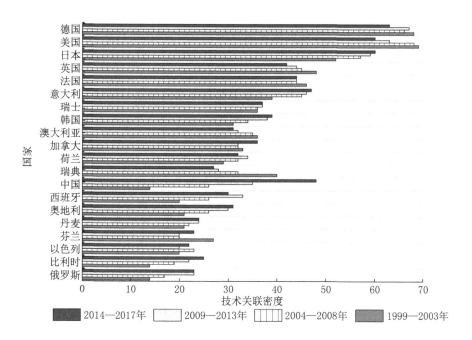

图 6.1　国家技术关联密度变动趋势

从各国的技术关联密度空间格局来看，以平均技术关联密度值 30 为界，分为高技术关联密度国家和低技术关联密度国家，1999—2003 年，美国（69）、德国（68）、日本（52）处于高技术关联密度国家第一梯队，英国（48）、法国（46）、瑞典（40）、意大利（39）、瑞士（36）、澳大利亚（36）、加拿大（33）、韩国（31）处于高技术关联密度国家第二梯队，荷兰（29）、芬兰（27）、中国（14）、俄罗斯（14）、印度（7）等国属于低技术关联密度国家。此时中国的平均技术关联密度仅为美国的 20.3％，与高技术关联密度国家间存在较大差距。从空间上看，此时的高技术关联密度国家主要分布在北美洲、欧洲、亚洲东部和大洋洲地区，亚洲、南美洲和非洲的大部分国家属于低技术关联密度国家，具有明显的空间集聚性。

2014—2017 年，德国（63）、美国（60）、日本（60）的技术关联密度均大于 50，处于高技术关联密度国家的第一梯队，中国（48）、意大利（47）、法国（44）、英国（42）、韩国（39）、瑞士（37）、加拿大（36）、荷兰（32）、澳大利亚（31）、奥地利（31）这 11 国处于高技术关联密度国家第二梯队，瑞典（27）、芬兰（23）、俄罗斯（23）、巴西（17）、印度（15）、南非（9）等国属于低技术关联密度国家。从空间上来看，高技术关联密度国家（地区）依然主要集中于北美、欧洲和亚洲东部地区，但亚洲的中国、印度和南美洲的巴西等国的技术关联密度提升迅速，相比 1999—2003 年，分别提高了 242.9％、114.3％和 240％，是技术创新发展的新兴大国。其中中国的技术关联密度增长最快，已经由低技术关联密度国家上升至高技术关联密度国家第二梯队首位，但仍与第一梯队的德国、美国和日本有着至少 25％的差距。从中国技术创新产出总量和种类增长势头来看，中国是最有希望进入高技术关联密度行列，并与美日德三国在创新发展上比肩的国家。

国家（地区）技术关联密度取决于国家（地区）所能够产出技术知识的关联程度，只有当国家生产越多的与其他技术相关联的技术时，国家（地区）才能具有较高的技术关联密度。反之，地区技术关联密度越高，技术间的知识溢出与知识重组演化出更多新技术的可能性更高。显然技术关联密度与国家（地区）所能生产的技术种类数目有直接关系，以国家（地区）平均技术关联密度为横轴，以国家（地区）能够生产的具有比较优势技

术的种类数为纵轴，以圆点大小表示技术产出总量制作散点图，从图 6.2
中可以看出，国家（地区）技术关联密度与优势技术种类数和技术总产出

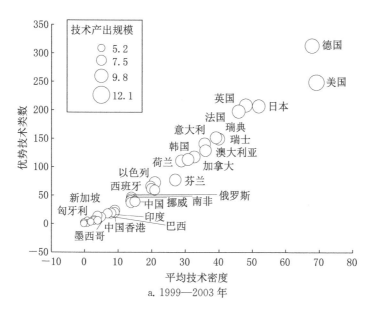

a. 1999—2003 年

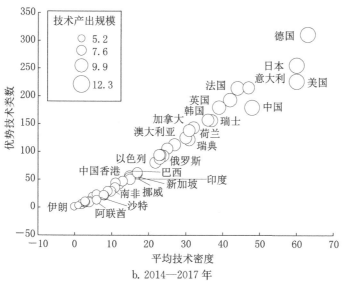

b. 2014—2017 年

图 6.2　技术关联密度、技术产出量和优势技术多样性关系散点图

量呈现显著正相关关系，线性相关函数在 1999—2003 年时分别为：$Y_{技术类数} = 3.87X_{技术关联密度}$，$R_2 = 0.97$ 和 $Y_{技术产量} = 0.09X_{技术关联密度} + 6$，$R_2 = 0.97$；在 2014—2017 年时分别为：$Y_{技术类数} = 4.25X_{技术关联密度}$，$R_2 = 0.98$和$Y_{技术产量} = 0.10X_{技术关联密度} + 6$，$R_2 = 0.91$。从相关系数上来看，国家（地区）优势技术的种类多样性和技术产出总量对国家（地区）技术关联密度的依赖性普遍有所提升，这说明，只要有足够多的技术知识基础，国家（地区）的技术结构升级完全可主要依赖于内生性的自我演化，国家（地区）应该更加重视本国（地区）技术创新所需基础设施和政策措施的供给，搭建创新主体间交流联系的平台，打通知识流动渠道，提高自主研发和自我技术路径演化的能力。

二、技术关联与新技术的生成和存续

从演化的视角来看，技术关联密度越高，技术长期生存概率越高，也越容易孕育出新技术。本书对 2009—2017 年间生存技术、新进技术和潜在技术的关联密度进行比较分析，将研究期内一直存在的技术称之为生存技术，将 2009—2013 年间不存在而 2014—2017 年间出现的技术称之为新进技术，将整个研究期一直不存在的技术称之为潜在技术，三类技术关联密度结果通过计量软件 stata15 制作核密度分布图（见图 6.3）。

从全部国家（地区）来看（见图 6.3a），潜在技术的关联密度曲线分布在生存技术和新进技术的左侧，波峰处在 14 左右，平均值为 18.8，一半的潜在技术在国家（地区）内的关联度小于 17.7，新进技术和生存技术的波峰分布处在 33.2、34.8 的位置，均值分别为 29.4、35.5，中位数分别为 29.7、34.7。潜在技术与国家（地区）整体的技术关联程度明显小于新进技术，更小于现存技术。新进技术关联密度曲线位于潜在技术和生存技术之间位置，技术的关联密度明显比潜在技术整体要高，说明与国家（地区）内技术的关联程度越高，新技术越容易进入。

将国家（地区）分为高收入国家（地区）、中等收入国家（地区）、中低收入国家（地区），高收入国家（地区）包括美国、日本、德国等 44 个国家（地区），中高等收入国家（地区）包括中国、俄罗斯、巴西等 13 个国家（地区），中低收入国家（地区）包括印度、埃及、菲律宾和乌克兰四个国家（地区），未包含低收入国家（地区）。比较分析技术关联密度在各收入水平分组国家（地区）间的差异。

从图 6.3b 中可以看出，高收入国家（地区）的潜在、新进和生存技术的关联密度波峰分别处在 14、32.8、34.8 的位置，平均值分别为 18.6、29.8、36.3，中位数分别为 17.3、29.8、35.5，高收入国家（地区）的技术关联密度分布趋势、曲线形态丰满程度与全样本国家（地区）最为接近，说明技术知识主要存在于高收入国家（地区）之中，前文分析也发现高频度的技术进入与退出也主要发生在高收入水平国家（地区）内；从图 6.3c 中来看，中高等收入国家（地区）的整体技术关联密度比高收入国家（地区）要低，不论是生存技术还是新进技术在技术关联密度 40 以上已极少出现，潜在技术在 15.6—25.1 之间大量聚集。潜在、新进和生存技术的平均值分别为：20.5、30.5、32，由于中高收入国家（地区）整体的技术关联密度较低，相较与高收入国家（地区），潜在技术需要付出更高的成本才有可能进入中高收入国家（地区）内；在图 6.3d 中，中低收入国家（地区）生存技术主要处在技术关联密度 25 以下，潜在、新进和生存技术的波峰处在 13.2、12、16 位置，平均值分别为 16.7、21、16.9。中低收入国家（地区）的整体技术关联度较低,技术之间的知识溢出更加困难,能够孕育出新技术的能力较低。

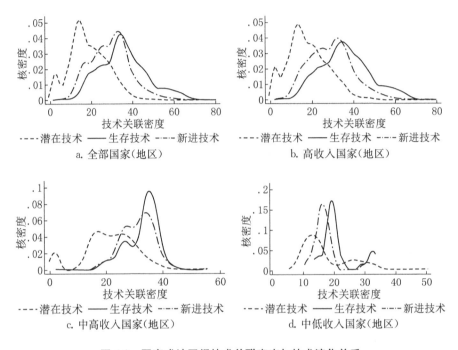

图 6.3 国家或地区间技术关联密度与技术演化关系

总体而言,高收入、中高收入及中低收入国家(地区)的生存技术关联密度曲线不仅均位于新进技术的右侧,更在潜在技术的右侧,说明技术演化均表现出对技术关联密度的依赖性,从收入差距来看,高收入国家(地区)的技术演化表现出更强的技术关联依赖性。

高技术关联密度意味着国家(地区)更容易由现存技术向周围邻近技术跳跃发展,提高地区技术多样化水平。技术关联度较高也意味着技术间的黏性更高,技术相互依赖性更强,抵抗外部冲击的韧性更高,技术多样化的结构体系更加牢固。当然,创新活动具有较高的沉没成本,虽然多样化的技术基础为技术创新内生性自我演化提供了更大可能,但也需要一定量外力的推动。专利形式的技术创新产出相比于论文著作形式的科学创新发现而言,最主要考虑的是能否获得最大商业化利润或战略价值。故有的专利技术虽然与国家(地区)内其他技术的关联度较低,但出于逐利目的,国家(地区)会通过集中研发、技术引进、对外合作等方式将技术纳入国家(地区)技术知识库中,同样,有的高关联度的技术会因商业化或战略价值均较低而退出国家(地区)技术知识库。

从上述分析可知,技术多样性与关联性在全球的分布具有较强的空间非均衡性,主要集中在经济较发达的地区,其中中国是技术关联密度提升最快的国家,中国技术创新产出的激增受到较大质疑,有研究认为中国技术创新是政策鼓噪下的"空中楼阁"式的创新,没有研发基础,基于此,中国内部的技术关联密度空间分布和新技术生产与本地技术关联性值得进一步探讨。本书以中国国家知识产权局公布的 1999—2017 年发明专利申请数据为基础,以地级及以上城市为创新单元,分析中国城市技术关联密度变动趋势。

1999—2017 年北京和上海分别以 63.5 和 61.3 的多年平均技术关联密度成为全国最高的两个城市(表 6.1),技术关联密度较高意味着技术多样性和技术关联性水平较高,更易内生演化出新的技术,是全国最重要的技术孵化中心。苏州(48.2)、天津(43.5)、无锡(38.7)、杭州(37.3)、成都(36.3)、南京(35.4)、重庆(34.8)、广州(34.6)、西安(34.3)、长沙(33.5)、武汉(33.3)、深圳(32.4)、宁波(32.3)、沈阳(32)、哈尔滨(30.2)等城市是次一级技术关联密度中心。北京和上海的技术关联密度处于下降趋势,而其他地区技术关联密度上升明显,这与国家技术关联密度变动趋势有一定趋同,一是说明这两个城市是全国主要的技术知识溢出地,其率先掌握的技术知识大量溢出到其他城市时,提高了其他城市的技术关联密度。二是技术关联密度高往往能够演化出较多新技术,新技术因其技术新颖性和独占性会降低地区整体技术关联密度。此外,技术复杂度较高的深圳市产出着更多非遍在的专业化程度较高的技术,技术关联密度相对不高,长期稳定在 30—40 之间,从实践中来看,深圳市更加适合培育或落地壮大具有竞争优势的新颖技术,但在技术多样性方面远不如北京和上海市。

表 6.1 1999—2017 年间四时段中国主要城市技术关联密度值

位序	1999—2003 年		2004—2008 年		2009—2013 年		2014—2017 年		1999—2017 年	
	城市	密度	城市	密度	城市	密度	城市	密度	城市	密度
1	北京	77.75	上海	72.42	苏州	59.48	苏州	54.81	北京	63.54
2	上海	69.13	北京	66.52	北京	56.95	北京	52.92	上海	61.32
3	天津	45.79	苏州	41.45	上海	52.34	上海	51.37	苏州	48.20
4	长沙	43.50	无锡	35.84	无锡	48.14	天津	50.30	天津	43.49
5	苏州	37.06	沈阳	35.44	西安	45.04	重庆	47.76	无锡	38.65
6	杭州	33.15	天津	35.09	常州	44.17	无锡	47.49	杭州	37.33
7	广州	32.80	杭州	34.57	天津	42.77	宁波	47.08	成都	36.29
8	深圳	31.91	广州	33.85	重庆	42.12	成都	46.28	南京	35.41
9	成都	30.43	宁波	32.93	大连	41.92	常州	44.54	重庆	34.81
10	武汉	29.65	成都	31.49	宁波	41.20	南京	44.41	广州	34.63
11	南京	28.12	深圳	30.74	南通	40.61	西安	43.64	西安	34.32
12	哈尔滨	26.34	南京	30.73	杭州	39.96	嘉兴	42.55	长沙	33.51
13	沈阳	25.57	武汉	30.71	扬州	38.40	绍兴	41.89	武汉	33.29
14	无锡	23.12	西安	29.23	南京	38.39	杭州	41.63	深圳	32.42
15	青岛	21.14	重庆	29.13	成都	36.99	湖州	40.74	宁波	32.34

从空间格局上来看,1999—2003 年间,中国城市技术关联密度普遍较低,67.1%的城市技术平均密度低于 5,仅有 14 个城市的技术平均密度高于 23,这些城市零星分布于全国各地,并无显著的集聚特征,其中北京

市、上海市和天津市分别以 77.8、69.1 和 45.8 的平均技术关联密度位居全国前三位,此阶段全国创新发展意识较弱,技术创新的专利化成果产出基本是少数大城市的专属。2004—2008 年间,高技术关联密度的城市开始增多,从分布上来看,高技术关联密度城市多以 1999—2003 年间高技术关联密度的城市为核心向外围扩散分布,在东部沿海的长三角地区、珠三角地区和环渤海地区的京津、山东半岛、辽东半岛集中存在多个高技术关联密度城市,此期间中西部地区依然是连绵成片的低技术关联密度城市。2009—2013 年间,中西部地区开始出现一定量高技术关联密度城市,但分布较为零散,仍以省会城市为主,到 2014—2017 年间,全国绝大多数城市技术平均关联密度提升显著,尤以长三角城市群内高技术相关密度的城市最多,分布最为集中,并且有沿长江经济带自西向东蔓延发展的趋势。

从近二十年来城市平均技术关联密度整体演变趋势来看,全国城市技术关联密度提升显著,并呈现高技术关联密度城市自东部沿海向中西部内陆蔓延之势。除长三角城市群、珠三角城市群和山东半岛城市群外,较高技术关联密度的城市仍以资源富集的省会城市为主,城市技术关联密度提升的过程正是城市技术创新产出种类多样化和规模增量的过程。

技术关联密度的提升主要意味着本地内生化新技术、新发展路径能力的增强。从上文分析可知,中国技术创新大发展主要是在 2008 年之后,本小节主要探究 2009—2017 年间的时间段。由于中国的自然环境和经济社会发展均存在东、中、西的梯度分布格局,对地区技术关联密度的演化也分为中国东部、中部、西部和东北地区进行比较分析。本书将 2009—2017 年间一直都存在的技术称之为生存技术,将 2009—2013 年间不存在而 2014—2017 年间出现的技术称为新进技术,将整个研究期内一直不存在的技术称之为潜在技术。从图 6.4a 中来看,2009—2017 年间,全国城市的技术关联密度主要分布在 54 以下,其中潜在技术、新进技术和生存技术关联密度的波峰分别为 22、29.2、33.2,潜在技术整体位于新进技术左侧,新进技术位于生存技术左侧,这说明潜在技术与城市内其他技术的相互关联密度要小于新进技术,更小于生存技术。能够进入城市并且长期生存的技术是那些与城市内其他技术有较高技术关联密度的技术。

分区域来看,东部地区(见图 6.4b)的核密度分布形态更加臃肿,说明东部地区集中了最多的相关联技术。生存技术的技术关联密度集中分布在 26 至 44 之间,并未出现明显的波峰,新进技术和生存技术的技术关联密度均高于 10,潜在技术位于新进技术左侧更在生存技术左侧,与全国技术关联密度格局一致。中部城市(见图 6.4c)的技术关联密度整体水平明显弱于东部城市,处于 40 以上的生存技术和新进技术较为少见,潜在技术、新进技术和生存技术的波峰分别位于 23、30 和 32 的位置。由于中部地区承接了大量来自东部转移出的产业,这些产业与本地关联性相对较弱,需要一定时间的融合,致使其生存技术关联密度与西部和东北地区相差不大,但新进技术的关联密度较高,表现出较强技术内生性。西部城市(见图 6.4d)的潜在技术体量较大,且技术关联密度整体较低,潜在技术、新进技术和生存技术的波峰分布位于 16.7、26 和 27.7 处。相比而言,西部城市新进技术和生存技术的技术关联密度跨度较大,既有技术关联密度低于 10 的新进技术,也有大量技术关联密度高于 40 的新进技术和生存技术。这说明西部城市的技术进入路径分化较明显,既有路径依赖式的内生性自我演化(如高技术关联密度的重庆、成都和西安市等),也有一定量与城市现存技术关联性不大的外来技术的进入。与西部城市技术关联密度左偏态分布不同,东北城市(见图 6.4e)呈现右偏态分布,潜在技术、新进技术和生存技术的波峰分别处在 21.5、30 和 35 的位置,技术演化表现出更明显的本地技术依赖性。东北地区作为中国的老工业基地,具有一定经济发展基础和多所优秀大学,沉淀了一定创新资源,虽然东北地区具有一定内生演化能力,但更需要的是吸纳外部力量,以便打破固化的发展路径。

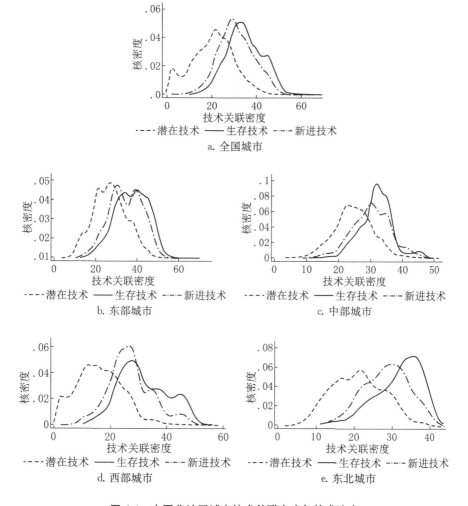

图 6.4 中国分地区城市技术关联密度与技术演变

经济发展水平较高的地区往往具有较高的技术关联密度,地区技术关联密度的差异影响着地区技术结构变动,不论从国家尺度还是城市尺度来看,与本地现存技术库关联程度的高低直接决定着新技术进入的难易和生存技术的存量。中国技术创新能力的增强使其逐渐发展成为仅次于德美日的第四大技术关联密度国家。从技术关联密度与新技术演化关系来看,中国技术知识库存量的快速增长有其内生的必然性。对于中国快速的创新成果专利化产出过程造成的技术知识库结构剧烈变动现象,学术界对此的解读不一(Li,2012;龙小宁,2015;Fink,2016;Hu,2017)。其中 Kroll(2020)等的研究认为中国的技术多样化的起源与具有成熟市场经济的发达国家大不相同,中国的经济发展轨迹表明中国创新能力增长明显受到外部的 FDI 投资和内部的宏观产业政策的影响,中国从计划经济向市场经济转型过程中大量外商直接投资涌入助推中国成为"世界工厂",大量外资带来的新技术、新知识带动中国大量技术从无到有、从弱到强。从此可以看出,新技术的进入与路径依赖视角下技术关联密度具有较强相关性,也受到关系地理学视角下对外联系的影响。

三、技术关联对技术专业化产出影响的实证分析

技术复杂度高的国家(地区)由多样的、非遍在的、复杂的技术支撑。地区在某项技术领域能否形成比较优势,即专业化技术,是国家成长为复杂技术综合体的基础。本小节在技术关联视角下,探究国家在某项技术领域形成专业化产出的动力机制。由于技术创新产出的高度集聚性,本小节根据 Hidalgo(2009,2021)、Balland(2017)、Sciarra(2020)等人的做

法首先对数据进行降噪,剔除技术产出规模较小的国家和开曼群岛等,最后剩余 48 个国家,包括美国等 36 个发达国家和中国等 12 个非发达国家。技术类别剔除了 1999—2017 年总产出低于 100 件的技术类,研究样本共包含 573 个技术小类。本研究时期为 1999—2017 年,为消除数据的波动性,参考相关研究将技术的演化周期设定为 5 年,将研究时期分为 1999—2003 年、2004—2008 年、2009—2013 年和 2014—2017 年四个时段,对于个别年份自变量缺失数据通过前后年取均值填补。

根据前文分析和已有研究(Balland et al.,2019;周沂和贺灿飞,2019),本小节对国家在某技术小类能否形成专业化产出的影响因素进行分析,将回归方程设计如下:

$$Specialization_{c,i,t} = \alpha_0 + \beta_1 Relatedness_{c,i,t-1} + \beta_2 Complex_{c,i,t-1}$$

$$+ \beta_3 GrowthRate_{i,t-1} + \beta_4 TechnologyBase_{c,i,t-1} + \beta_5 GDP_{c,t-1}$$

$$+ \beta_6 Population_{c,t-1} + \varphi_c + \delta_t + \varepsilon_{i,i,t} \tag{6.3}$$

式中 c 表示国家,t 表示时间,i 表示技术小类,α_0 为常数项,φ 表示国家固定效应,δ 表示时间固定效应,ε 表示残差项。$Specialization$ 为国家 c 在时间段 t 内的 i 技术小类上是否具有专业化产出状态,通过测度各时段某个国家在某个技术小类上与全球相比是否具有比较优势来判定是否为专业化技术,当比较优势度大于等于 1 时则该技术为该国专业化技术,记为 1,否则记为 0,因变量数据滞后一年;$Relatedness_{c,i,t-1}$ 为国家 c 在时间 $t-1$ 内的 i 技术小类与国家内其他技术的相关程度;$Complex_{c,i,t-1}$ 为国家 c 在时间 $t-1$ 内的 i 技术小类的复杂程度,值越高表示该技术的知识含量越复杂,越难以被产出和模仿;$GrowthRate_{i,t-1}$ 为全

球在时间 $t-1$ 内的 i 技术小类的年均增长率；$TechnologyBase_{c,i,t-1}$ 为国家 c 在时间 $t-1$ 内 i 技术小类所属的技术大类的产出量，即相关技术知识基础，但并不包含 i 技术小类自身；$GDP_{c,t-1}$ 和 $Population_{c,t-1}$ 的含义如表 6.2 所示。

表 6.2　变量及其具体含义

变量名	定　　义	类　型
Specialization	国家在某个技术领域是否具有比较优势，根据公式 5.1 计算而得	因变量
Relatedness	某技术与国家内其他技术的技术关联程度，根据公式 6.2 计算而得	自变量
Complex	某项技术的产出难易程度，即单个技术的复杂度，根据 Tacchella et al.（2012）提出的 Fitness-complexity 计算而得	
Growth Rate	某项技术在全球范围的年均增长率	
Technology Base	国家内某项技术小类所属技术大类的技术总量	
GDP	国家的年均国民生产总值	控制变量
Population	国家的年均人口总量	

由于因变量（Specialization）为 0—1 二值变量，本书选择二元离散选择模型中的 Logit 模型进行回归分析，为了控制国家间的异质性和随时间变化的差异，对国家和时间采用双向固定效应；为了降低自变量的异方差并得到弹性的结果，对相关技术基础、国家多年平均 GDP 和国家多年平均人口三个连续性自变量取对数处理。从表 6.3 中可以看出，Specialization 的均值为 0.124，说明大多数国家的技术小类并不具有专业化生产能力，若在某项技术领域形成比较优势，需要付出较大努力和探寻适合自身实际的发展路径。

表 6.3 变量描述统计

变 量	样本量	均 值	标准差	最小值	最大值
Specialization	110 016	0.124	0.329	0	1
Relatedness	110 016	11.686	15.138	0	100
Complex	110 016	0.444	0.621	0	9.593
Growth Rate	110 016	12.214	22.654	−183.827	89.233
Technology Base(ln)	110 016	8.261	1.524	2.496	11.555
GDP(ln)	110 016	8.334	1.449	4.97	12.022
Population(ln)	110 016	16.837	1.666	12.991	21.039

表 6.4 汇报了各变量间的相关系数矩阵,其中技术复杂度(Complex)与国家技术专业化呈显著负相关关系,技术关联度、技术增长率、相关技术基础、国家 GDP 和人口总量均与因变量具有显著正相关关系。各自变量之间相关系数不大,且通过方差膨胀因子(VIF)诊断来看,各自变量 VIF 值均值为 2.45,最大值为 5.7,这意味着解释变量间不存在严重的多重共线性问题,自变量间多重共线性对回归结果的影响完全可以忽略。

表 6.4 变量相关系数矩阵

	(1)	(2)	(3)	(4)	(5)	(6)	(7)
(1) Specialization	1						
(2) Relatedness	0.64***	1					
(3) Complex	−0.12***	−0.09***	1				
(4) Growth Rate	0.01**	−0.003	−0.134***	1			
(5) Technology Base(ln)	0.12***	0.09***	−0.17***	0.04***	1		
(6) GDP(ln)	0.31***	0.66***	−0.001 00	−0.03***	0.02***	1	
(7) Population(ln)	0.15***	0.33***	0	−0.01**	0.004	0.80***	1

注:***、**、* 分别表示在 1%、5% 和 10% 的显著水平上显著。

表 6.5 汇报了面板 Logit 模型的回归结果,模型 1 中首先将相关技术知识基础纳入模型,相关技术知识基础对国家在某技术小类上形成专业化产出具有显著促进作用,这与 Castaldi 和 Frenken(2015)、Tanner 等(2015)、宓泽锋等(2020)、朱晟君和金文纨(2021)的研究结论基本一致,均强调基础知识尤其是相关知识基础的重要性。在模型 2 至模型 5 中加入了其他解释变量,虽然相关系数在下降,但基础知识的作用依然十分显著。

模型 2 中加入了技术规模增长速率(Growth Rate),主要考察国家积极进入热门技术领域能否有效促进本地技术专业化生产能力。Lee(2005,2013)在研究发展中国家(地区)越过中等收入陷阱并实现技术创新赶超时发现,后发国家的技术赶超主要依赖于短周期、新兴、热门技术。本书通过技术产出年均增长率识别热门技术,从回归系数来看,技术增长率与技术专业化状态一直呈正相关关系,但效果并不显著。虽然较多研究认识到了新兴技术的重要性,但如何进入新兴技术领域的通道需要进一步探讨。

模型 3 中加入了本地技术关联度(Relatedness),回归系数显著为正,这与前文分析和假设相一致,若技术与本地其他技术的技术关联性越高,就越容易进入该地区并发展成为专业化技术。Boschma(2005)指出认知上的邻近(即技术关联性)比地理上邻近更利于知识的溢出,技术关联有利于创新主体降低创新风险和沉没成本,并且通过整合现有知识、技术、生产能力等向邻近技术演化的成功率更高。Nooteboom 等(2007)也强调创新并非凭空产生的,是现有知识基础(Technology Base)中相近技术知识的重新组合,技术关联(Relatedness)为创新提供了组合通道。

模型4加入了技术复杂度(Complex)这一变量,技术复杂度与地区技术专业化能力呈现负相关关系,即技术的复杂程度越高,越不利于地区进入该技术领域,也越难以在国家间形成比较优势,技术的复杂度对地区技术专业化产出能力的提升起到阻碍作用,这一结果与Balland和Rigby(2017)、Balland和Boschma(2019)和Antonelli等(2020)等对美国和欧洲技术创新的研究基本一致,均发现技术越复杂越不利于技术的产出和移动。但与马双等(2018,2020)的研究结论有所差异,其在研究长江经济带技术创新时发现本地区最复杂的前四类技术分别为:D05(一般喷射和雾化等,复杂度最高,其值为100)、D04(编制、花边制作等,复杂度为98)、B26(手动切割,复杂度为96.6)、B29(塑料的加工,复杂度为96.1),这与一般常识认知不太相符。其中Sciarra等(2020)通过对不同技术复杂度的测度方法进行比较分析后指出,复杂度衡量模型设计的差异会影响研究结果,本书同样认为对复杂技术的定义和测度方法的不同是导致结论相悖的主要原因。

模型5对技术关联(Relatedness)和技术的复杂程度(Complex)作交互项处理,回归系数在1‰水平上显著为正,这表明即使复杂度高的技术难以产出,但当复杂技术与本地形成较高的技术关联时,地区将会更容易进入复杂技术领域。技术关联是国家从低知识含量、低复杂度技术升级到高复杂度技术领域的有效途径。其中Balland和Boschma(2019)针对欧洲创新发展的精明专业化政策(Smart specialization)研究时也指出,地区的创新发展需要不断向更复杂的技术升级才能具有创新竞争力,沿着与本地技术关联度高的复杂技术方向升级更容易实现。

表 6.5　国家技术专业化状态影响因素估计结果

	模型 1	模型 2	模型 3	模型 4	模型 5
Technology Base(ln)	0.722***	0.722***	0.467***	0.382***	0.379***
	(0.024 2)	(0.024 2)	(0.028 2)	(0.028 4)	(0.028 4)
Growth Rate		5.11e−05	0.001 78	0.000 663	0.000 487
		(0.000 954)	(0.001 85)	(0.001 89)	(0.001 90)
Relatedness			0.763***	0.758***	0.758***
			(0.012 6)	(0.012 6)	(0.012 6)
Complex				−1.336***	−1.692***
				(0.097 9)	(0.151)
Relatedness×Complex					0.020 9***
					(0.006 35)
Population(ln)	−1.234**	−1.233**	10.44***	10.42***	10.44***
	(0.552)	(0.552)	(0.833)	(0.834)	(0.833)
GDP(ln)	2.234***	2.234***	−6.693***	−6.648***	−6.585***
	(0.167)	(0.167)	(0.304)	(0.303)	(0.303)
Constant	−9.091	−9.099	−140.4***	−139.3***	−140.0***
	(8.874)	(8.875)	(13.24)	(13.26)	(13.26)
County Fe	Yes	Yes	Yes	Yes	Yes
Year Fe	Yes	Yes	Yes	Yes	Yes
Log likelihood	−23 323.533	−23 323.549	−11 413.49	−11 285.333	−11 279.825
Wald chi2	3 551.53	3 551.12	3 898.31	3 890.29	3 868.82
Observations	110 016	110 016	110 016	110 016	110 016
Number of id	27 504	27 504	27 504	27 504	27 504

注：***、**、*分别表示在 1%、5% 和 10% 的显著水平上显著。

　　由于创新具有高投入、高风险和长周期等特点,经济发展水平不同的地区往往具有不同的创新发展倾向,经济发展水平高的地区有着更富集的创新资源和承受创新失败的韧性,经济发展水平低的地区不仅可调动的创新资源相对较少,更难以承担走创新发展道路失败的风险。本书根据世界银行 2018 年收入水平的划分标准,将国家分为发达国家和非发达国家进行分组回归,观察不同因素对地区技术专业化形成的影响差异。

　　表 6.6 汇报了回归结果,根据国家经济发展水平分组的回归结果与全样本数据的分析结果基本一致,技术关联度(Relatedness)、相关技术基

础（Technology Base）、技术增长率（Growth Rate）、技术关联度与技术复杂度的交互项（Relatedness×Complex）在发达国家和非发达国家均表现为正向促进作用，技术复杂度（Complex）呈现显著负向。除了技术相关性外其他变量均在非发达国家表现更加敏感，这说明在发达国家的技术间关联度更高更利于内生演化出新技术并成长为地区专业化技术。技术

表 6.6　国家技术专业化状态影响因素：根据经济发展水平分组估计结果

	发达国家			非发达国家		
	模型 1	模型 2	模型 3	模型 4	模型 5	模型 6
Relatedness	0.785 ***	0.782 ***	0.782 ***	0.784 ***	0.755 ***	0.769 ***
	(0.014 5)	(0.014 6)	(0.014 6)	(0.031 6)	(0.030 7)	(0.030 9)
Complex		−1.204 ***	−1.310 ***		−2.391 ***	−3.148 ***
		(0.105)	(0.166)		(0.337)	(0.398)
Relatedness×Complex			0.005 73			0.108 ***
			(0.006 86)			(0.024 9)
Technology Base(ln)	0.420 ***	0.340 ***	0.339 ***	0.651 ***	0.536 ***	0.524 ***
	(0.031 9)	(0.032 3)	(0.032 3)	(0.066 6)	(0.065 5)	(0.065 2)
Growth Rate	0.001 44	0.000 484	0.000 438	0.006 62	0.005 10	0.004 63
	(0.002 10)	(0.002 14)	(0.002 14)	(0.004 47)	(0.004 63)	(0.004 67)
Population(ln)	2.324 **	2.389 **	2.411 **	15.07 ***	14.32 ***	14.24 ***
	(1.057)	(1.061)	(1.062)	(1.847)	(1.825)	(1.813)
GDP(ln)	−0.244	−0.262	−0.256	−12.73 ***	−12.11 ***	−11.96 ***
	(0.533)	(0.536)	(0.536)	(0.743)	(0.725)	(0.714)
Constant	−62.75 ***	−62.64 ***	−63.01 ***	−182.9 ***	−172.5 ***	−172.5 ***
	(15.52)	(15.58)	(15.59)	(33.62)	(33.32)	(33.16)
County Fe	Yes	Yes	Yes	Yes	Yes	Yes
Year Fe	Yes	Yes	Yes	Yes	Yes	Yes
Log likelihood	−9 071.726	−8 983.618	−8 983.276	−2 187.058	−2 142.626	−2 133.923
Wald chi2	3 145.22	3 112.66	3 105.23	660.24	687.57	681.75
Observations	82 512	82 512	82 512	27 504	27 504	27 504
Number of id	20 628	20 628	20 628	6 876	6 876	6 876

注：*** 、** 、* 分别表示在 1%、5% 和 10% 的显著水平上显著。

复杂度对非发达国家的技术创新阻碍作用更大，由于非发达国家技术创新资源相对较少，技术的吸纳和重组能力相对较弱，生产复杂技术的困难度更高，但当沿着技术相关渠道升级技术结构时，非发达国家的技术创新专业化水平往往提升更快。而发达国家往往已经处在产出较多复杂技术的位置，再向更多更复杂技术升级的难度将不断增加。

第三节　路径突破：
外部联系通道对技术多样化的影响

习近平总书记指出："科学技术是世界性的、时代性的，发展科学技术必须具有全球视野。不拒众流，方为江海。自主创新是开放环境下的创新，绝不能关起门来搞，而是要聚四海之气、借八方之力。"

合作创新是促进科学技术发展的重要手段，国际创新合作有利于提升科研质量、提高科研效率、分担科研成本。积极融入全球科技创新网络，深度参与全球科技创新治理，主动发起全球性科技创新议题，牵头组织国际大科学计划和大科学工程，有利于提高国家科技创新全球化水平和国际地位。国家在全球创新合作网络中的位置，不仅反映国家对世界创新资源的利用能力，也能体现一国整体的科研水平。

专利是技术创新产出成果的重要形式，因其具有的独占排他性在合作发明时需要一定技术创新基础、极高互信关系和明晰的利益分配方案。但由于知识的复杂多样性特征，任何一国都难以完全掌握所有知识，合作创新成为突破自身技术局限，探寻技术创新新路径的重要手段。

社会网络分析作为一种新的网络分析方法,已成为国内外对创新合作网络进行研究和分析的主流方法。运用社会网络分析中的点度中心度、特征向量中心度和模块化指数等指标,从专利合作的角度对各国在国际创新合作网络中的地位、角色和组团特征进行测度。

(1)点度中心度:指与该节点直接相连边的条数,表征节点连接程度。在 PCT 专利合作网络中,节点度表示与该国有着专利合作关系的国家数量:

$$C_D(i) = \sum_{j=1}^{N} a_{ij} \qquad (6.4)$$

式中 a_{ij} 表示国家 PCT 专利合作的邻接矩阵,有专利合作则赋值为 1,否则为 0。

(2)特征向量中心度:主要考虑邻接节点的重要性程度,通过计算网络的邻接矩阵与特征值对应的特征向量,作为评价节点在网络中重要性的指标。具体计算公式为:

$$x_i = \frac{1}{\gamma} \sum_{j}^{N} a_{ij} x_j \qquad (6.5)$$

式中 x_i 为节点 i 的特征向量,γ 为比例常数,N 为节点数量,$A = (a_{ij})$ 为网络的邻接矩阵,x_j 为节点 j 的特征向量。

(3)社团划分:在复杂网络中,连接紧密的节点集合可以视为一个社团。模块度是度量社区划分优劣的一个重要指标。首先把每个节点视为一个独立的小社区,考虑所有相连社区两两合并的情况,计算每种合并带来的模块度的增量,选取使模块度增加最大或者减小最少的两个社区,将它们合并成一个社区。如此循环迭代,直到整个网络的模块度不再发生

变化。采用 Newman 等关于模块度的计算公式,如下所示:

$$Q = \frac{1}{W} \sum_{ij} \left(w_{ij} - \frac{s_i^{out} s_i^{in}}{W} \right) \delta(C_i, C_j) \tag{6.6}$$

式中:Q 为模块度,社团划分可以由网络分析软件 Gephi 绘制所得,通过社团发现模型(Community Detection)计算而来。当两个国家之间的技术合作联系较强的时候,其单元会基于重力模型而靠得更近,进而聚类成一个社团。

一、国家间技术创新合作网络联系、结构与等级层次

(一) 国家技术创新对外部资源依赖程度差异

由于知识的多样性和复杂度,未有一个创新主体或国家能够掌握所有的技术知识,合作创新便成为节约研发成本和时间、弥补知识不足的重要手段。从表 6.7 中来看,合作创新是国家技术创新活动的主要形式,大多数国家的合作创新产出比重均在 60% 以上,合作创新比重最低者为韩国,其五个时段合作比重分别为 37.4%、44.5%、54.4%、56.7% 和 47.5%,最高者为印度,其五时段合作比重分别为 86.1%、87.3%、81%、87.5% 和 87.7%。中国的合作创新产出比重处于中等水平,五时段比重分别为 46%、43.1%、70.5%、66.7% 和 71.1%,2008 年之后中国对外合作经历了先增后降的发展阶段,2010 年达到 25.7% 的顶峰,随着以美国为首的西方国家对中国技术封锁的收紧,中国的国际合作创新比重逐渐下降至 2019 年的 9.3%。但随着技术知识多样性和复杂度的增加,合作创新已成必然,只是在侧重国际合作还是国内合作上有所差异。虽然中国国际技术合作受阻,但国内合作增长迅速,比重已上升至 2019 年的

表 6.7　全球主要国家国际创新合作与国内创新合作占总产出比重

	1999—2003 年		2004—2008 年		2009—2013 年		2014—2017 年		2018—2019 年	
	国际	国内	国际	国内	国际	国内	国际	国内	国际	国内
美国	9%	53%	13%	54%	15%	55%	16%	57%	17%	58%
日本	4%	61%	4%	57%	4%	60%	4%	61%	5%	721%
德国	10%	49%	12%	50%	12%	52%	13%	54%	13%	55%
中国	5%	41%	6%	37%	20%	51%	12%	54%	9%	62%
韩国	2%	36%	3%	42%	3%	52%	3%	54%	2%	45%
法国	19%	44%	20%	46%	16%	48%	15%	54%	15%	56%
英国	26%	27%	31%	26%	32%	28%	31%	33%	31%	35%
瑞士	34%	27%	39%	27%	39%	29%	39%	32%	41%	32%
瑞典	17%	36%	19%	40%	22%	48%	21%	54%	22%	51%
意大利	11%	36%	13%	40%	16%	39%	23%	42%	23%	43%
加拿大	21%	34%	27%	35%	32%	34%	35%	34%	35%	35%
芬兰	11%	40%	15%	43%	20%	47%	22%	51%	22%	52%
澳大利亚	36%	22%	35%	31%	40%	28%	44%	26%	50%	26%
以色列	23%	45%	27%	45%	31%	46%	34%	47%	34%	47%
西班牙	14%	31%	18%	37%	18%	44%	21%	44%	24%	43%
丹麦	23%	29%	25%	32%	27%	33%	25%	36%	26%	39%
奥地利	30%	28%	33%	30%	33%	32%	34%	34%	35%	36%
比利时	45%	25%	46%	25%	44%	28%	41%	30%	35%	33%
印度	50%	36%	66%	21%	60%	27%	57%	31%	54%	33%
俄罗斯	23%	55%	5%	69%	5%	67%	4%	67%	5%	72%

注:技术国际合作与国内合作比重分别由各国国际 PCT 合作量和国内 PCT 合作量占 PCT 总申请量之比得到。

资料来源:OECD. Stat,更新时间为 2023 年 7 月。

61.9%。日本、韩国的国际合作比重长期维持在 5% 以下,国内合作比重相对较高,日本是除俄罗斯外国内合作比重最高的国家。国内合作比重高于国际合作比重可从三方面理解:一是,从邻近性视角来看,国内合作比国际合作有着更大便利性;二是,国内创新资源已具有一定规模,易在国内寻找到合作伙伴;三是,受到国际社会技术封锁和打压,较难在国际寻找合适合作伙伴,如俄罗斯在1999—2003年时的国际创新合作均值为22.6%,在1999年更是高达43.1%,此后随着与美国为首的其他西方国家关系的恶化,国际合作比重迅速下降,到2019年时,国际合作比重低至4.6%,国内合作比重高达72.3%,技术创新主要依靠国内内生演化,获取外部创新资源的能力有限。英国、加拿大、奥地利等是少数在国际合作、国内合作和独立创新三者长期保持相对平衡的国家。比利时和印度是少数国际合作创新远大于国内创新合作的国家,国际创新比重较高主要原因在于国内创新资源不能满足技术创新的需求,需要从国际上寻找合作伙伴弥补国内短缺的技术知识。从整体来看,世界主要技术创新产出大国均主要在国内寻找创新合作伙伴,将国际创新资源作为有效补充。

国内创新资源无法满足技术创新发展需求时,搭建国际创新合作通道,获取国外创新资源就显得弥足珍贵。从创新合作产出规模变动趋势来看(见图6.5)1999年,通过PCT提交的全球合作发明专利仅有4 995件,占到全部PCT申请专利总数的6.9%,2017年PCT申请的合作专利数达到14 683件,占总量的6.2%。其中,美国是国际创新合作的最主要参与者,1999—2017年间全球55%左右的合作专利有美国参与,其次为德国(27%左右)和英国(16%左右),美国、德国、英国和法国是国际技术创新合作最活跃的四个国家,中国在2011年超过瑞士进入全球前五大国际合作创新国家,2014年超过英国成为仅次于美国和德国的第三大国际合作创新国家(见表6.8)。

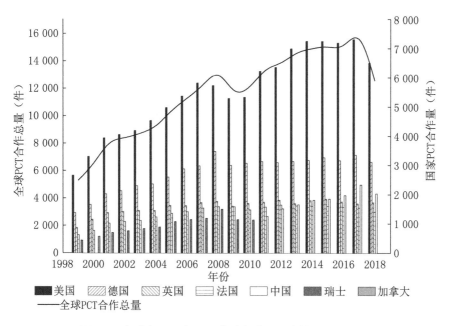

图 6.5　全球主要国家 PCT 申请年度国际合作量变动趋势

表 6.8　全球主要国家 PCT 申请年度国际合作总量变动趋势(件)

年份	1999	2001	2003	2005	2007	2009	2011	2013	2015	2017	2018
美国	2 833	4 204	4 476	5 308	6 206	5 641	6 632	7 450	7 715	7 786	6 934
德国	1 480	2 166	2 459	2 778	3 185	3 206	3 339	3 342	3 481	3 579	3 326
英国	931	1 482	1 563	1 749	1 849	1 721	1 870	1 810	1 984	1 818	1 853
法国	671	1 098	1 195	1 459	1 654	1 703	1 692	1 732	1 721	1 658	1 513
中国							1 349	1 775	1 987	2 498	2 177
瑞士	482	759	902	1 156	1 277	1 228					
全球	4 995	7 534	8 240	9 774	11 549	11 166	12 547	13 711	14 159	14 683	11 855

注:数据最终更新时间为 2020 年 12 月 8 日,由于专利自申请到发布有 18 个月左右的滞后周期,故 2018 年数据相对不完整。由于合作专利存在分数计数法和简单计数法的区别,表 6.7 与表 6.8 数值略有差别。

总体来看,虽然全球技术创新国际合作量在增加,但增长的势头弱于 PCT 申请总量,合作创新比重整体呈现下降趋势,专利的申请仍表现出高独占排他性。此外国家间创新合作也受到本国技术知识规模的影响,当一国具有足够大的技术规模时,创新者往往在国家内部更容易找到合适的创新合作伙伴,此外谋求与国外创新主体进行合作具有一定的沟通成本,创新者基于"邻近性"也倾向于寻找国内合作伙伴,如日本 2018 年通过 PCT 途径提交了 49 710 件专利申请,但仅有 1 190 件是通过国际合作形式提交,两途径在全球占比分别达到 19.25% 和 8.8%。但当国家内部技术知识规模较小时,活跃的创新者的国际合作参与度较高,如瑞士 2018 年在全球 PCT 专利申请中所占比例为 1.6%,但在国际合作申请 PCT 专利时占到全球的 9.7%。关于影响国家国际合作创新的因素,学者多从多维邻近性(地理、组织、语言、社会、经济邻近等)进行探讨。一般认为地理距离上越近、经济和技术知识发展水平相似、语言相通、风俗习惯和经济社会制度越相近,创新主体间越容易达成合作意向。

(二) 技术创新合作空间分布非均衡特征明显

以 99 个国家(地区)为节点,以各国(地区)间 PCT 专利申请合作关系为边,分 1999—2003 年、2004—2008 年、2009—2013 年和 2014—2018 年四个时间段构建国际创新合作网络,从合作网络主要特征值上来看(表 6.9),此网络的节点稳定在 97 个,1999—2018 年间,网络连接边数仅增加 44.1%,平均加权度增长 109.2%,图密度指数(网络实际变数与最大可能连接变数比值)增长 52.4%,整体而言创新合作网络发育较为缓慢。平均聚类系数稳定在 0.8 左右,平均路径长度由 1.81 逐渐缩小为 1.69,与同等规模随机网络相比(平均聚类系数为 0.06,平均路径长度为 2.96),技术创新合作网络具有较大的聚类系数和较短的路径长度,表现出明显小世界性。

表 6.9　国家或地区间 PCT 专利合作网络主要特征值

时　　期	节点	边	平均加权度	图密度	平均聚类系数	平均路径长度
1999—2003 年	99	1 021	1 743.1	0.21	0.81	1.81
2004—2008 年	97	1 242	2 723.6	0.26	0.79	1.74
2009—2013 年	97	1 399	3 228.2	0.29	0.81	1.74
2014—2018 年	97	1 471	3 647.0	0.32	0.80	1.69

　　基于 ArcGIS 地理信息分析软件和 Gephi 社会网络分析平台,将国家(地区)间两两合作的拓扑关系进行空间网络联系可视化显示(见图 6.6)。节点大小表示与其合作的国家(地区)数(即度中心性大小),国家(地区)间连线的颜色和粗细用以区分 PCT 专利合作发明的数量,为保证数据平稳性,分四个时段进行分析。国家(地区)间合作创新主要表现为以下特征:

　　从节点上来看,拥有技术创新合作伙伴较多的国家(地区)主要分布在北美和欧洲,其中欧洲是合作创新最为活跃的地区(见表 6.10)。在四个研究期中,美国一直拥有最多的创新合作伙伴(91 个、95 个、93 个、95 个),其次为德国、英国、法国和加拿大,年均合作国(地区)数分别达到82、75、74 和 69 个。这五个国家长期保持在拥有创新合作伙伴国数的前 6 位,合作对象国(地区)数量也相对稳定,具有一定的合作路径依赖性。总体来看,高对外创新合作的国家(地区)均为欧美发达国家(地区),近年来,亚洲国家(地区)创新国际合作积极性提升迅速,2014—2018 年,中国和印度均进入高国际创新合作国家(地区)行列,技术创新国际合作伙伴分别达到 64 和 63 个国家(地区)。

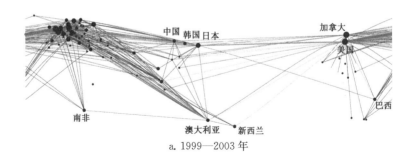

a. 1999—2003 年

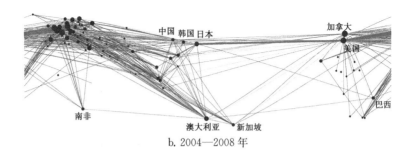

b. 2004—2008 年

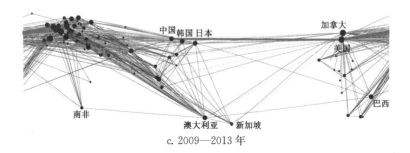

c. 2009—2013 年

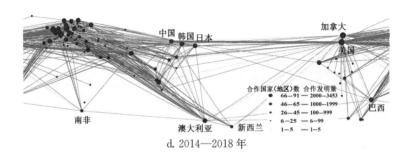

d. 2014—2018 年

图 6.6 世界主要经济体间 PCT 专利合作创新网络空间格局演变

表 6.10　国家技术创新合作伙伴国数变动趋势

位序	1999—2003 年		2004—2008 年		2009—2013 年		2014—2018 年	
	国家	合作数	国家	合作数	国家	合作数	国家	合作数
1	美国	91	美国	95	美国	93	美国	95
2	德国	80	德国	82	德国	80	德国	83
3	英国	74	英国	78	英国	75	法国	76
4	法国	73	法国	74	法国	74	英国	73
5	加拿大	66	加拿大	71	加拿大	72	瑞士	67
6	瑞士	58	瑞士	69	西班牙	69	加拿大	67
7	瑞典	53	荷兰	60	意大利	67	意大利	65
8	荷兰	49	瑞典	58	瑞士	67	中国	64
9	日本	49	日本	57	比利时	65	印度	63
10	比利时	49	意大利	57	印度	58	荷兰	62

　　从创新合作关系及流量上来看,在四个研究期,与美国间的合作一直占据国家(地区)间合作量前五席中的四席(表 6.11),美—德、美—英、美—加是国际创新合作关系最紧密的国家。其中美—德互为最大的合作创新国,美国因其丰富的创新资源和较高的科技发展水平,是绝大多数国家合作创新的首选国家,1999—2018 年四个时段,以美国为最大创新合作伙伴的国家(地区)数量分别有:68 个、69 个、66 个和 67 个。德国是国际合作创新第二大首选国,如瑞士和奥地利均以德国为最大创新合作国。当将国家间合作量超过 1 000 件的连线定义为高合作创新时,在四个时期内分别有 7、14、16 和 18 条高合作创新流,其中与美国间的合作分别占到 71.4%、64.3%、68.8%和 66.7%。不论从节点度中心性还是连线权重上均可看出,美国不仅是国际创新合作的首选国,也是国际合作创新产出最多的国家,美国在国家间技术创新合作中占据主导地位。

表 6.11　PCT 专利合作量 1 000 件以上的国家或地区

位序	1999—2003 年		2004—2008 年		2009—2013 年		2014—2018 年	
	合作方	合作量（件）	合作方	合作量（件）	合作方	合作量（件）	合作方	合作量（件）
1	美—德	3 453	美—德	4 392	美—德	4 631	美—德	5 348
2	美—英	3 364	美—英	4 326	美—英	3 977	美—中	5 185
3	美—加	2 391	美—加	3 400	美—加	3 926	美—英	4 375
4	美—法	1 575	德—瑞士	3 097	美—中	3 486	美—加	3 465
5	德—瑞士	1 532	美—法	2 191	德—瑞士	2 473	美—印	2 662
6	美—日	1 531	美—日	2 004	美—法	2 399	美—法	2 320
7	德—法	1 193	德—法	1 987	德—法	2 197	德—瑞士	2 184
8			法—瑞士	1 481	美—印	1 871	美—日	1 835
9			美—中	1 444	美—日	1 776	德—法	1 796
10			美—瑞士	1 252	美—瑞士	1 449	美—瑞士	1 573
11			美—荷	1 202	法—瑞士	1 431	美—以	1 504
12			德—奥	1 140	美—以	1 190	美—荷	1 389
13			美—印	1 056	德—英	1 177	德—奥	1 329
14			德—英	1 028	德—奥	1 152	法—瑞士	1 282
15					美—荷	1 098	德—英	1 167
16					美—比	1 012	美—瑞典	1 124
17							中—日	1 013

注：美、德、英、法、加、日、中、荷、奥、印、以、比，分别指美国、德国、英国、法国、加拿大、日本、中国、荷兰、奥地利、印度、以色列、比利时。

分区域来看，在 1999—2018 年四个时段内，欧洲国家间合作量超过 1 000 件的合作流分别有 2 条、5 条、5 条、5 条，占到全球高创新合作关系的 28.6%、35.7%，31.2%、27.8%，欧洲是国家间创新合作最活跃的地区。亚洲地区，日本与美国间的合作创新产出量最高，两国一直保持在 1 000 件以上的合作水平，中国和印度的对外国际合作创新量增速较快，是推动创新网络生长演化的重要力量，其中中国与第一大创新合作伙伴美国的合作量由 1999—2003 年的 374 件（合作量第 21 位次）增加到 2014—2018 年的 5 185 件（合作量第 2 位次）。亚洲的以色列、韩国和新加坡等也是国际创新合作的重要参与者,但亚洲国家的合作主要是与欧美发达国家进行,亚洲内部国家间合作关系较少,合作产出量较低,仅互为第二大创新合作伙伴的中国和日本间的合作量在 2014—2018 年间刚刚超过 1 000 件,位居国家间技术创新合作量的第 17 位次。整体来看,亚洲多个国家(地区)已成长为国际创新合作网络发展中的重要新生力量,但亚洲内部创新合作相对较弱,基本从属于欧美国家创新合作体系。南美洲和非洲国家的整体技术创新产出水平较低,且在国际技术创新合作中的参与度也较低。

(三)国家技术创新合作社团结构与等级层次

从创新合作网络空间格局演化来看,创新合作网络结构变动并不明显,基于此,根据社会网络分析中模块度最大化算法对 1999—2018 年间国家(地区)技术创新合作产出形成的创新合作网络进行社团划分,得到三个创新合作社团(见图 6.7)。

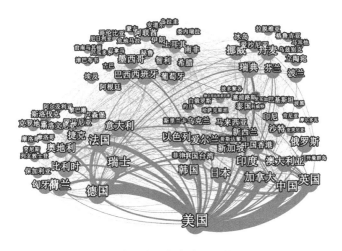

图 6.7 国家或地区创新合作网络社团结构

分别是以美国为首的"亚太社团"、以德国—瑞士—法国为核心的"中欧社团"和以芬兰—瑞士—挪威为代表的"北欧社团"。各创新社团间主要通过美国、英国、德国、法国、瑞士等创新"骨干"将全球国家连接成网，其中以美国为首的亚太社团是全球最大的创新社团，拥有英国、加拿大、中国、澳大利亚、日本、印度、以色列、韩国、俄罗斯等较高对外合作创新国家，整个社团广泛涵盖了亚洲、欧洲、南美洲和非洲国家，尤其与欧洲国家有着较强的合作联系，亚太社团中的国家均以美国为最大的技术创新合作伙伴，但社团成员间的合作相对较少。以德国—瑞士—法国为核心的"中欧社团"是第二大创新合作社团，虽然社团成员大多仍以美国作为第一大技术创新合作伙伴，但社团内部国家间创新合作较为活跃，是技术创新合作产出密度最高的地区。以芬兰—瑞士—挪威为代表的"北欧社团"规模相对较小，社团内部有一定联系。虽然中国的技术合作创新明显增加，但未能形成以自身为主导的创新社团，仍处在美国主导的亚太社团中。从社团划分中可以看出，有些国家（地区）在创新网络中具有较强的领导、支配能力，这样的能力差异便形成了一定等级层次结构。

创新合作网络中的国家（地区）位置不仅取决于自身属性，也受到合作伙伴国（地区）重要性的影响。创新网络中加权度中心性综合考虑了国家（地区）节点对外合作联系通道数量和合作流量的强弱，在一定程度上反映了节点在网络中的控制力，但加权度中心性侧重考虑自身网络属性，对节点在网络中的位置测度有一定局限性。特征向量中心性认为网络中节点的重要性不仅取决于其相连节点的数量（即该节点的中心性），也受到相连节点重要性的影响，侧重从相连节点重要性来测度自身在网络中的位置，特征向量中心性得分较高意味着与该国合作的国家（地区）本身是一些对外合作创新较为活跃的国家(地区)。下文综合考虑加权度中心性和特征向量中心性,对国家(地区)创新网络的层次结构进行分析。

表 6.12 基于创新合作网络加权中心性与特征向量中心性的国家或地区排名

排序	1999—2003 年				2014—2018 年			
	加权度中心性		特征向量中心性		加权度中心性		特征向量中心性	
1	美国	43 630	美国	1.00	美国	85 150	美国	1.00
2	德国	23 912	德国	0.96	德国	40 528	德国	0.98
3	英国	15 858	英国	0.95	中国	23 216	法国	0.95
4	法国	12 212	法国	0.94	英国	23 086	英国	0.94
5	瑞士	8 938	加拿大	0.88	法国	20 088	瑞士	0.90
6	加拿大	7 536	瑞士	0.86	瑞士	16 980	意大利	0.88
7	荷兰	6 130	瑞典	0.81	加拿大	11 996	中国	0.88
8	日本	6 074	荷兰	0.79	日本	10 846	印度	0.88
9	比利时	5 428	日本	0.79	印度	10 440	加拿大	0.88
10	瑞典	4 854	比利时	0.78	瑞典	9 918	比利时	0.87
11	意大利	3 970	意大利	0.77	荷兰	9 132	荷兰	0.87
12	奥地利	2 884	奥地利	0.75	比利时	8 762	瑞典	0.86
13	澳大利亚	2 702	丹麦	0.75	意大利	7 378	俄罗斯	0.84
14	芬兰	2 252	澳大利亚	0.74	奥地利	6 936	丹麦	0.84
15	以色列	2 194	俄罗斯	0.74	西班牙	5 516	西班牙	0.83
16	丹麦	2 192	芬兰	0.72	以色列	5 022	澳大利亚	0.82
17	西班牙	2 142	西班牙	0.72	韩国	4 602	新加坡	0.81
18	俄罗斯	1 942	以色列	0.65	新加坡	4 522	奥地利	0.79
19	中国	1 812	印度	0.62	芬兰	4 506	以色列	0.78
20	挪威	1 398	新加坡	0.62	澳大利亚	4 080	日本	0.78
21	印度	1 378	中国	0.61	丹麦	4 040	芬兰	0.78
22	新加坡	1 088	爱尔兰	0.59	中国台湾	3 694	挪威	0.78
23	韩国	1 082	新西兰	0.59	俄罗斯	3 100	韩国	0.77
24	爱尔兰	1 076	挪威	0.58	爱尔兰	2 660	巴西	0.75
25	中国台湾	708	巴西	0.57	巴西	2 054	波兰	0.73
26	巴西	706	韩国	0.57	挪威	2 050	墨西哥	0.73
27	中国香港	616	南非	0.55	中国香港	2 006	爱尔兰	0.71
28	新西兰	558	捷克	0.54	波兰	1 892	匈牙利	0.71
29	波兰	522	乌克兰	0.53	捷克	1 438	中国香港	0.66
30	匈牙利	454	希腊	0.51	匈牙利	1 330	马来西亚	0.65

国家（地区）间的加权度中心性得分差距较大（见表6.12），加权度中心性的基尼系数一直保持在0.8以上，具有两极分化特征。其中美国的加权度中心性得分遥遥领先于其他国家，稳居第一的位置。德国仅次于美国，但得分仅为美国的一半。英国、法国、瑞士、加拿大和日本紧随其后，其网络的加权度中心性相对稳定。中国和印度是网络加权度中心性提升最明显的两个国家，分别由第19名和第21名提升到第3名和第9名，其他国家（地区）变动不大。结合特征向量中心性来看，具有较高的加权度中心性往往具有较高的特征向量中心性，从加权度中心性测度原理来看，大幅增加与少数几个国家（地区）的合作量可显著提高国家（地区）的加权度中心性，但若创新合作严重依赖于一国（地区）时，一旦两方关系恶化时，获取外部力量的途径便会受阻，创新发展将受制于人。特征向量中心性强调与更多网络重要性较高的国家（地区）合作，从特征向量中心性得分看，中国和印度是提升较快的两个国家，分别由第21名和第19名提升至第8名和第9名，说明这两个国家通过与较多高创新合作的国家进行合作创新显著提升了自身在创新网络中的地位，日本是特征向量中心性下降较明显的国家，这主要因为日本专注于美国等少量国家合作，对外创新合作量增长也明显弱于其他高技术创新国家。

结合网络加权度中心性和特征向量中心性，将创新合作网络中节点的等级结构划分为四个等级（见图6.8），其中第一层级为美国，对整个创新网络具有绝对的支配能力，是全球创新网络的核心；第二层级为德国、英国、法国3国，是区域创新社团的核心，同时对全球创新网络有重要影响；第三层级为瑞士、中国、印度、加拿大、意大利、荷兰、瑞典、比利时、日本、俄罗斯、澳大利亚、西班牙、丹麦、挪威、芬兰、新加坡、韩国、墨西哥、中

国台湾、中国香港、爱尔兰、匈牙利、巴西,共 23 个国家(地区)。这些国家
(地区)在全球创新合作网络中创新合作量相对较高,大多主要与少数高
技术创新能力国家进行合作,对创新网络整体具有一定影响;第四层级为
马来西亚、土耳其、南非、乌克兰等 72 个国家(地区)。这些国家对外创新
合作联系较弱,处在创新合作网络的边缘位置。

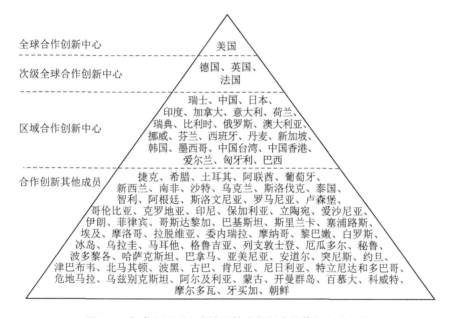

图 6.8　全球主要国家或地区技术创新合作等级层次结构

　　从全球技术创新合作关系的分析中可以看出,全球创新合作产出相
对较低,各国(地区)的技术创新仍以本国(地区)独立创新为主。国家(地
区)间的合作创新需建立在一定需求匹配和能力互补之上,故创新合作主
要在科技创新水平相对较高的发达国家(地区)之间进行,新兴国家(地
区)对创新资源的需求增长较快,已成为创新合作网络生长的重要推动力
量。但由于合作创新需要一定的信任基础和沟通成本,合作创新量并不

能准确反映一国(地区)真实创新水平,如经济较发达、创新产出量较高的日本和韩国与他国(地区)间的合作创新相对较少。合作创新更加侧重反映国家对国际创新资源的整合利用能力,但对于"核心关键技术",国家(地区)更倾向于独立发明,独立申请专利权保护,甚至不予公布。国际合作技术创新产出量虽然较少,但对于反映一国(地区)综合创新能力具有一定参考价值。综合考虑上文对 PCT 专利申请量和其他经济社会产出的国家(地区)间分布与增长差异分析,基本可以认为,全球的技术创新格局处于加速变动之中,传统发达国家(地区)仍然是技术创新活动的主要参与者、引领者和支配者,以中国为代表的新兴国家(地区)是技术创新活动的积极融入者,是全球创新格局变动的主要推动力量。中国技术创新产出主要以"增量"为主,以诺贝尔奖级成果为代表的具有重要世界影响力的"增质"创新成果还未大规模涌现,在国际创新合作中,中国的参与度提升迅速,但合作伙伴的广度与欧美发达国家间存在一定差距,对美国的技术合作依赖性较高,对国际创新资源的支配能力有限。

二、多维邻近视角下外部联系通道的生成机制

创新的产生是知识累积和互动的结果,创新常发生在组织间的网络之中,而不仅仅由个体单独完成(Hagedoorn,2002)。马歇尔(A.F.Marshall)早在其《经济学原理》一书中强调产业集聚外部性带来的知识溢出有利于提高企业效益,但此后研究发现,即使处在同一集群中的企业(即地理位置上邻近)在知识共享方面表现出截然不同的互动模式(Giuliani and Bell,2005;Morrison,2008)。Boschma(2005)指出组织间的地理邻近性既不是知识溢出和创新合作的充分条件也不是必要条件。集群内的

知识网络具有非均衡性和选择性,既非普遍的,也不是集体共有的(Giu-liani,2007)。基于此,Boschma(2005)等演化经济地理学者在法国邻近性动力学理论的基础上,构建了基于地理邻近、认知邻近、组织邻近、社会邻近和制度邻近等的多维邻近性研究框架,编纂知识和缄默知识在主体间的溢出和流动依赖于多维邻近通道。其中 Nooteboom(2000)较早通过比较知识新颖性与知识吸收能力强调了认知邻近具有最佳距离,认知邻近既可以促进学习也可以抑制学习,Boschma 和 Frenken(2010)等将最佳邻近度的概念阐述为"邻近悖论",即紧密的联系使得主体间的协作和知识流动可能性更高,但主体可能会因过度的邻近导致知识趋于同构,获得收益下降。Breschi(2009)等研究认为邻近性主要作用是通过建立信任关系降低知识流动的成本。多维邻近性对地区知识溢出和流动的影响存在一定组织和区域差异,Balland(2012)和 Bergé(2017)的研究发现,当考虑了非地理邻近之后,地理邻近对创新合作的作用在下降,Ponds(2007)研究发现邻近性作用存在空间尺度上的差异。因此,邻近性对创新合作的作用需要进一步深入探讨。

本书在已有研究的基础上,基于邻近(proximity)视角,构建包括地理邻近、历史邻近、认知邻近、社会邻近和语言邻近的多维邻近动力框架(Boschma,2005;Hardeman,2015;Balland,2020;贺灿飞,2017;刘凤朝,2020),探究国家尺度上合作创新的动力机制,相关邻近指数测度如下。

(1)地理邻近性:地理邻近的提出主要是满足隐性知识需要"面对面"交流才能被溢出和有效吸收的需要。地理上的邻近专利合作网络中两个国家首都间的地理距离来测度,单位为 1 000 km。

（2）历史邻近性：主要通过历史上的殖民关系进行测度，当两国间曾经存在殖民与被殖民联系时记为1，否则记为0。殖民关系主要通过历史沉淀下来的制度邻近、文化邻近和组织邻近等影响两国间的交流与合作。历史邻近的国家往往有着相似的个人或集体间互动联系的习惯、规则、道德观念或法律制度安排（Edquist，1996；Gertler，2003）。

（3）认知邻近性：通过两国技术领域结构相似程度进行测度，参照刘凤朝（2020）等人的做法，利用产业结构相似系数测度国家间技术结构相似度。公式如下：

$$Techpro_{ij} = \frac{\sum_{k=1}^{n}(s_{ik}, s_{jk})}{\sqrt{\sum_{k=1}^{n}s_{ik}^2 \cdot \sum_{k=1}^{n}s_{jk}^2}} \tag{6.7}$$

式中 $Techpro_{ij}$ 为国家间技术结构相似度，S_{ik} 和 S_{jk} 分别是国家（地区）i 和国家（地区）j 在四位 IPC 分类号（即专利技术小类）表示的 k 技术领域的 PCT 专利申请量，n 表示所有的技术小类数，总共由 640 个技术小类，取值在 0—1 之间，当取值为 1 表示两国技术结构完全相同值为 0 时，表示两国技术结构完全不同，测度结果构成国家间技术领域结构相似度矩阵。

（4）社会邻近性：是指创新主体间嵌入性社会关系的疏近，社会邻近源于根植性理论（Uzzi，1996），合作主体通过嵌入社会网络中以获得相互信任，信任关系的建立利于知识（特别是那些复杂、敏感、重要的知识）在彼此间的溢出和流动（唐礼智，2007；吕国庆等，2014）。社会邻近性的测度参考 Scherngell（2011）等人的研究，通过杰卡德距离（Jaccard Distance）衡量国家间创新合作的社会邻近性，其含义为求两国共同的创新

合作国家个数占两个国家创新合作伙伴国并集总个数,公式如下:

$$Socpro_{ij} = \frac{I_{ij}}{O_i + O_j - I_{ij}} \tag{6.8}$$

式中 $Socpro_{ij}$ 为两国(地区)社会邻近度,I_{ij} 为两个国家(地区)共同的创新合作伙伴国数,O_i 为国家(地区)i 的全部合作伙伴国家数,O_j 为国家(地区)j 的全部合作伙伴国家数,O_i 和 O_j 即创新合作网络中国家(地区)的点度中心性值。$Socpro_{ij}$ 的取值在 0—1 之间,值越大表示国家(地区)间的社会邻近性越高。

(5) 文化邻近性:语言是知识学习和传播的重要载体,使用共同语言的国家往往在文化上具有高度认同感,文化的邻近有利于降低创新合作者之间的交流障碍和成本,提高信息传播的完整性和准确性(Freeman,2014)。文化邻近性依据两国是否有着共同的官方语言来判定,如果两国使用同一官方语言则记为 1,否则记为 0。

引力模型是一种常见的用以分析空间相互作用的模型。本小节尝试通过多维邻近性视角探究国家间创新合作通道建立的机制,参考 Ponds(2007)、刘承良和桂钦昌(2017)等人的研究方法,构建如下模型:

$$I_{ij} = \alpha + \beta_1 Mass_i + \beta_2 Mass_j + \beta_3 Geodistance_{ij} + \beta_4 Socpro_{ij}$$
$$+ \beta_5 Hispro_{ij} + \beta_6 Tecpro_{ij} + \beta_7 Lanpro_{ij} + \varepsilon_{ij} \tag{6.9}$$

式中 α 为常数项,ε_{ij} 为随机误差项,I_{ij} 表示国家(地区)i 和国家(地区)j 合作发明专利的数量,是本小节的被解释变量,$Mass_i$ 和 $Mass_j$ 分别为国家(地区)i 和国家(地区)j 剔除两国间合作发明专利量后的专利申请量,$Geodistance_{ij}$ 为两国间的地理距离,$Socpro_{ij}$、$Hispro_{ij}$、$Tecpro_{ij}$、$Lanpro_{ij}$ 分别为两国的社会邻近性、历史邻近性、认知邻近性和语言邻近性,具体表述参见表 6.13。

表 6.13 变量和数据来源

变量名	变量描述	数据来源
国家间专利合作量	两国间合作专利产出量(件)	WIPO
国家(地区)i 专利量	国家 i 中不包括与国家 j 合作的 PCT 专利申请量(件)	WIPO
国家(地区)j 专利量	国家 j 中不包括与国家 i 合作的 PCT 专利申请量(件)	WIPO
地理邻近性	两国首都之间的地理距离(1 000 km)	经纬度
历史邻近性	两国在历史上有过殖民与被殖民关系则记为1,否则为 0	CEPII
认知邻近性	衡量两国间技术结构相似性,由公式 6.6 计算而得	计算
社会邻近性	衡量两国间共同合作伙伴国比重,由公式 6.7 计算而得	计算
文化邻近性	两国使用共同的官方语言则记为1,否则为 0	CEPII

鉴于国家间合作发明专利量为非负整数,且被解释变量——两国合作发明专利量的均值为40.3,方差为 55 714.3,方差明显大于期望,存在过度分散现象。故采用负二项回归法进行回归。其中,将 1999—2018 年间分为 1999—2003 年、2004—2008 年、2009—2013 年和 2014—2018 年四个时段构造面板数据,经过豪斯曼检验采用固定效应模型,且被解释变量数据滞后一年。从表 6.14 中来看,两国认知邻近性最高为 0.96,此值由 2014—2018 年时段内芬兰和瑞典而得,说明芬兰和瑞典在技术创新产出结构上具有高度相似性,两者认知距离较近。两国社会邻近性最高值出现在 2014—2018 年时段的美国和德国、德国和法国间,其社会邻近性均达到 0.85。

表 6.15 汇报了所有变量间的相关系数矩阵,国家间合作发明专利量与国家技术产出总量、地理邻近性、历史邻近性、认知邻近性、社会邻近性和文化邻近性均存在显著的相关性,各自变量间相关系数并不大,且方差膨胀因子最大值为1.45,并不存在严重的多重共线性问题(表 6.16)。

表 6.14　各变量值描述性统计

Variable	Obs	Mean	Std. Dev.	Min	Max
两国合作发明专利量	7 184	40.32	236.04	0	5 348
国家(地区)i 专利量	7 184	14.19	33.16	0	280.92
国家(地区)j 专利量	7 184	20.13	56.24	0	280.92
两国地理邻近性	7 184	6.27	4.67	0.06	19.77
两国历史邻近性	7 184	0.04	0.20	0	1
两国认知邻近性	7 184	0.45	0.23	0	0.95
两国社会邻近性	7 184	0.37	0.19	0	0.85
两国文化邻近性	7 184	0.13	0.33	0	1

表 6.15　相关系数矩阵

	I_{ij}	$Techpro$	$Socpro$	$Lanpro$	$Hispro$	$Geodis$	$Mass_i$	$Mass_j$
I_{ij}	1							
$Techpro$	0.196***	1						
$Socpro$	0.241***	0.538***	1					
$Lanpro$	0.103***	0.040***	−0.061***	1				
$Hispro$	0.075***	0.058***	−0.051***	0.278***	1			
$Geodis$	−0.031***	0.004	−0.011	−0.028**	−0.050***	1		
$Mass_i$	0.121***	−0.021*	0.024**	−0.054***	0.014	0.026**	1	
$Mass_j$	0.345***	0.085***	−0.023*	0.027**	0.008	0.106***	−0.069***	1

表 6.16　自变量间方差膨胀因子

变量	$mass_i$	$mass_j$	$geodis$	$socpro$	$techpro$	$hispro$	$lanpro$	均值
VIF	1.01	1.03	1.02	1.44	1.45	1.1	1.09	1.16

由回归结果来看,表 6.17,通过模型 1 发现专利的国际合作发明量与国家自身专利产出量存在显著正相关关系,即自身具有较高技术创新能力的国家更可能在国际上找到合作伙伴,也更利于合作产出新技术,全球技术创新合作网络具有强强联合、合作共赢的发展态势,这与 Werker (2019)通过出版物数据构建的德国纳米技术合作创新网络的研究发现相

一致,表明自身创新的实力较大程度上决定了合作创新的产出量。

表 6.17　国家或地区间技术创新合作全样本数据负二项回归结果

	模型 1	模型 2	模型 3	模型 4	模型 5	模型 6
国家(地区)	0.005 0 ***	0.005 1 ***	0.005 1 ***	0.004 6 ***	0.002 9 ***	0.002 9 ***
i 专利量	(14.35)	(14.41)	(14.40)	(13.21)	(9.658)	(9.727)
国家(地区)	0.006 2 ***	0.006 4 ***	0.006 4 ***	0.006 4 ***	0.004 2 ***	0.004 3 ***
j 专利量	(20.07)	(20.36)	(20.48)	(20.80)	(15.50)	(15.59)
地理邻近性			−0.030 3 ***	−0.027 2 ***	−0.023 6 ***	−0.001 0	−0.000 6
			(−3.448)	(−3.095)	(−2.788)	(−0.104)	(−0.061 3)
历史邻近性				0.661 ***	0.647 ***	1.024 ***	0.941 ***
				(4.057)	(4.094)	(5.975)	(5.357)
认知邻近性					1.171 ***	0.670 ***	0.672 ***
					(13.93)	(8.419)	(8.463)
社会邻近性						3.254 ***	3.255 ***
						(29.13)	(29.19)
文化邻近性							0.233 *
							(1.955)
常量	1.057 ***	1.229 ***	1.173 ***	0.517 ***	−0.356 ***	−0.389 ***
	(26.31)	(19.10)	(17.87)	(6.404)	(−3.998)	(−4.301)
Observations	7 184	7 184	7 184	7 184	7 184	7 184
Number of id	1 796	1 796	1 796	1 796	1 796	1 796
Wald chi2	794.64	801.40	828.84	1 104.75	2 162.17	2 165.68
Prob>chi2	0.000 0	0.000 0	0.000 0	0.000 0	0.000 0	0.000 0
Log likelihood	−10 962.7	−10 956.9	−10 948.71	−10 849.8	−10 491.2	−10 489.3

注:*** 、** 、* 分别表示在 1%、5% 和 10% 的显著水平上显著;括号内为 Z 统计值。

　　地理邻近距离与国际创新合作存在一定负相关关系,当不考虑其他相关性通道时,地理上的邻近在创新合作中扮演着重要的角色,随着模型 3 至模型 6 不断加入其他相关性变量,地理邻近性的显著作用在下降,说明其他渠道的邻近在一定程度上克服了地理距离的阻碍,取代了地理邻近的部分功能。Singh(2005)、Breschi(2009)、Heringa(2016)等人的研究同样发现了这个问题,Balland 和 Boschma(2020)指出地理邻近与其他非地理邻近要素往往趋于正相关,不控制非地理邻近的影响往往会高估地理邻近的重要性,同时反映出地理邻近有助于构建其他形式的邻近通道。

模型 3 至模型 6 分别引入了历史邻近性、认知邻近性、社会邻近性和文化邻近性指标,回归结果均表现为显著的正相关关系。其中历史邻近性利于国家间形成相似的习惯和制度环境,社会邻近基于共同合作伙伴来构建,这些均利于创新合作所需的信任关系的建立。Plotnkova(2014)在研究中也发现社会邻近有利于减少研发过程中的不确定因素,密切的社会关系有利于较少烦琐的程序,提高合作效率。语言上的邻近利于知识的溢出和传播,全球分别有 45 个、29 个和 20 个左右的国家或地区以英语、法语和西班牙语作为官方语言,语言上的邻近是两国形成文化认同的重要因素。

虽然基于全样本数据的回归结果显示,多维邻近性渠道均利于合成创新成果的产出,但由于创新具有高度的集聚性,主要发生于经济发达的地区,本书预测地区间经济发展的差异会造成多维邻近渠道的作用效果存在差异。故下文根据 2020 年世界银行以人均收入水平为标准的国家发达程度划分方法将国家分为发达国家和非发达国家进行分组分析,其中发达国家包括美国、英国、德国、日本等 50 个国家(地区),非发达国家包括中国、印度等 41 个国家(地区)。为了便于组间比较,对自变量进行了标准化处理,回归结果如表 6.18 所示。

模型 1 仅对发达国家(地区)间技术合作进行分析,总共有 3 000 个合作样本,明显多于模型 2 中非发达 756 个样本量,说明技术创新合作主

表 6.18　国家或地区间技术创新合作影响因素：基于收入水平分组回归结果

	模型 1	模型 2
	发达国家间技术合作量	非发达国家间技术合作量
国家(地区)i 专利量	0.584***	1.233***
	(3.596)	(3.724)
国家(地区)j 专利量	0.921***	3.358***
	(9.523)	(3.945)
地理邻近性	0.070	−1.070
	(0.277)	(−1.473)
历史邻近性	0.352	1.266**
	(1.611)	(2.037)
认知邻近性	0.434***	1.506***
	(4.262)	(4.439)
社会邻近性	3.051***	2.153***
	(27.08)	(3.851)
文化邻近性	0.434**	0.681
	(2.484)	(1.595)
Constant	−0.160	−1.075***
	(−1.311)	(−2.699)
Observations	3 000	756
Number of id	750	189
Wald chi2	1 164.64	116.18
Prob > chi2	0.000	0.000
Log likelihood	−5 604.607	−633.477

注：***、**、*分别表示在 1%、5%和 10%的显著水平上显著，括号内为标准误。

要发生在发达经济体之间。从模型 1 中可以看出，国家自身技术创新能力、认知邻近性、社会邻近性和文化邻近性等均在发达经济体间对合作创新具有显著的正向促进作用。地理邻近性表现为不显著正向，一定程度上呼应了非地理邻近对地理邻近的替代作用，发达国家具有较高创新资源丰度、频繁的经贸及人员联系，这些均有助于促进认知邻近、社会邻近和文化邻近通道的建立和强化。历史邻近性的促进作用并不显著，主要原因在于发达国家间的殖民关系相对较少,殖民关系主要发生在发达国家与非发达国家之间。从模型 2 中来看,相比于发达国家,非发达国家间的技术创新合作更加依赖于地理邻近性和历史邻近性,其中存在历史邻近关系的国家均是苏联时期的加盟共和国,其中俄罗斯、乌克兰、乌兹别克斯坦、白俄罗斯、格鲁吉亚、哈萨克斯坦、摩尔多瓦、亚美尼亚这 8 个国家间的合作量占非发达国家间合作总量的 20%。文化邻近性的作用并不显著,在非发达国家中中国—俄罗斯、中国—印度和俄罗斯—乌克兰间的合作创新产出一直位居前列,同时中国、俄罗斯和印度也是非发达国家中创新的主导力量,这些国家间的文化差异较大。非发达国家对认知邻近性的依赖度明显强于发达国家,技术结构的相似使得国家间有着相似的知识基础,更利于交流合作,而发达国家本身国内的创新资源已经十分丰富,国际合作的目的是实现技术的突破式创新,Frenken(2007)、Castaldi(2015)、Grillitsch(2018)、Solheimand Boschma(2018)等在对技术知识的相关多样性和无关多样性的分析中也发现,不相关技术知识的组合更利于产生突破式的新技术。此外从附表 3 和附表 4(国家间认知邻近性)也可看出发达国家间的认知邻近普遍较高,较高的技术结构相似性虽然易在国际上找到有着"共同话语"的伙伴,但彼此间过于相似的知识基础也可能造成相互学习合作的收益下降或者产出竞争关系,进而造成"认知锁定"的问题(Boschma,2005;Cassi and Plunket,2015;Balland,Boschma and Frenken,2020)。

多维邻近性对于处在不同经济发展阶段国家的国际创新合作影响略有差异,而随着国家创新能力的增长,交通、网络通信等联系通道的飞速发展,多维邻近通道对国际合作创新的影响也将发生变化。从表 6.19 中来看,模型 1 中仅对 1999—2008 年间国际合作专利产出进行回归分析,其中地理邻近性和文化邻近性对合作创新的促进作用并不显著,到 2009—2018 年间(模型 2),地理邻近和历史邻近的促进作用并不显著,文化邻近性呈现出显著促进作用。从 1999—2018 年国家间技术创新合作的全样本数据、收入水平分组和时间阶段分组数据的多维邻近因素分析

表 6.19　国家或地区间技术创新合作影响因素:基于时间段的分组回归结果

	模型 1	模型 2
	1999—2008 年国际合作	2009—2018 年国际合作
国家(地区)i 专利量	2.557*** (8.256)	0.515*** (3.079)
国家(地区)j 专利量	1.750*** (10.69)	1.091*** (6.994)
地理邻近性	−0.282 (−0.944)	−0.550 (−1.461)
历史邻近性	1.272*** (4.337)	0.274 (0.889)
认知邻近性	1.150*** (6.460)	0.824*** (4.849)
社会邻近性	2.932*** (16.76)	1.075*** (5.454)
文化邻近性	0.129 (0.680)	0.629** (2.441)
Constant	−1.507*** (−10.11)	0.975*** (4.747)
Observations	3 010	3 394
Number of id	1 505	1 697
Wald chi2	1 147.52	160.63
Prob > chi2	0.000	0.000
Log likelihood	−3 047.93	−3 504.28

注:***、**、*分别表示在 1%、5%和 10%的显著水平上显著;括号内为标准误的 t 统计量。

来看,国家自身具有较高的技术创新产出量是国际合作创新的基础,当考虑了非地理邻近性因素后,地理上的邻近对国家合作创新的促进作用在下降,认知邻近和社会邻近对国际合作一直具有较高促进作用,历史邻近和文化邻近的作用在各分组中存在一定差异,从发展趋势来看,历史邻近的作用在下降,文化邻近的作用在不断上升。

三、外部联系通道对技术多样性影响的实证分析

(一)模型构建

地区技术发展路径演化受到本地内生因素和外部力量的双重影响。基于国家 PCT 专利产出规模和相关经济社会指标在 1999—2017 年间长时序可获得性,本小节选取 54 个国家,以国家具有比较优势技术的多样性水平作为被解释变量,考察地区技术多样化发展路径的影响因素。研究认为地区技术多样化水平高,从雅各布外部性来看,利于知识溢出,促进地区创新;从投资组合角度来看,利于地区抵抗外部冲击,增强区域发展韧性;从演化视角来看,利于知识重组产生新发展路径,避免路径枯竭;从合作创新来看,利于寻找对口合作伙伴,吸纳外部知识;从复杂理论来看,利于保持创新系统动态平衡,增加地区技术整体复杂度和竞争力。上文着重分析了地区技术关联密度和跨国合作两方面因素,两者作为主要的解释变量,预测本地技术关联密度和跨国合作会对地区创新发展路径起到正向促进作用。

由于地区资源禀赋和发展现状的差异,地区在发展路径内生化和吸纳外部力量的能力不同,即组织厚度影响了地区发展路径。本节用人均国民生产总值(PERGDP)表征地区组织厚度,一般经济发展水平高的地区科研院所、培训机构、协会、会展、发展政策和对外联系通道等组织厚度

较高,更利于内生化新路径和接纳外部力量。Cadot(2011)在研究国家出口多样化时发现,多样化水平与发展阶段有关,呈现出一定"倒 U 型"或多阶段"驼峰型"关系。同样,本书发现,创新相比其他经济活动具有更明显的地理积聚性,地区的经济发展水平是技术多样化的必要条件而非充分条件,技术创新产出水平较高的地区呈现由多样化向更加专业化发展波动的趋势。基于此,本书预测经济越发达的地区技术多样化水平越高。因本地组织厚度包罗万象,本书将区域内创新合作单独列出,与跨区域创新合作进行比较,由于同区域内合作伙伴所处的制度环境、行为规范和邻近性带来的信任度更高,预测区域内合作相比跨区域合作对区域技术创新发展路径的影响更加明显,但同区域内同样存在知识相似、资源同质等问题,区域外部合作往往能够寻找到实现技术突破式创新的互补型合作伙伴。跨区域合作往往比区域内合作付出更多搜索、磨合和利益协调成本,跨区域合作对本区域技术多样化发展路径的影响值得深入研究。

对于地区研发(R&D)资源投入,众多的研究已表明增加研发投入所获得的技术收益回报是不断递增的(Griffith,2004;Goñi,2017),其中大学、科研单位和企业是进行研发活动的主力军,大学和科研单位是基础研究和应用研究的主力,企业主要从事试验发展研究。由于研发活动具有投入大见效慢的特点,中小企业往往较少从事 R&D 研发活动,主要向大学、科研单位或大企业购买技术服务。虽然 R&D 活动是科学重大发现和产出颠覆性技术的主要来源,但因其投入大且产出不明朗而在很多研究被发现了"达尔文海""欧洲悖论""死亡之谷"等知识凝结与成果转化问题(Dosi,2006;刘树峰、杜德斌和覃雄合等,2019),本书以 R&D 投入占地区生产总值比重表征地区研发活动。

外部力量的获取除了主动与外部建立合作关系之外，像 FDI 在本地直接设厂或建立研发中心等直接嵌入本地的活动也是获得外部力量的重要渠道。FDI 的本地嵌入不仅带来了先进技术、雄厚资本、管理经验和人才等，还通过产业链前后向关联、示范效应、人才流动、竞争效应等产生知识溢出，推动地区发展政策、法律法规和文化环境的改善，促进地区发展路径的升级、分叉甚至突破。与点对点式的创新合作相比，FDI 与本地有着更加广泛的互动交流。在全球化时代，资本跨越地理边界在全球范围内"狩猎"，寻找成本、收益和风险最佳契合点落地（Branstetter，2006）。FDI 在发达国家与发展中国家的投资动机稍有差别，FDI 在发展中国家往往看重的是较低的生产成本和宽松的环境约束，而在发达国家看重的是丰富的创新资源和成熟的融资环境，因 FDI 来源方和落地方在创新能级上的势差，FDI 的创新溢出作用和对地区技术多样化发展路径的影响也会因地区发展水平而异（Keller，2004；Piperopoulos，2018）。

本书以区域技术多样化水平代表区域技术创新发展路径。技术多样性水平为地区具有比较优势的技术的数量，比较优势由公式 5.1 计算而来，式中阈值由 1 放松至 0.8。地区经济发展水平和研发投入水平作为控制变量，其中地区经济发展水平由人均 GDP 表示，研发投入水平（RDGDP）以地区 R&D 经费投入占 GDP 的比重表示。外部联系分为直接本地嵌入式关联和合作创新两种方式，其中外商直接投资水平（FDIGDP）由外商投资净流入量占本地 GDP 的比重表示，跨区域创新合作水平（COBETWEEN）由与国外合作发明专利的数量占本国全部技术产出比重表示。为考察本地合作和跨区域合作对地区技术多样化发展的影响差异，本书引入区内创新合作，其由区域内合作产出的专利数占区域全部专利产出数量比重表示。本地技术关联密度(DENSITY)由公式6.2计算而来。研究时段取自1999—2017年,考虑到创新投入产出存在一定时滞,因变量数据作滞后一年处理,对于少量缺失数据根据前后年份取均值填补,为保证数据的平稳性,将1999—2017年分为四个时间段,每个时段取均值处理,研究的样本国家共54个。

鉴于国家技术多样性水平为非负整数,并不符合连续分布和正态分布特征,可构建基于泊松分布的回归模型(Poisson Regression),假设国家技术多样化水平概率分布符合泊松分布,那么国家技术多样性水平 y_i 的概率(P)为:

$$P(Y_i = y_i \mid X_i) = \frac{\lambda_i^{y_i}}{y_i!} e^{-\lambda_i} \ (y_i = 0, \ 1, \ 2 \cdots) \tag{6.10}$$

$$\lambda_I = e^{\beta X_i} \tag{6.11}$$

式中,X_i 是可能影响技术多样性水平的因素,λ_i 取决于解释变量 X_i,β 是变量回归系数的向量,其极大似然估计量可通过对数似然函数得到:

$$L(\beta) = \sum_{i=1}^{n} \left[y_i \ln \lambda_i - \lambda_i - \ln(y_i!) \right] \tag{6.12}$$

泊松回归模型要求被解释变量的方差与均值相等,呈现均等分散,若方差明显大于期望,则样本数据存在过渡分散问题,需要对泊松回归模型进行修正,采用负二项回归模型,当然即使被解释变量存在过渡分散,在模型设计时采用"泊松回归+稳健标准误"仍然能够得到对参数和标准误的一致估计,对于国家技术多样化水平的存在明显的过度分散现象,此时采用负二项回归模型(Negative Binomial Regression)可得到更有效率的估计。根据本节研究问题及变量,国家技术多样性水平的影响因素回归模型建立如下：

$$DIVERSITY_i = \alpha + \beta_1 PERGDP_i + \beta_2 RDGDP_I + \beta_3 DENSITY_i$$

$$+ \beta_4 FDIGDP_i + \beta_5 COBETWEEN_i$$

$$+ \beta_6 COWITHIN_i + \beta_7 INTERACT_i + \varepsilon_i \quad (6.13)$$

式中 i 表示国家（地区），α 为常数项，β_1 至 β_7 为回归系数，ε 为误差项，$INTERACT$ 为 $COBETWEEN$ 和 $COWITHIN$ 的交互项，$DIVERSITY$ 为国家具有比较优势的技术多样性水平。作为被解释变量，$PERGDP$、$RDGDP$、$DENSITY$、$FDIGDP$、$COBETWEN$、$COWITHIN$ 分别为国家人均 GDP、地区研发投入、技术关联密度、FDI 净流入量占 GDP 比重、国家间合作依赖程度、国内合作依赖程度。

（二）描述性统计分析

表 6.20 为各变量的主要特征值，共有 216 个样本，因变量为国家（地区）的具有比较优势（专业化）的技术类的数量，即技术多样化水平，均值为 94.38，方差为 10 545.49，方差明显大于期望，表明各国具有比较优势的技术多样性水平存在较大差异，故本小节采用负二项回归模型进行分析。

表 6.20 各变量值描述性统计

变量名	符　号	观察值	均值	标准误	最小值	最大值
技术多样化水平	DIVERSITY	216	94.38	102.69	0	381
技术关联密度	DENSITY	216	15.88	18.08	0	69
研发投入水平	RDGDP	216	1.403	0.99	0.11	4.34
外商投资水平	FDIGDP	216	6.62	15.95	−1.44	181.04
经济发展水平	PERGDP	216	2.216	1.77	0.07	7.66
国际合作依赖度	OBETWEEN	216	28.40	16.67	1.53	69.97
国内合作依赖度	COWITHIN	216	33.96	14.42	2.68	69.17

表 6.21 汇报了各变量间的相关系数,其中地区技术关联密度、研发投入水平、经济发展水平、国内合作依赖度均与因变量国家技术多样性水平存在显著正相关关系,国际合作依赖度与国家技术多样性水平存在显著负相关关系,各自变量之间并无严重的自相关性。

表 6.21 各变量间相关系数矩阵

	(1)	(2)	(3)	(4)	(5)	(6)	(7)
(1) DIVERSITY	1						
(2) DENSITY	0.99***	1					
(3) RDGDP	0.69***	0.70***	1				
(4) PERGDP	0.54***	0.54***	0.62***	1			
(5) FDIGDP	0.10	−0.10	−0.08	0.13*	1		
(6) COBETWEEN	−0.33***	−0.33***	−0.27***	0.01	0.21***	1	
(7) COWITHIN	0.41***	0.42***	0.41***	−0.02	−0.25***	−0.7***	1

注:***、**、* 分别表示在1%、5%和10%的显著水平上显著;括号内为标准误的 t 统计量。

为避免解释变量之间存在高度相关关系使得估计模型出现严重结果偏差,本小节进一步选用方差膨胀系数法(VIF)诊断多重共线性,VIF 值越小表示多重共线性越弱。从表 6.22 中可以看出,各解释变量 VIF 均值为 2.12,最大值为 2.73,在合理范围之内,解释变量间的共线性问题对回归系数的影响完全可以忽略。

表 6.22 各解释变量方差膨胀因子得分

变量	PERGDP	RDGDP	DENSITY	FDIGDP	COWITHIN	COBETWEEN	Mean
VIF	2.12	2.73	2.28	1.1	2.5	1.96	2.12

(三) 回归结果分析

以国家具有比较优势技术的多样性水平作为被解释变量,探究国家技术多样化发展路径的影响因素的回归结果如表 6.23 所示,模型 1 为控制变量的基础回归,地区经济发展水平和研发投入水平的系数均为显著正向,说明经济发展水平越高,对创新资源的投入越多越能够提升地区技术多样化水平。

表 6.23　国家技术多样性水平影响因素负二项回归结果

	模型 1	模型 2	模型 3	模型 4	模型 5	模型 6
PERGDP	0.129 **	0.181 ***	0.133 **	0.169 ***	0.121 **	0.178 ***
	(2.494)	(3.820)	(2.558)	(3.242)	(2.301)	(3.628)
RDGDP	0.482 ***	0.056 6	0.483 ***	0.435 ***	0.279 ***	0.011 7
	(6.937)	(0.809)	(6.926)	(6.720)	(3.362)	(0.160)
DENSITY		0.044 2 ***				0.041 ***
		(10.72)				(9.829)
FDIGDP		0.004				0.005 *
		(1.243)				(1.819)
COBETWEEN				−0.018 ***		−0.007 *
				(−3.892)		(−1.751)
COWITHIN					0.023 6 ***	0.018 ***
					(4.680)	(4.144)
INTERACT						0.000 7 ***
						(3.643)
Constant	1.133 ***	1.490 ***	1.110 ***	1.706 ***	0.796 ***	1.548 ***
	(4.790)	(5.670)	(4.653)	(6.700)	(2.897)	(5.117)
Observations	216	216	216	216	216	216
Number of id	54	54	54	54	54	54
Wald chi2	91.27	190.69	92.62	110.35	104.36	220.51
Prob>chi2	0.000 0	0.000 0	0.000 0	0.000 0	0.000 0	0.000 0
Log likelihood	−615.170 8	−580.101 47	−614.464 15	−607.635 4	−604.939 23	−564.198 07

注:*** 、** 、* 分别表示在 1%、5% 和 10% 的显著水平上显著;INTERACT 为 COBETWEEN 和 COWITHIN 的交乘项。

从研发投入上来看,当模型 2 和模型 6 加入地区技术关联密度之后,研发投入的促进作用不再显著,这说明研发活动尤其是基础研究具有投入大、见效慢等特征,加上发展中国家科学技术发展水平相对不高,高强度的研发投入并不能达到较高的创新产出效率,甚至不成正比。同样在发达国家中也存在研发投入产出不成正比的"欧洲悖论"等问题。已有研究发现,与美日等国相比,欧洲国家在科学产出方面如论文等出版物的数量要高于如授权专利形式的技术产出规模,欧洲国家似乎在科学研究上表现出色,却难以将研究成果高效地转化为创新竞争优势(European Commission,1996,2003)。针对此,Cadot(2006)指出技术创新同样重要,不应该过于将科学发现置于技术创新之上,如飞机、显微镜、加速器等技术设备的发明才推动了空气动力学、生物学和物理学等领域的大发展。此外,各国存在不同优势创新领域,如美国、加拿大等国在化学、临床医学、生物医学、基础生命科学、环境科学等领域具有优势,欧洲国家在物理科学、工程学等领域具有优势,但技术创新产出存在"肥沃土壤"领域,研发投入的产出效果应该进一步从产出形式和领域结构进行剖析。

本地技术关联密度的回归系数一直在 1% 置信水平上呈正向,当本地技术关联密度提高 1% 时,国家技术多样性将提高 4% 的水平,这说明本地技术关联对于国家技术多样化发展具有重要促进作用。由于研究的样本国家大多具有一定经济发展水平和技术创新产出能力,如全样本人均 GDP 最低者为 1999—2003 年间的印度,人均 GDP 为 704.4 美元/人(2010 年不变价),因此并不存在 Isaksen(2014,2016)、Bzrzotoo(2019)等研究指出的,经济发展水平低的地区由于自身创新资源的不足往往导致技术创新发展路径内生化缺失或现有路径耗竭,研究的样本国家均具有一定的内生化技术发展路径的能力。

模型 3 引入外部力量—外商直接投资(FDI)来分析通过"全球管道"

输入的外部力量对本地技术多样化发展路径的影响,从回归系数来看,FDI对于国家技术多样化发展路径具有一定促进作用,但显著性较弱,由于创新势能差的作用,发展中国家更能够从外商直接投资中获得发展所需的知识、技术、资本、管理经验等。外商直接投资对发展中国家技术创新更多是"雪中送炭",而对发达国家技术创新产出多是"锦上添花",对发达国家的FDI投资更多看重其丰富的创新资源,更多的企业通过投资吸收先进技术来回哺本国技术创新(Kinoshita,2001;Haley,2013;胡曙虹等,2018;Howell,2020)。

外部力量的来源除了FDI式直接嵌入本国外,与外界建立创新合作关系对于降低创新投入成本、解决创新难题、提高创新产出能力更加具有针对性。从模型4来看,跨国合作并未对国家技术创新多样化水平的提高产生正向促进作用,甚至呈现显著的负向作用,这与Qiu(2017)、De(2017)、Santoalha(2019)等在研究论文发表的跨国合作和专利发明的跨国合作时发现的:当地区过多追求跨区域合作有可能对本地创新活动产生负面影响的结论相似。并且专利相较于论文形式的创新产出,涉及更加复杂和利害相关的利益分配问题,除非有较高的信任关系、不可或缺的创新资源,一般很难达成一致的利益分配方案,创新者更加倾向于独立或"就近"寻找合作伙伴。从2017年来看,美德中日韩五国的跨国合作专利产出占总技术专利产出总量的17.1%、12.8%、10.7%、3.9%、2.7%,也仅为全部合作(包括国内合作和跨国合作)产出量的23%、19%、16%、6%、5%,而印度对国际合作依赖程度常年处在60%的水平。各国对跨国合作的依赖程度不仅与技术创新产出总规模不成正比,也不与合作创新产出总量成正比。合作创新不仅需要互补的知识,更需要克服合作磨合成本(语言交流、信任关系、行为规范、利益分配等)。是否跨区域创新合作并不利于本地技术多元化路径发展呢? 从 Isaksen(2017)、Chaminade(2019)、Haus-Reve(2019)等研究均发现外部力量往往无法单独有效地促进本地技术创新产出,需要与本地力量进行有效互动。

从国内合作创新来看,在模型 5 中,对国内合作的依赖程度与本国技术多样化水平之间具有显著的正相关性,这与陈光华和杨国梁(2015)、孙玉涛和张博(2019)、De(2017)等的研究发现基本一致,即本地创新合作可显著提升本地创新产出。Moodysson(2007)、Fitjar(2013)等的研究指出虽然本地协作创新较为便利且效果较为显著,但无法取代少量区域外更加专业化的合作伙伴,区外创新合作往往更能为本地注入"新鲜血液"。

从国内合作与国外合作的互动效应来看,模型 6 引入国内合作与国外合作的交互项后发现,当外部力量与本地力量形成有效互动时,跨区域合作才能对本地创新产生显著促进作用。这说明只有具有一定的本地创新合作基础才能更好地吸收外部力量带来的知识溢出。创新合作一般需要双方具有相似水平的研发能力和差异化的知识基础,若创新能级差距过大,往往在合作中会出现能级较弱一方因吸纳能力有限而难以充分享受创新成果的收益,创新能级较高一方会对能级较弱一方构成创新资源掠夺,这种情况往往发生在发达国家与发展中国家之间。发展中国家大多是创新发展的追赶者,与发达国家相比创新能级处于弱势一方,发展中国家在进行前沿技术创新时较难在国内寻找到相匹配的合作伙伴,往往向发达国家寻求合作,在与发达国家合作时建立起"全球通道"。在合作过程中,发达国家往往能够提供更优越的科研环境和物质条件,会对发展中国家的创新人才产生强大吸引力,甚至构成创新资源掠夺。并且较为前沿的技术创新成果在创新资源相对短缺的发展中国家并不容易找到合适的应用市场，发达国家往往在创新成果收益上受益更大。只有当发展中国家内部达到一定规模的区内创新合作产出，拥有一定创新合作经验时，才能更好地利用起跨区域创新合作引入的外部力量。

第四节　国家技术创新复杂度演化的路径优化

一、国家技术创新复杂度演化路径选择模型

提升技术创新的专业化、多样性和复杂度水平的目的是为了构建更加具有竞争力、自主内生性、发展韧性和高收益的本地复杂技术知识库。地区不论是在某项技术领域形成专业化产出能力，与外部建立合作联系，还是在构建多样化的本地知识库上均与技术关联（即认知邻近）有着密切关系。本小节从本地技术关联、技术知识复杂度和技术规模增速三个方面设计地区技术创新复杂度演化路径的选择方案。其中技术复杂度根据Sciarra 等（2020）提出的测度方法求得，测度原理与第五章第一节所述相同，但在测度数学模型上有所改进。在 1999—2003 年阶段，全球最复杂的技术小类有 C06D（0.58）、H05G（0.56）、G03C（0.55）、D21F（0.55）、B23F（0.53）等，在最复杂的前 20 类技术中 G 部（物理）占比最多，达30％，其次为 B 部（作业、运输）和 H 部（电学），均占 20％。在 2014—2017 年阶段，全球最复杂的技术小类有 H04L（0.76）、C40B（0.75）、G10L（0.69）、G06N（0.68）、G04F（0.62）等，其中最复杂的前 20 类技术中 G 部最多（占 35％），其次为 H 部（30％）和 B 部（20％），而 C 部（化学、

冶金)、D 部(纺织、造纸)和 F 部(机械工程、照明、加热、武器、爆破)分别仅占 5%,A 部(人类生活必需)和 E 部(固定建筑物)未有一项技术小类进入复杂度前 20 位。从时序变化上来看,物理和电学技术领域已成为获得收益最高的两个技术领域,附表 5 和附表 6。技术关联度由公式 6.2 计算而得,其中技术热门程度根据全球技术产出增速来衡量,为获得数据的平稳性,采用两年数据之和为一个节点,例如 1999—2003 年的某技术小类的产出规模增速为全球 2002—2003 年技术产出规模总量与 1999—2000 年技术产出规模总量之比。

从技术关联与技术复杂度两方面来看(见图 6.9a),技术关联性高意味着本地具有较大的相关技术知识基础,发展相关技术所需承担的风险相对较小。技术复杂度越高往往意味着技术隐性知识含量越高,技术的可复制性和空间流动性越差,地区若想掌握复杂技术需要克服的技术障碍越多,但一旦获得往往会带来更高的收益。

从技术关联与技术热门程度来看(见图 6.9b),根据 Lee(2005)提出的技术赶超理论,短周期技术具有对现有知识基础依赖低和技术迭代快的特点,本书认为全球产出规模增速较快的技术类具有更多的技术进入机会,当地区进入与本地知识库具有较高技术关联且在全球表现为热门技术领域时,往往具有较低的进入障碍、较低的进入失败风险并收获较多的技术产出规模。

当地区进入复杂度较高且为当前热门的技术领域时(见图 6.9c),地区往往需要投入大量的创新资源以克服较多的技术障碍,而一旦进入此领域获得的收益往往是倍增的。

综合考虑技术关联性、技术复杂度和技术热门程度,只有地区进入技术关联性高、技术复杂度高、技术最热门的技术领域时，才能获得较低的进入风险和更多更高的收益，经济基础好、创新基础水平较高的地区往往更容易进入这些技术领域（见图 6.9d）。对于不同创新发展水平的地区，需要综合考虑这三个维度，但三个维度很难同时兼得最优，制定契合实际的发展策略显得尤为重要。这样的策略可简称为"精明专业化"（smart

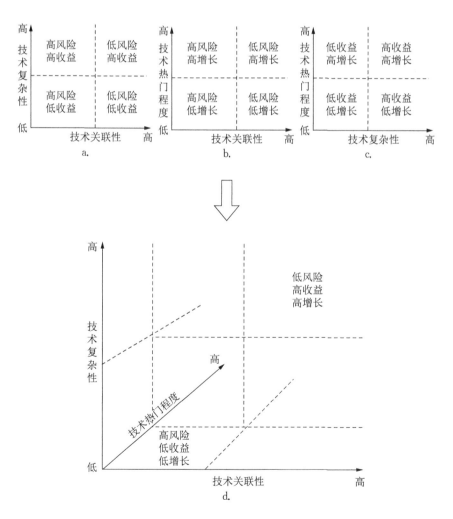

图 6.9　基于技术关联性、技术复杂度和技术热门程度的技术创新路径选择框架

specialisation),"精明专业化"的概念主要来源于欧盟为制定区域发展政策而设立的重要研究课题,该课题的主要目的在于通过分析自身创新基础,将自身优势与发展需求相匹配,避免地区间重复研发投入和恶性竞争,以便更好地进入契合自身实际的新兴技术市场(Hausmann et al.,2014;Foray,2016;Boschma,2016;Balland et al.,2019)。对于国家而言,不同于区域组织内的协作创新发展,国家间的创新竞争更加激烈,在国家安全或国家利益面前,有些新兴、核心或关键的技术依然是竞争最为激烈的领域。

二、国家技术创新复杂度演化路径优化分析

选取美国、日本、德国、韩国、中国和印度作为考察对象,比较分析其技术关联性、技术复杂度和技术规模增速构成的技术知识空间及其演变态势(见图 6.10)。在 1999—2003 年,全球技术的复杂度值处在 0.13—0.58 之间,其中美国、日本和德国是此阶段最重要的技术创新产出国,美国此时技术关联度最高的技术以 G 部、F 部和 C 部内技术小类为主,产出量较高的复杂技术集中在 G 部、C 部和 H 部,产出量较高且增速较快的技术多处在 G 部、F 部和 H 部。综合来看,美国要获得较多高收益的技术需要多进入 G 部技术领域。从 2014—2017 年来看,此时美国产出量较高的技术类为 G 部和 H 部,其中 G 部中技术关联性更高,风险较低,H 部产出量较高的复杂技术与本国关联性中等,有一定发展风险,需要投入较多创新资源来弥补关联性较差带来的风险。

日本的技术空间演化与美国有着相似特征,均在 G 部有着较高的技术产出,且在 B 部运输技术领域的技术关联性增长明显。德国技术关联

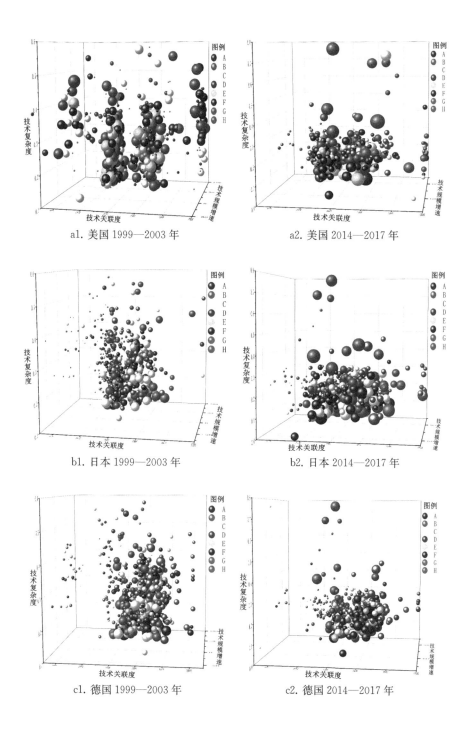

a1. 美国 1999—2003 年

a2. 美国 2014—2017 年

b1. 日本 1999—2003 年

b2. 日本 2014—2017 年

c1. 德国 1999—2003 年

c2. 德国 2014—2017 年

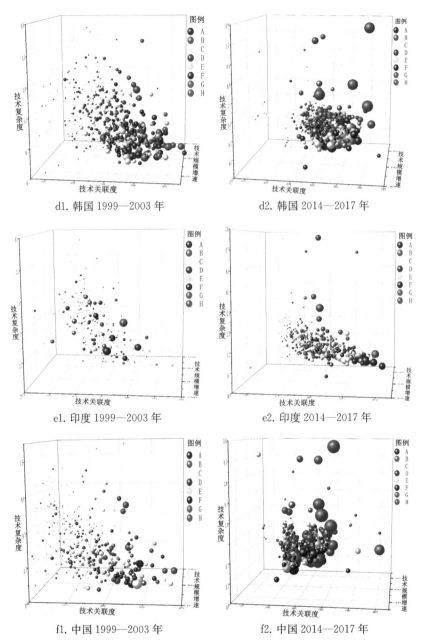

注:图中点表示四位分类码的专利类(即技术小类),点的大小表示 PCT 专利申请量,点的颜色用以区分技术领域。

图 6.10　美日德韩印中六国技术空间及其演变

性最高的技术领域一直为 B 部,与第四章第三节中所述的德国在运输技术领域一直具有较高产出优势的分析相一致。

韩国、印度和中国是在技术创新发展上的后发国家,其中韩国在 1999—2003 年间,产出量最多的是 A 部,但大多复杂度较低,产出量第二多的为 H 部,虽然较多 H 部内技术的复杂度处在 0.1—0.2 之间,但技术的关联性较高,为下一步向更高复杂度的技术升级打下了基础。到 2014—2017 年时,韩国在 A 部技术领域的关注明显下降,技术关联度、技术产出规模和技术复杂度均较高的技术领域集中在 H 部和 G 部,这与美日德三国一样均呈现出向能带来更高收益的 H 部和 G 部内的高复杂度技术发展集中的趋势,但整体技术复杂度仍相对较低,大多处在复杂度值 0.2 以下。

印度是六个国家中整体技术创新水平最差的国家,在 1999—2003 年时,印度的技术产出类别相对单一,在 A 部有多个较高技术产出规模和技术关联性的技术类,但基本没有能力产出高复杂度的技术。到 2014—2017 年,印度开始在 G 部和 H 部有少量较高复杂度的技术产出,但国家内技术关联度最高的技术类仍集中于 A 部和 C 部,在 G 部和 H 部技术关联度低并不利于高复杂度技术的持续产出。

中国在 1999—2003 年时的技术产出空间与印度有些相似,技术产出上均相对单一,技术关联度高的领域也多为 A 部内技术,不同之处在于此时中国已经开始广泛涉及 G 部和 H 部领域的技术。到 2014—2017 年时,中国技术产出规模较大的技术类大多集中在 H 部和 G 部内,且技术关联度上升明显,技术关联度由均处在 20 以下,上升至 20—60 之间。在 6 个国家中,中国的技术创新领域集中度过高,技术多样性较差。而美日德三国除在 G 部和 H 部均有较高技术产出外,在 C 部和 F 部等也有较多产出,三国在 B 部上的技术关联提升明显,从技术小类上看多为运输技术领域。中国亟须提高技术的多样性水平,避免技术创新发展陷入路径锁定之中。

依据产品空间理论,每个国家的技术空间(即技术体系)存在较大差异,技术间的关联程度的不同导致有的技术处在技术空间的核心位置,有的技术处在技术空间的边缘。国家需要沿着技术关联路径不断升级现有技术,将复杂度更高、价值更大的技术发展为核心技术。识别技术空间的目的在于根据现有技术基础发展最有价值潜力的新技术。从六个国家的技术空间比较来看,中国的技术产出规模虽然增长较快但优势技术主要集中于电学部和物理部下的少数技术类,而美国、日本和德国在多个技术领域均有较高技术关联和产出,从全球技术产出增速来看(见附图 1),在 C 部和 B 部下均有较高增速的技术小类出现。当下技术迭代速度的不断加快、技术间相互依赖导致的复杂度不断增加和无关多样性带来较多突破式创新的大量涌现,中国技术创新的发展不仅需要沿着技术关联路径不断内生演化新技术和寻求外部联系,也需要实时跟踪美日德等技术创新产出大国的技术空间演变动态,识别并积极进入当下最具价值潜力的新兴技术领域。对于难以依靠技术基础内生演化升级的新兴技术,国家有必要通过激励政策促使国内创新主体进入。只有在更多技术领域培育了一定规模的基础技术知识,国家才能在该领域走上自主内生演化的道路;只有国家拥有更多样的复杂技术产出能力,才能具备技术创新竞争优势和抵抗外部冲击的韧性。

第五节 本章小结

本章主要从路径依赖下的内生自我演化视角和建立外部联系以寻求路径突破两个方面分析地区技术创新复杂度发展路径的演化机制。可得出以下结论。

（1）技术关联密度空间分布具有明显的空间集聚性，在北美、欧洲中西部、亚洲东部地区具有较高的技术关联密度。本地技术关联性与新技术进入和生存技术的存续具有较强的相关性，提高本地技术关系密度有助于地区技术多样化发展路径的内生化演进。地区技术关联密度高并不一定有着最复杂的技术知识库，地区具有较高的技术关联密度是演化成为复杂技术知识库的充分不必要条件。如深圳市虽然没有较高的本地技术关联密度却有着最复杂的技术知识库，关键在于其生产着更多非遍在的专业化技术，有着一定本地技术内生化的能力，更有着较强的对外部技术知识资源来深落地发展的吸引力。

（2）合作创新是技术创新的主要方式之一，合作创新有利于弥补自身技术知识不足，节约研发成本。合作创新参与度具有明显的地区差异性，国家在国际合作网络中具有明显的等级关系，美国是全球合作创新的主导者，德国、法国和英国等是世界创新合作的主要参与者，中国主要依附于以美国为首的亚太创新合作社团。对外联系通道的建立主要依靠认知邻近和社会邻近性，地理邻近、文化邻近和历史邻近在一定程度上可以被克服。从合作创新对地区技术创新发展路径效应来看，国内合作比重的提升可显著提高地区技术多样化水平,国际合作对本地技术创新水平的提升差异化明显。只有本地内部合作创新达到一定水平,才能更好利用外部合作力量。

(3)外部力量是促进本地技术创新多样化路径演化的重要力量,相比于通过国际合作进行技术创新产出,外商直接投资对发展中国家的技术创新能力提升作用更加明显。通过提高本地经济发展水平和增加研发投入均可显著提升本地技术多样性水平,外部合作需要与本地合作充分互动才能更好促进技术多样化的发展,即外部联系通道(global pipelines)需要建立在本地嗡嗡声(local buzz)的基础之上。

(4)各国"技术空间"差异较大,国家在探寻技术创新复杂化的发展路径时需要从本地技术关联性、技术复杂度和技术热门程度三个维度综合考虑。其中美国、日本、德国等传统技术创新产出大国,在多个技术领域均具有较高的本地技术关联度、较大的产出规模和较强的复杂技术产出能力。而中国的技术空间结构相对单一,技术产出主要集中于当下较为热门和收益较高的物理部和电学部技术领域。在美日德等国均呈现出在作业、运输部技术领域不断提升技术关联性的情况下,中国亟须扩展优势技术领域,提升技术多样性水平,防止陷入路径锁定之中。

第七章
结论与对策

在经济全球化和知识化的推动下，全球新一轮科技革命和产业革新正在兴起，创新资源在全球范围的加速流动和新技术的不断涌现正在重塑世界经济、政治和科技版图。创新驱动发展已成为世界主要经济体谋求竞争优势的核心战略，技术产权的争夺已成为全球化活动的焦点。随着以美国为首的西方国家将技术领域内的竞争上升为国家安全威胁，西方国家逐渐由维护自身经济霸权和政治霸权转向巩固技术霸权地位，开始通过加征关税、断供技术、中断交流、审查投资等方式试图剥夺后发国家走创新发展之路的权利。那么全球技术创新的竞争态势如何？地区如何踏上创新发展之路？如何产出更多具有竞争力的复杂技术？如何优化创新发展路径？如何走高质量创新发展之路和积极参与全球科技治理等？此时回答以上问题显得尤为迫切。

技术创新的研究涉及经济学、管理学、地理学等多个学科，本书主要从演化经济地理学的研究视角出发，采用定性与定量相结合的方法，对世界科技版图的变动趋势、技术创新发展的动力来源和后发国家如何穿越"技术丛林"提升自身创新能力等问题进行了探讨。

第一节　主　要　结　论

一、技术创新竞争日趋激烈,世界技术产出重心向东亚转移

　　世界主要经济体均经历过技术创新产出专利化激增的现象,中国是当下全球技术产出激增的主要推动力量。随着 20 世纪 70 年代日本由"贸易立国"转向"科技立国",日本国内发明专利申请量率先呈现激增现象。随着 1994 年《与贸易有关的知识产权协定》的签订,全球范围统一标准的知识产权保护体系开始建立,为在世界范围内抢占高价值技术的知识产权,美国技术创新产出量开始激增,德国、韩国等世界主要经济体紧随其后。中国自加入世界贸易组织之后,技术创新产出才呈现迅速增长之势,并于 2012 年超越日本成为全球发明专利最大申请国,2019 年超越美国成为通过 PCT 途径提交国际专利申请的最大来源国,中国现已站到了世界创新资源和知识产权争夺的"角斗场"中央。

　　技术创新活动有着比传统经济社会活动更强的空间集聚特征,世界技术创新产出空间分布极不平坦,有创新的"高峰",也有低缓的"山丘",有山峰连绵的"创新高原",也有广袤的创新"草原"和"荒漠"。美国、德国和日本是世界传统技术创新产出大国,韩国和中国是主要的技术创新新兴国家,全球 70% 左右的技术创新成果长期由这五个国家产出,这五国家已是世界最主要的创新高峰。欧洲地区是技术创新产出国数量最多且分布最密集的地区,是世界创新产出的高原。其他地区技术创新产出规模较小且增速较慢,一直是世界技术创新的草原甚至荒漠。从技术创新

产出重心由位于大西洋中部逐渐移动到地中海东岸来看,亚洲地区的中国、日本和韩国已成为世界技术创新产出增长的主要引擎。虽然技术创新产出重心"自西向东"移动趋势明显,但世界主要的技术创新活动依然主要集中在美国、欧洲和东亚少数地区,鲜有新兴国家能够成功走上技术创新驱动发展之路。根据"汤浅现象"规律来看,不论是从经济规模还是科技产出上,美国在未来一段时间内依然是世界经济和科技创新中心,虽然中国技术创新产出增长迅速,但由于知识的累积沉淀性,本书预测中国至少需要 20 年左右的技术沉淀才能与美国形成对等抗衡之势。

二、技术创新存在肥沃领域,技术结构变动带来国家竞争差异

近二十年来,计算机、数字通信、医疗、电气机械/电气装置/电能和药品等技术是创新成果产出较多的领域,即"肥沃技术领域"。药品、生物等技术领域的热度在下降,数字通信、运输、半导体等技术领域的热度在上升。各国的优势技术领域处在剧烈变动之中,研究初期,美国在 94% 的技术领域占有最大产出优势,到研究末期,其仅占 34% 的比率。美国丢失的优势技术领域主要流向日本(19 个技术领域)和中国(4 个技术领域)。美国、日本和德国的技术领域分布相对均衡,近年来呈现技术专业化倾向。中国的技术产出主要集中在少数技术领域,但近年来呈现多样化发展趋势。从现状来看,中国、美国和日本在计算机、数字通信、电气装置/电气装置/电能、测量和半导体等技术领域具有较高的竞争性,德国和日本在运输技术领域具有较高竞争性。

从技术的进入与退出率来看,研究初期,世界主要经济体均呈现技术高进高出特征,国家技术知识库结构处在剧烈调整期,到研究期末,技术

进入与退出率开始下降，国家技术知识库结构趋于稳定，其中，中国技术存续率一直垫底。中国长期的技术高进入和高退出率，一是表明国家技术创新基础较弱，现有知识储备不足以支撑持续的创新产出；二是表明在创新发展战略推动下，中国或许存在一定量政策投机行为。从技术领域进入情况来看，技术高产出国一般在热门技术领域具有较高进入率，如美日中等国争相进入数字通信、计算机技术、运输技术等领域，而在传统的高分子化学技术领域仅有英国和土耳其等国具有较高进入率。快速提升国家技术创新产出规模的途径是积极进入热门或新兴技术领域。

三、国家创新质量差距明显，中国技术产出质量滞后于产出规模

技术遍在性、技术多样性和技术复杂度是衡量地区创新产出整体质量的重要指标。一个地区能够产出越多样的其他地区难以复制的且具有规模比较优势的技术时，这个地区才会具有较高创新活力、较强的发展韧性和更高的创新竞争力。地区技术遍在性和地区技术多样性水平之间呈现一定负相关关系，即技术越多样的地区往往能够产出更多非遍在、独有的技术。从时间演化上来看，美国、日本和德国一直拥有着全球技术整体遍在度最低、技术多样性最高的技术知识库，其次为英国、法国、意大利、瑞士、荷兰等欧洲国家，中国是少数几个技术多样性显著提升、技术遍在性显著下降的国家。从技术复杂度水平来看，全球技术知识库最复杂的国家已由美国让位于日本，中国由处在技术复杂度第四梯队快速上升至与美国、日本、德国比肩的第一梯队。但从近二十年技术总存量来看，中国整体技术复杂度水平处在中上游，与韩国、瑞士、英国、瑞典、荷兰和加拿大等国相近。与数量规模比较来看，中国技术创新产出的质量水平明

显滞后于产出规模。但从增长势头来看,中国是最有可能成功挑战美国、日本、德国在全球技术霸权地位的国家。

四、中国技术规模激增显著,高技术复杂城市集中于三大城市群

中国国内技术创新产出规模激增始于加入世界贸易组织之后,随着企业创新意识的觉醒,中国技术创新产出开始呈现指数型增长趋势。在空间分布上,东部地区,尤其是长三角、京津冀和珠三角城市群,一直是中国最活跃的技术创新产出地;中部和西部地区技术创新产出在全国比重呈增长趋势;东北地区下降明显;中西部地区主要依靠省会城市支撑,大部分城市创新参与度较低。从技术产出质量上来看,北京、上海和深圳市的技术遍在度最低,但深圳市在技术多样性明显少于上海和北京市的情况下,却拥有着全国最复杂的技术知识库,北京和上海市紧随其后。全国高技术复杂度的城市主要集中在长三角城市群,其次为珠三角城市群和京津地区,大部分城市技术复杂度较低。

技术创新活动在全球国家尺度与中国城市尺度上的最显著共同点在于,均表现为高度的空间积聚性,主要活动于经济发达的地区。不同点在于,国家尺度上,美的技术知识库结构在研究初期已达到最复杂水平,随后被日本、德国、韩国和中国等蚕食,而在中国城市尺度上,各城市的技术知识库一直处在持续复杂化的过程中。

五、关联性是技术内生关键,合作是创新资源重要补充通道

地区技术创新发展所需的新知识和新技术主要源于本地技术关联引发的内生性自主演化和通过构建外部联系通道获取的外部资源。从技术

关联视角来看,技术关联度越高越利于新技术的生成和存续,美国、德国、日本的技术关联密度一直处于全球最高水平,欧洲国家的技术关联密度普遍较高,中国是技术关联密度提升最快的国家。从中国国内来看,北京和上海一直是技术关联密度最高的城市,长三角城市群已发展为本地技术关联密度最高的地区。深圳市的技术复杂度一直位居首位,但其本地技术关联密度并不高,相比于北京和上海市走着一条更加技术专业化的道路。

从技术创新合作上来看,合作创新是国家技术创新活动的主要形式,合作联系上存在明显社团结构和等级层次关系。各国对国际和国内合作资源的依赖程度差异较大,其中日本和韩国的国际合作参与度较低,印度对国外创新资源的依赖度最高,中国的国际合作比重下降明显。从技术创新国际合作网络来看,国际合作网络发育愈加稠密,欧洲是创新合作最频繁的地区,亚洲国家间合作联系较少。全球主要存在三个创新社团,分别是以美国为首的"亚太社团"、以德国—瑞士—法国为核心的"中欧社团"和以芬兰—瑞典—挪威为代表的"北欧社团",其中中国处于"亚太社团"之中,并未形成以中国为核心的创新合作社团。美国是全球创新合作的主导者,德国、英国和法国是次级全球合作创新中心,瑞士、中国、日本等是区域合作创新中心,多数国家的全球创新合作参与度不高。

技术关联对国家的技术专业化产出和多样化水平均有显著的促进作用,地区沿着技术关联路径更容易升级到复杂技术领域。社会邻近和认知邻近是外部联系通道建立的主要影响因素,但只有当国内技术创新合作达到一定水平时,国际合作才能更有效促进国家技术创新发展,否则国际合作通道易成为技术创新强国对技术创新弱国资源掠夺的通道。

第二节　对　策　建　议

当前,新一轮科技革命与产业革新正兴起,创新驱动已成为各国寻求国家竞争优势的核心战略。技术创新先发地区如何维持技术霸权地位,后发地区如何踏上创新发展之路,新兴大国如何突破守成大国的技术封锁,中国如何走高质量发展之路并积极参与全球科技治理,这些问题都亟须研究并给出一些对策建议。本书提出以下政策建议。

一、实施积极的创新激励政策,加大关键核心技术攻关

通过实施积极的创新激励措施,营造较为宽松的知识产权保护制度环境,重点增强薄弱技术领域的原始知识积累。从日本、韩国、中国等国家的技术创新专利化激增过程中均可以看到"有为"政府的影子,虽然中国较为宽松的技术创新专利化激励措施备受争议,但在积极的创新政策之下,中国营造了"大众创新,万众创业"的氛围,提高了创新发展意识。专利形式的技术创新成果大量产出是创新能力培养的过程,是地区踏上创新发展之路的必经一步。当前知识产权保护体系是倾向维护先发创新者利益的制度,先发国家往往利用严格的专利保护法律体系从后发国家收割超额利润,甚至剥夺后发国家创新发展的权利。后发国家在尊重知识产权的同时,应该建立更加友好的、利于激发创新活力的制度环境。

技术创新产出从"量变"到"质变"是一个循序渐进的过程,当前中国

技术创新产出数量规模已处在世界前列，但质量水平亟须提升。2021 年
1 月国家知识产权局发布了关于进一步严格规范专利申请行为的通知
（国知发保字〔2021〕1 号），强调 2021 年 6 月底前全面取消专利申请阶段
的各种政府财政资助，资助方式转向授权后补助，2025 年底前对授权专
利的补助也要全面取消。财政补贴政策的取消有利于规范中国知识产权
市场，提高创新资源的利用效率。但创新活动具有高投入和高风险性，中
小企业和经济落后地区往往在现行知识产权保护体系下处于弱势地位，
从世界范围来看，日本、韩国等技术创新先发国依然对初创企业、中小企
业等提供专利申请的政府指导服务和减免补助等政策。中国的创新发展
政策同样不能实行"一刀切"措施，特别要对具有创新发展潜力的中小企
业或后发地区给予持续的政策关怀。

另一方面，关键核心技术具有高投入、长周期、复杂性、战略性和垄断
性等突出特点。从国内发展看，打好关键核心技术攻坚战是立足新发展
阶段、贯彻新发展理念、构建新发展格局的重大举措。从外部环境看，打
好关键核心技术攻坚战是积极应对新一轮科技革命和产业变革以及外部
风险的先手棋。当今世界正经历百年未有之大变局，我国既面临赶超
跨越的重大机遇，也面临差距拉大的严峻挑战，需在重要科技领域有所
作为，实现更多"从 0 到 1"的突破，在国际竞争中赢得主动。这就要求
必须充分发挥新型举国体制优势，以重大科研项目为牵引，以专利与技
术标准融合为抓手，紧盯"卡脖子"薄弱环节，推进关键核心技术群体突
破，强化基础研究系统布局，长期稳定支持一批创新基地、优势团队和
重点方向，增强原始创新能力，走出一条科技创新引领支撑高质量发展
之路。

二、提高本地技术间关联密度,抢占新兴技术发展先机

对于技术创新水平较高的地区,不断提高本地技术关联性,不仅利于新技术的自主内生,也利于向更复杂技术的升级演化。对于经济落后地区,限于创新资源的相对稀缺性,在培育本地新技术或引进外部资源时更应重点选择与现有技术知识基础关联度高的领域进入,虽然关联度高的技术更容易被本地吸纳和发展壮大,但技术创新后发地区若想超越先发地区,往往需要更加精明的创新发展策略。

对于创新能力较弱的后发地区,虽然选择与本地技术关联度更高的新技术更容易实现技术发展路径的延伸或升级,却很难按部就班地追赶上先发地区。本书认为在兼顾技术关联的基础上,后发地区应选择技术迭代快、技术知识周期短、技术产权壁垒少的新兴技术领域积极进入,先培育一定的技术产出能力,再建立较强的本地技术关联性。

三、抓住绿色化数字化新机遇,加速推进产业升级改造

近年,受到逆全球化、中美博弈、新冠肺炎疫情、局部战争等因素的冲击,经济全球化发展环境愈加复杂严峻,全球经济发展从过去主要关注效率转而强调产业链安全和韧性。同时,绿色化和数字化成为全球经济转型发展的新趋势,这两大趋势对于中国来说是既是挑战,也是一个战略性机遇。从历史经验来看,后发国家只有把握住新兴技术进步的机会窗口,才能充分发挥后发优势,实现技术赶超。

以绿色化数字化协同助推现代化产业体系建设,是抢抓新一轮科技革命和产业变革机遇、把握未来发展主动权的重要举措。面对全球产业

体系和产业链、供应链、创新链呈现的多元化布局、绿色化转型、数字化加速态势,我国亟须将人工智能等新兴数字技术与绿色低碳产业深度融合,吸引集聚全球数字与绿色技术创新要素,加速产业数字化绿色化协同转型,在国际竞争中抢抓新机遇、开辟新领域、制胜新赛道,赢得现代化产业体系建设的战略主动。

四、增强技术合作创新的能力,积极参与全球科技治理

合作创新不仅能够有效降低研发成本、弥补知识不足,更是创新主体利用外部力量实现创新发展路径突破的重要途径。区外创新资源的有效利用是以区内活跃的创新合作为基础,政府应首先积极搭建区内技术创新合作平台,如定期举办学术会议、企业博览会等交流活动;创建孵化器、加速器和众创空间等企业孵化载体;通过联合培养人才、共建研发实验室和科技园区等方式推动产学研合作等。虽然区内合作具有相对较低的合作成本,但因邻近性带来的资源相似性往往会造成互补型合作伙伴的区内缺失,此时寻求区外合作、引入外部力量成为实现技术创新突破的关键。中国已经具备一定的技术创新能力和区内合作基础,亟须积极融入全球创新合作网络,拓宽国际创新合作渠道,不仅要向传统创新强国寻求合作弥补知识不足,同时也应在"一带一路"上广泛开展合作,输出中国科技影响力,构建以中国为中心的创新合作网络。

五、提高优势技术多样化水平,构建复杂的本地技术库

地区自主创新能力源于本地大量关联技术带来的内生演化动力,国家技术创新竞争力主要取决于本地技术知识库的复杂程度。中国的技术

关联密度虽然提升迅速,但仍与美德日三国存在较大差距,当下,中国遭受美国的技术封锁,关键在于技术关联密度较低导致的难以自主产出大量核心技术,中国需要通过进入更多相关技术领域,不断提升自身技术关联密度。从城市尺度来看,虽然深圳市拥有中国国内最复杂的技术库,生产着最多样的其他地区难以产出的技术,但与技术关联密度和技术复杂度均处在全国前三位的北京和上海市相比,深圳市的技术关联密度相对较低。深圳市作为中国最年轻的移民城市,通过体制政策优势吸引了大量来自香港、上海、北京、广州、武汉等城市的人才、技术和产业,深圳市更像是创新的种植园而非创新的雨林。深圳市需要通过加强大学、科研机构、企业研发中心等的建设,自主培养更多样的人才以便进入更多的技术领域,为更多新技术和核心技术的产出搭建技术关联通道。当然,中国凭借其巨大的创新资源丰度和市场广度,既要培养像北京和上海一样的综合型科创中心,也需要深圳市一样的朝气蓬勃的技术创新中心。此外,长三角、珠三角和京津地区现已是中国高技术关联密度城市分布最集中的地区,这些地区除不断提升自主内生新技术的能力,也应注重外部合作联系,防止因技术关联带来的强路径依赖造成的地区技术发展路径固化。对于中西部地区,应重点通过提升省会城市的技术关联密度来提高中西部地区自主创新和承接东部地区转移出的产业和技术的吸纳能力。

地区谋求较高的技术创新竞争力不仅以技术的产出规模为基础,更在于地区技术多样性水平和本地技术知识库的整体复杂度水平。对于经济体量较大的地区,只有拥有更复杂多样的复杂技术,才能与竞争对手相互制衡,才能具备抵抗外部冲击的发展韧性。对于经济体量较小的地区,由于资源整合成本的压力更加适合走技术专业化的道路,在大国构建的全球创新价值链和分工协作体系中取得最大利益。中国相比于美日德等创新先发国家,技术创新集中度过高。中国现在已经培育了一定创新能力,应当更加关注技术创新的薄弱领域,在政策和研发上予以倾斜,不论是努力掌握更多核心技术还是实施外围技术的包抄战略,都应该朝着技术多样化的方向发展。构建多样、复杂的本地技术知识库不仅利于内生演化出更多的新技术,更能够提高创新发展的韧性。

附　录

附表1　研究中涉及的99个国家或地区及其简称代码

序号	国家（地区）	代码	序号	国家（地区）	代码	序号	国家（地区）	代码
1	美国	USA	23	新加坡	SGP	45	哥伦比亚	COL
2	日本	JPN	24	中国香港	HKG	46	希腊	GRC
3	中国	CHN	25	挪威	NOR	47	斯洛文尼亚	SVN
4	德国	DEU	26	开曼群岛	CYM	48	阿联酋	ARE
5	韩国	KOR	27	爱尔兰	IRL	49	伊朗	IRN
6	法国	FRA	28	中国台湾	TWN	50	爱沙尼亚	EST
7	英国	GBR	29	巴西	BRA	51	保加利亚	BGR
8	瑞士	CHE	30	卢森堡	LUX	52	斯洛伐克	SVK
9	荷兰	NLD	31	沙特阿拉伯	SAU	53	马耳他	MLT
10	瑞典	SWE	32	波兰	POL	54	摩洛哥	MAR
11	意大利	ITA	33	南非	ZAF	55	塞浦路斯	CYP
12	加拿大	CAN	34	新西兰	NZL	56	冰岛	ISL
13	澳大利亚	AUS	35	墨西哥	MEX	57	阿根廷	ARG
14	以色列	ISR	36	列支敦士登	LIE	58	秘鲁	PER
15	芬兰	FIN	37	波多黎各	PRI	59	罗马尼亚	ROM
16	印度	IND	38	葡萄牙	PRT	60	埃及	EGY
17	丹麦	DNK	39	捷克	CZE	61	克罗地亚	HRV
18	奥地利	AUT	40	泰国	THA	62	立陶宛	LTU
19	比利时	BEL	41	智利	CHL	63	哈萨克斯坦	KAZ
20	西班牙	ESP	42	马来西亚	MYS	64	百慕大	BMU
21	土耳其	TUR	43	匈牙利	HUN	65	拉脱维亚	LVA
22	俄罗斯	RUS	44	乌克兰	UKR	66	白俄罗斯	BLR

续表

序号	国家（地区）	代码	序号	国家（地区）	代码	序号	国家（地区）	代码
67	斯里兰卡	LKA	79	约旦	JOR	89	科威特	KWT
68	菲律宾	PHL	80	肯尼亚	KEN	90	巴基斯坦	PAK
69	摩纳哥	MCO	81	黎巴嫩	LBN	91	北马其顿	MKD
70	突尼斯	TUN	82	亚美尼亚	ARM	92	乌兹别克斯坦	UZB
71	巴拿马	PAN	83	塞舌尔	SYC	93	朝鲜	PRK
72	阿尔及利亚	DZA	84	安道尔	AND	94	委内瑞拉	VEN
73	格鲁吉亚	GEO	85	特立尼达和多巴哥	TTO	95	危地马拉	GTM
74	哥斯达黎加	CRI				96	津巴布韦	ZWE
75	乌拉圭	URY	86	波黑	BIH	97	萨尔瓦多	SLV
76	摩尔多瓦	MDA	87	厄瓜多尔	ECU	98	牙买加	JAM
77	古巴	CUB	88	尼日利亚	NGA	99	蒙古	MNG
78	印度尼西亚	IDN						

附表2　中国三大城市群内城市技术创新产出基尼系数与集中度指数

年份	京津冀城市群		长三角城市群		珠三角城市群	
	Gini	CR₂	Gini	CR₂	Gini	CR₂
1999	0.76	0.82	0.74	0.60	0.65	0.81
2000	0.80	0.88	0.84	0.78	0.65	0.81
2001	0.83	0.90	0.80	0.69	0.69	0.84
2002	0.83	0.92	0.77	0.64	0.72	0.86
2003	0.82	0.92	0.77	0.63	0.73	0.87
2004	0.83	0.93	0.77	0.63	0.73	0.86
2005	0.84	0.93	0.75	0.61	0.74	0.84
2006	0.84	0.93	0.73	0.56	0.77	0.86
2007	0.85	0.93	0.72	0.53	0.77	0.87
2008	0.86	0.94	0.68	0.47	0.74	0.84
2009	0.84	0.93	0.67	0.46	0.72	0.83
2010	0.85	0.93	0.66	0.44	0.67	0.76
2011	0.84	0.92	0.64	0.42	0.66	0.78
2012	0.84	0.92	0.61	0.39	0.63	0.73
2013	0.84	0.93	0.58	0.37	0.58	0.69
2014	0.84	0.93	0.52	0.32	0.54	0.64
2015	0.83	0.92	0.51	0.31	0.51	0.59
2016	0.82	0.91	0.48	0.27	0.52	0.60
2017	0.82	0.89	0.47	0.26	0.48	0.56

附表 3　1999—2003 年部分国家或地区间认知邻近性

	USA	JPN	CHN	DEU	KOR	FRA	GBR	NLD	CHE	SWE	ITA	CAN	ISR	AUS	FIN	IND	ESP	AUT	DNK	BEL
USA	1.00	0.85	0.70	0.85	0.89	0.92	0.94	0.74	0.83	0.74	0.74	0.93	0.92	0.88	0.52	0.58	0.70	0.77	0.79	0.77
JPN	0.85	1.00	0.56	0.86	0.86	0.87	0.82	0.83	0.74	0.62	0.69	0.78	0.71	0.72	0.42	0.56	0.65	0.72	0.67	0.71
CHN	0.70	0.56	1.00	0.61	0.59	0.69	0.72	0.41	0.64	0.51	0.59	0.78	0.61	0.64	0.33	0.55	0.64	0.64	0.77	0.82
DEU	0.85	0.86	0.61	1.00	0.77	0.88	0.87	0.66	0.81	0.68	0.80	0.84	0.74	0.75	0.43	0.60	0.77	0.82	0.77	0.77
KOR	0.89	0.86	0.59	0.77	1.00	0.85	0.82	0.80	0.69	0.73	0.68	0.81	0.79	0.80	0.57	0.50	0.66	0.66	0.64	0.62
FRA	0.92	0.87	0.69	0.88	0.85	1.00	0.94	0.77	0.86	0.71	0.83	0.90	0.84	0.82	0.47	0.65	0.80	0.84	0.80	0.82
GBR	0.94	0.82	0.72	0.87	0.82	0.94	1.00	0.68	0.90	0.70	0.83	0.93	0.85	0.89	0.42	0.69	0.82	0.87	0.88	0.87
NLD	0.74	0.83	0.41	0.66	0.80	0.77	0.68	1.00	0.53	0.54	0.50	0.62	0.68	0.58	0.44	0.32	0.46	0.50	0.47	0.45
CHE	0.83	0.74	0.64	0.81	0.69	0.86	0.90	0.53	1.00	0.56	0.89	0.82	0.78	0.80	0.27	0.77	0.84	0.88	0.87	0.86
SWE	0.74	0.62	0.51	0.68	0.73	0.71	0.70	0.54	0.56	1.00	0.58	0.76	0.74	0.60	0.89	0.39	0.54	0.56	0.52	0.47
ITA	0.74	0.69	0.59	0.80	0.68	0.83	0.83	0.50	0.89	0.58	1.00	0.78	0.68	0.76	0.32	0.66	0.86	0.88	0.79	0.79
CAN	0.93	0.78	0.78	0.84	0.81	0.90	0.93	0.62	0.82	0.76	0.78	1.00	0.87	0.85	0.54	0.61	0.75	0.83	0.83	0.83
ISR	0.92	0.71	0.61	0.74	0.79	0.84	0.85	0.68	0.78	0.74	0.68	0.87	1.00	0.82	0.54	0.50	0.64	0.69	0.72	0.65
AUS	0.88	0.72	0.64	0.75	0.80	0.82	0.89	0.58	0.80	0.60	0.76	0.85	0.82	1.00	0.35	0.48	0.77	0.78	0.81	0.74
FIN	0.52	0.42	0.33	0.43	0.57	0.47	0.42	0.44	0.27	0.89	0.32	0.54	0.54	0.35	1.00	0.12	0.26	0.27	0.23	0.20
IND	0.58	0.56	0.55	0.60	0.50	0.65	0.69	0.32	0.77	0.39	0.66	0.61	0.50	0.48	0.12	1.00	0.65	0.71	0.65	0.76
ESP	0.70	0.65	0.64	0.77	0.66	0.80	0.82	0.46	0.84	0.54	0.86	0.75	0.64	0.77	0.26	0.65	1.00	0.83	0.81	0.78
AUT	0.77	0.72	0.64	0.82	0.66	0.84	0.87	0.50	0.88	0.56	0.88	0.83	0.69	0.78	0.27	0.71	0.83	1.00	0.83	0.84
DNK	0.79	0.67	0.77	0.77	0.64	0.80	0.88	0.47	0.87	0.52	0.79	0.83	0.72	0.81	0.23	0.65	0.81	0.83	1.00	0.87
BEL	0.77	0.71	0.82	0.77	0.62	0.82	0.87	0.45	0.86	0.47	0.79	0.83	0.65	0.74	0.20	0.76	0.78	0.84	0.87	1.00

附表 4　2014—2018 年部分国家或地区间认知邻近性

	USA	JPN	CHN	DEU	KOR	FRA	GBR	NLD	CHE	SWE	ITA	CAN	ISR	AUS	FIN	IND	ESP	AUT	DNK	BEL
USA	1.00	0.78	0.80	0.67	0.86	0.85	0.91	0.73	0.71	0.51	0.63	0.91	0.89	0.83	0.58	0.65	0.70	0.56	0.50	0.71
JPN	0.78	1.00	0.69	0.81	0.84	0.75	0.72	0.66	0.57	0.43	0.58	0.72	0.67	0.62	0.52	0.39	0.57	0.67	0.37	0.62
CHN	0.80	0.69	1.00	0.47	0.89	0.66	0.63	0.42	0.38	0.79	0.34	0.64	0.58	0.51	0.82	0.32	0.36	0.37	0.22	0.38
DEU	0.67	0.81	0.47	1.00	0.63	0.80	0.76	0.61	0.69	0.34	0.75	0.70	0.60	0.63	0.36	0.50	0.69	0.75	0.51	0.72
KOR	0.86	0.84	0.89	0.63	1.00	0.79	0.76	0.56	0.54	0.72	0.52	0.77	0.69	0.66	0.77	0.49	0.56	0.51	0.35	0.58
FRA	0.85	0.75	0.66	0.80	0.79	1.00	0.91	0.68	0.77	0.54	0.75	0.87	0.76	0.75	0.56	0.67	0.80	0.64	0.56	0.79
GBR	0.91	0.72	0.63	0.76	0.76	0.91	1.00	0.72	0.85	0.43	0.78	0.94	0.85	0.87	0.47	0.73	0.87	0.62	0.63	0.84
NLD	0.73	0.66	0.42	0.61	0.56	0.68	0.72	1.00	0.65	0.23	0.63	0.78	0.78	0.67	0.31	0.48	0.65	0.62	0.50	0.62
CHE	0.71	0.57	0.38	0.69	0.54	0.77	0.85	0.65	1.00	0.23	0.83	0.77	0.75	0.75	0.28	0.77	0.87	0.60	0.62	0.83
SWE	0.51	0.43	0.79	0.34	0.72	0.54	0.43	0.23	0.23	1.00	0.25	0.47	0.33	0.28	0.95	0.19	0.25	0.22	0.15	0.23
ITA	0.63	0.58	0.34	0.75	0.52	0.75	0.78	0.63	0.83	0.25	1.00	0.73	0.67	0.75	0.28	0.61	0.84	0.70	0.56	0.76
CAN	0.91	0.72	0.64	0.70	0.77	0.87	0.94	0.78	0.77	0.47	0.73	1.00	0.88	0.88	0.53	0.67	0.81	0.60	0.60	0.77
ISR	0.89	0.67	0.58	0.60	0.69	0.76	0.85	0.78	0.75	0.33	0.67	0.88	1.00	0.84	0.39	0.65	0.77	0.52	0.53	0.72
AUS	0.83	0.62	0.51	0.63	0.66	0.75	0.87	0.67	0.75	0.28	0.75	0.88	0.84	1.00	0.35	0.65	0.80	0.58	0.57	0.71
FIN	0.58	0.52	0.82	0.36	0.77	0.56	0.47	0.31	0.28	0.95	0.28	0.53	0.39	0.35	1.00	0.21	0.29	0.27	0.18	0.27
IND	0.65	0.39	0.32	0.50	0.49	0.67	0.73	0.48	0.77	0.19	0.61	0.67	0.65	0.65	0.21	1.00	0.75	0.37	0.50	0.80
ESP	0.70	0.57	0.36	0.69	0.56	0.80	0.87	0.65	0.87	0.25	0.84	0.81	0.77	0.80	0.29	0.75	1.00	0.63	0.67	0.86
AUT	0.56	0.67	0.37	0.75	0.51	0.64	0.62	0.62	0.60	0.22	0.70	0.60	0.52	0.58	0.27	0.37	0.63	1.00	0.41	0.60
DNK	0.50	0.37	0.22	0.51	0.35	0.56	0.63	0.50	0.62	0.15	0.56	0.60	0.53	0.57	0.18	0.50	0.67	0.41	1.00	0.60
BEL	0.71	0.62	0.38	0.72	0.58	0.79	0.84	0.62	0.83	0.23	0.76	0.77	0.72	0.71	0.27	0.80	0.86	0.60	0.60	1.00

附表 5 1999—2003 年部分国家或地区间社会邻近性

	USA	JPN	CHN	DEU	KOR	FRA	GBR	NLD	CHE	SWE	ITA	CAN	ISR	AUS	FIN	IND	ESP	AUT	DNK	BEL
USA	1.00	0.52	0.34	0.76	0.30	0.74	0.77	0.52	0.60	0.55	0.51	0.67	0.40	0.47	0.45	0.35	0.44	0.49	0.47	0.51
JPN	0.52	1.00	0.59	0.55	0.50	0.58	0.62	0.69	0.65	0.59	0.56	0.55	0.47	0.66	0.63	0.61	0.52	0.61	0.56	0.69
CHN	0.34	0.59	1.00	0.37	0.61	0.40	0.41	0.53	0.48	0.44	0.45	0.42	0.51	0.58	0.51	0.67	0.46	0.47	0.47	0.56
DEU	0.76	0.55	0.37	1.00	0.35	0.72	0.71	0.54	0.64	0.60	0.54	0.66	0.47	0.51	0.49	0.38	0.49	0.56	0.56	0.54
KOR	0.30	0.50	0.61	0.35	1.00	0.38	0.37	0.44	0.43	0.41	0.42	0.40	0.48	0.52	0.48	0.51	0.46	0.47	0.44	0.53
FRA	0.74	0.58	0.40	0.72	0.38	1.00	0.73	0.58	0.68	0.59	0.56	0.70	0.44	0.58	0.49	0.41	0.52	0.55	0.55	0.61
GBR	0.77	0.62	0.41	0.71	0.37	0.73	1.00	0.62	0.65	0.61	0.56	0.67	0.47	0.55	0.53	0.43	0.49	0.58	0.58	0.56
NLD	0.52	0.69	0.53	0.54	0.44	0.58	0.62	1.00	0.67	0.67	0.61	0.62	0.47	0.66	0.57	0.58	0.52	0.61	0.58	0.69
CHE	0.60	0.65	0.48	0.64	0.43	0.68	0.65	0.67	1.00	0.61	0.57	0.61	0.47	0.59	0.59	0.47	0.57	0.65	0.58	0.70
SWE	0.55	0.59	0.44	0.60	0.41	0.59	0.61	0.67	0.61	1.00	0.65	0.61	0.51	0.56	0.58	0.46	0.54	0.57	0.68	0.55
ITA	0.51	0.56	0.45	0.54	0.42	0.56	0.56	0.61	0.57	0.65	1.00	0.55	0.52	0.55	0.60	0.49	0.58	0.56	0.61	0.56
CAN	0.67	0.55	0.42	0.66	0.40	0.70	0.67	0.62	0.61	0.61	0.55	1.00	0.42	0.55	0.50	0.41	0.49	0.49	0.56	0.55
ISR	0.40	0.47	0.51	0.47	0.48	0.44	0.47	0.47	0.47	0.51	0.52	0.42	1.00	0.46	0.53	0.47	0.57	0.47	0.57	0.47
AUS	0.47	0.66	0.58	0.51	0.52	0.58	0.55	0.66	0.59	0.56	0.55	0.55	0.46	1.00	0.59	0.64	0.63	0.55	0.55	0.69
FIN	0.45	0.63	0.51	0.49	0.48	0.49	0.53	0.57	0.59	0.58	0.60	0.50	0.53	0.59	1.00	0.50	0.65	0.63	0.57	0.57
IND	0.35	0.61	0.67	0.38	0.51	0.41	0.43	0.58	0.47	0.46	0.49	0.41	0.47	0.64	0.50	1.00	0.48	0.49	0.46	0.55
ESP	0.44	0.52	0.46	0.49	0.46	0.52	0.49	0.52	0.57	0.54	0.58	0.49	0.57	0.63	0.65	0.48	1.00	0.50	0.53	0.63
AUT	0.49	0.61	0.47	0.56	0.47	0.55	0.58	0.61	0.65	0.57	0.56	0.49	0.47	0.55	0.63	0.49	0.50	1.00	0.53	0.56
DNK	0.47	0.56	0.47	0.56	0.44	0.55	0.58	0.58	0.58	0.68	0.61	0.56	0.57	0.55	0.57	0.46	0.53	0.53	1.00	0.53
BEL	0.51	0.69	0.56	0.54	0.53	0.61	0.56	0.69	0.70	0.55	0.56	0.55	0.47	0.69	0.57	0.55	0.63	0.56	0.53	1.00

附表 6　2014—2018 年部分国家或地区间社会邻近性

	USA	JPN	CHN	DEU	KOR	FRA	GBR	NLD	CHE	SWE	ITA	CAN	ISR	AUS	FIN	IND	ESP	AUT	DNK	BEL
USA	1.00	0.54	0.66	0.84	0.55	0.76	0.75	0.64	0.69	0.63	0.67	0.67	0.55	0.57	0.51	0.65	0.59	0.53	0.57	0.61
JPN	0.54	1.00	0.67	0.58	0.67	0.59	0.62	0.67	0.62	0.65	0.66	0.60	0.55	0.65	0.66	0.66	0.60	0.64	0.68	0.69
CHN	0.66	0.67	1.00	0.67	0.64	0.73	0.73	0.75	0.79	0.76	0.70	0.66	0.59	0.74	0.65	0.76	0.71	0.66	0.71	0.77
DEU	0.84	0.58	0.67	1.00	0.57	0.85	0.79	0.67	0.74	0.67	0.76	0.70	0.63	0.64	0.58	0.72	0.63	0.61	0.65	0.68
KOR	0.55	0.67	0.64	0.57	1.00	0.57	0.63	0.59	0.59	0.58	0.57	0.61	0.54	0.67	0.60	0.63	0.55	0.58	0.72	0.65
FRA	0.76	0.59	0.73	0.85	0.57	1.00	0.77	0.70	0.74	0.71	0.74	0.68	0.67	0.63	0.64	0.72	0.69	0.62	0.71	0.72
GBR	0.75	0.62	0.73	0.79	0.63	0.77	1.00	0.73	0.79	0.72	0.75	0.75	0.65	0.68	0.64	0.74	0.65	0.64	0.72	0.75
NLD	0.64	0.67	0.75	0.67	0.59	0.70	0.73	1.00	0.72	0.71	0.72	0.70	0.61	0.69	0.67	0.70	0.66	0.70	0.71	0.77
CHE	0.69	0.62	0.79	0.74	0.59	0.74	0.79	0.72	1.00	0.78	0.74	0.65	0.64	0.68	0.65	0.71	0.73	0.70	0.73	0.74
SWE	0.63	0.65	0.76	0.67	0.58	0.71	0.72	0.71	0.78	1.00	0.68	0.64	0.67	0.67	0.71	0.70	0.76	0.77	0.75	0.70
ITA	0.67	0.66	0.70	0.76	0.57	0.74	0.75	0.72	0.74	0.68	1.00	0.69	0.61	0.68	0.64	0.80	0.68	0.70	0.66	0.74
CAN	0.67	0.60	0.66	0.70	0.61	0.68	0.75	0.70	0.65	0.64	0.69	1.00	0.61	0.71	0.64	0.73	0.64	0.59	0.64	0.69
ISR	0.55	0.55	0.59	0.63	0.54	0.67	0.65	0.61	0.64	0.67	0.61	0.61	1.00	0.62	0.70	0.65	0.61	0.63	0.72	0.63
AUS	0.57	0.65	0.74	0.64	0.67	0.63	0.68	0.69	0.68	0.67	0.68	0.71	0.62	1.00	0.66	0.75	0.67	0.66	0.70	0.73
FIN	0.51	0.66	0.65	0.58	0.60	0.64	0.64	0.67	0.65	0.71	0.64	0.65	0.70	0.66	1.00	0.64	0.65	0.70	0.68	0.64
IND	0.65	0.66	0.76	0.72	0.63	0.72	0.74	0.74	0.71	0.70	0.80	0.73	0.65	0.75	0.64	1.00	0.72	0.69	0.75	0.76
ESP	0.59	0.60	0.71	0.63	0.55	0.69	0.65	0.66	0.73	0.76	0.68	0.64	0.61	0.67	0.65	0.72	1.00	0.73	0.69	0.70
AUT	0.53	0.64	0.66	0.61	0.58	0.62	0.64	0.70	0.70	0.77	0.70	0.59	0.63	0.66	0.70	0.69	0.73	1.00	0.69	0.75
DNK	0.57	0.68	0.71	0.65	0.72	0.71	0.72	0.71	0.73	0.75	0.66	0.64	0.72	0.70	0.68	0.75	0.69	0.69	1.00	0.73
BEL	0.61	0.69	0.77	0.68	0.65	0.72	0.75	0.77	0.74	0.70	0.74	0.69	0.63	0.73	0.64	0.76	0.70	0.75	0.73	1.00

附表 7　1999—2008 年部分技术小类技术复杂度值

时　期	技术小类	技术复杂度值	技术类别含义
1999—2003 年	C06D	0.58	烟雾发生器;爆炸或推进用气体的产生
	H05G	0.56	X 射线技术
	G03C	0.55	照相所需的感光材料
	D21F	0.55	造纸机
	B23F	0.53	齿轮或齿条的制造
	H01P	0.53	波导器件;谐振器
	F15C	0.52	计算或控制用的流体回路元件
	G01W	0.52	气象学
	B61G	0.50	铁路连接、牵引、缓冲器
	G04C	0.50	电动机械钟或表
	D21G	0.49	压光机
	H03B	0.48	有源元件电路
	G06E	0.47	光学计算设备
	G03D	0.47	用以处理曝光照相材料的器材
	B81C	0.46	制造或处理微观结构的设备
2004—2008 年	B61G	0.49	铁路连接、牵引、缓冲器
	B23F	0.43	齿轮或齿条的制造
	C06D	0.43	烟雾发生器;爆炸或推进用气体的产生
	F23R	0.43	高压或高速燃烧生成物的产生
	F02K	0.42	喷气推进装置
	B41N	0.42	印版或箔
	F41F	0.42	子弹或导弹的发射器
	C22F	0.41	有色金属的物理结构改变装置
	B60M	0.40	电动车辆的电源线路或沿路轨的装置
	C06C	0.40	起爆、点火剂
	G21G	0.40	放射源
	D01G	0.39	纤维预处理
	H03B	0.39	有源元件电路
	G21D	0.39	核发电厂
	H05G	0.38	X 射线技术

附表 8 2009—2017 年部分技术小类技术复杂度值

时　期	技术小类	技术复杂度值	技术类别含义
2009—2013 年	G06E	0.76	光学计算设备
	H01L	0.72	半导体器件
	G09G	0.52	部分信息处理方式
	G04D	0.48	制造、维修钟表工具
	G06G	0.45	模拟计算机
	B23F	0.45	齿轮或齿条的制造
	C25F	0.42	电解法去除物体上材料
	D21F	0.41	造纸机
	H01M	0.41	化学能转为电能的方法
	F02N	0.39	燃烧发动机的控制
	B23H	0.39	电极刀具
	B23G	0.38	螺纹加工
	F22D	0.38	预热或蓄预热
	H04L	0.37	数字信息传输
	B60W	0.36	车辆系统的联合控制
2014—2017 年	H04L	0.76	数字信息传输
	C40B	0.75	组合化学
	G10L	0.69	语音识别、分析、合成
	G06N	0.68	特定计算机系统
	G04F	0.62	时间测量
	H04K	0.54	保密通信
	B23F	0.49	齿轮或齿条的制造
	F15D	0.47	流体动力学
	H04N	0.45	图像通信
	B60W	0.44	车辆系统的联合控制
	G11B	0.44	特定信息存储
	B64F	0.41	与飞机相关的地面或航空母舰甲板装置
	G03F	0.40	照相制版工艺、半导体器件加工等
	G06F	0.39	电数字数据处理
	G21D	0.35	核发电厂

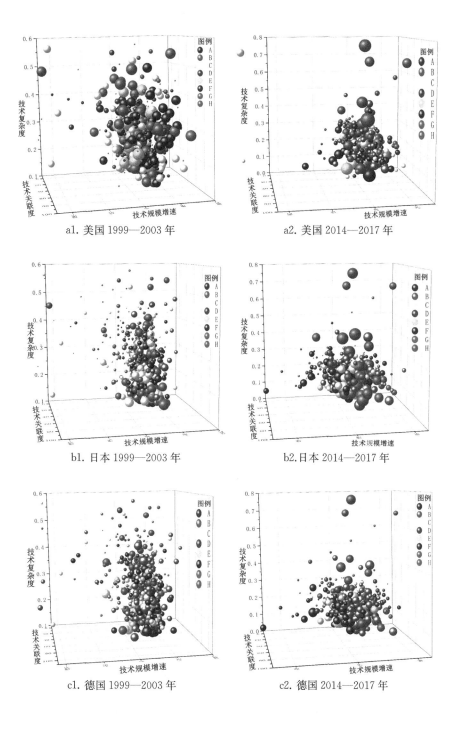

a1. 美国 1999—2003 年

a2. 美国 2014—2017 年

b1. 日本 1999—2003 年

b2. 日本 2014—2017 年

c1. 德国 1999—2003 年

c2. 德国 2014—2017 年

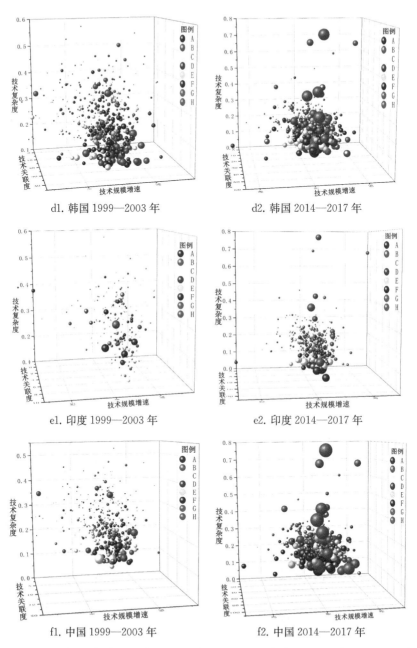

d1. 韩国 1999—2003 年　　　　d2. 韩国 2014—2017 年

e1. 印度 1999—2003 年　　　　e2. 印度 2014—2017 年

f1. 中国 1999—2003 年　　　　f2. 中国 2014—2017 年

注:彩图详见刘树峰:《全球技术创新复杂性的空间演化及影响因素研究》,华东师范大学博士学位论文,2022 年。

附图 1　国家技术空间及其演变——技术复杂度和技术规模增速视角

参考文献

[1] 蔡铂、聂鸣:《社会网络对产业集群技术创新的影响》,《科学学与科学技术管理》2003 年第 7 期,第 57—60 页。

[2] 蔡翠红:《大变局时代的技术霸权与"超级权力"悖论》,《人民论坛·学术前沿》2019 年第 14 期,第 17—31 页。

[3] 曹聪、李宁、孙玉涛:《中国中长期科技规划与自主创新战略(2006—2012)》,《科学学研究》2018 年第 36 卷第 12 期,第 2122—2124、2128 页。

[4] 曾世宏、郑江淮:《产品空间结构理论对我国转变经济发展方式的启示》,《经济纵横》2008 年第 11 期,第 21—23 页。

[5] 曾世宏、郑江淮:《企业家"成本发现"、比较优势演化与产品空间结构转型——基于江苏经济发展的案例研究》,《产业经济研究》2010 年第 1 期,第 9—15 页。

[6] 陈光华、杨国梁:《边界效应对跨区域产学研合作创新绩效的影响研究——来自广东省的证据》,《研究与发展管理》2015 年第 27 卷第 1 期,第 92—99 页。

[7] 陈劲、童亮、龚焱:《复杂产品系统创新评估指标体系研究》,《研究与发展管理》2003 年第 4 期,第 59—65 页。

[8] 陈露、刘修岩、叶信岳、胡汉辉:《城市群视角下的产业共聚与产业空间治理:机器学习算法的测度》,《中国工业经济》2020 年第 5 期,第 99—117 页。

[9] 陈梦远:《国际区域经济韧性研究进展——基于演化论的理论分析框架介绍》,《地理科学进展》2017 年第 36 卷第 11 期,第 1435—1444 页。

[10] 陈婷玉:《中国制造业在世界创新网络中的多维定位与融入路径研究》,《数量经济技术经济研究》2019 年第 36 卷第 11 期,第 60—80 页。

[11] 陈悦、付欣然、康旭东等:《中国高端装备制造业的技术关联与扩散效应——基于中国 78 家高端装备制造业上市公司的专利分析》,《科技管理研究》2017 年第 37 卷第 15 期,第 138—146 页。

[12] 陈宗仕、郑路:《诱发抑或分散:企业社会责任与企业研发投入》,《社会学评论》2019 年第 7 期,第 25—40 页。

[13] 崔兆财、周向红、王俐:《中国区域知识复杂度测度及其对创新的影响》,《科技进步与对策》2020 年第 37 卷第 2 期,第 51—58 页。

[14] 丁晟春、刘嘉龙、张洁逸:《产业领域专利技术构成与关联演化分析——以人工智能领域为例》,《情报科学》2020 年第 38 卷第 12 期,第 12—18、35 页。

[15] 杜德斌、段德忠、夏启繁:《中美科技竞争力比较研究》,《世界地理研究》2019 年第 28 卷第 4 期,第 1—11 页。

[16] 杜德斌:《全球科技创新中心动力与模式》,上海人民出版社 2015 年版。

[17] 杜德斌:《跨国公司海外 R&D 的区位研究》,复旦大学出版社 2001 年版。

[18] 段德忠、杜德斌、谌颖等:《中国城市创新网络的时空复杂度及生长机制研究》,《地理科学》2018 年第 38 卷第 11 期,第 1759—1768 页。

[19] 段德忠、杜德斌、刘承良:《上海和北京城市创新空间结构的时空演化模式》,《地理学报》2015 年第 70 卷第 12 期,第 1911—1925 页。

[20] 樊春良、樊天:《国家创新系统观的产生与发展——思想演进与政策应用》,《科学学与科学技术管理》2020 年第 41 卷第 5 期,第 89—115 页。

[21] 方创琳、马海涛、王振波等:《中国创新型城市建设的综合评估与空间格局分异》,《地理学报》2014 年第 69 卷第 4 期,第 459—473 页。

[22] 冯立杰、王亚星、岳俊举等:《基于多维空间专利地图的技术机会分析》,《科技管理研究》2017 年第 37 卷第 14 期,第 187—195 页。

[23] 冯之浚:《国家创新系统研究纲要》,《科学学研究》1999 年第 3 期,第 1—2 页。

[24] 高菠阳、郭凌煜、黄志基等:《企业异质性、技术关联度与中国对外直接投资决策》,《地理科学进展》2019 年第 38 卷第 10 期,第 1535—1544 页。

[25] 高菠阳、刘卫东等:《国际贸易壁垒对全球生产网络的影响——以中加自行车贸易为例》,《地理学报》2011 年第 66 卷第 4 期,第 477—486 页。

[26] 高洋、宋宇、高翔:《生产性服务业技术关联下的制造业发展新动能》,《财经科学》2020 年第 5 期,第 92—105 页。

[27] 郭琪、贺灿飞：《演化经济地理视角下的技术关联研究进展》，《地理科学进展》2018 年第 37 卷第 2 期，第 229—238 页。

[28] 郭琪、朱晟君：《市场相似性与中国制造业出口市场的空间演化路径》，《地理研究》2018 年第 37 卷第 7 期，第 1377—1390 页。

[29] 郝均、曾刚、赵建吉等：《中国中部地区技术关联对产业创新的影响研究》，《地理研究》2020 年第 39 卷第 3 期，第 601—610 页。

[30] 何舜辉、杜德斌、焦美琪等：《中国地级以上城市创新能力的时空格局演变及影响因素分析》，《地理科学》2017 年第 37 卷第 7 期，第 1014—1022 页。

[31] 何舜辉：《世界科学中心转移过程与形成机制》，华东师范大学博士学位论文，2019 年。

[32] 何艳秋、徐杰、朱思宇等：《空间、经济、技术三维视角的省际农业碳关联研究》，《浙江农业学报》2020 年第 32 卷第 5 期，第 912—922 页。

[33] 贺灿飞、董瑶、周沂：《中国对外贸易产品空间路径演化》，《地理学报》2016 年第 71 卷第 6 期，第 970—983 页。

[34] 贺灿飞、郭琪、马妍等：《西方经济地理学研究进展》，《地理学报》2014 年第 69 卷第 8 期，第 1207—1223 页。

[35] 贺灿飞、胡绪千、罗芊：《全球—地方出口溢出效应对新企业进入出口市场的影响》，《地理科学进展》2019 年第 38 卷第 5 期，第 731—744 页。

[36] 贺灿飞、金璐璐、刘颖：《多维邻近性对中国出口产品空间演化的影响》，《地理研究》2017 年第 36 卷第 9 期，第 1613—1626 页。

[37] 贺灿飞、李伟：《演化经济地理学与区域发展》，《区域经济评论》2020 年第 1 期，第 39—54 页。

[38] 贺灿飞、毛熙彦：《尺度重构视角下的经济全球化研究》，《地理科学进展》2015 年第 34 卷第 9 期，第 1073—1083 页。

[39] 贺灿飞、谭卓立：《全球-地方互动与中国城市产业创新》，《城市与环境研究》2020 年第 2 期，第 3—23 页。

[40] 贺灿飞、夏昕鸣、黎明：《中国出口贸易韧性空间差异性研究》，《地理科学进展》2019 年第 38 卷第 10 期，第 1558—1570 页。

[41] 贺灿飞、余昌达、金璐璐：《贸易保护、出口溢出效应与中国出口市场拓展》，《地理学报》2020 年第 75 卷第 4 期，第 665—680 页。

[42] 贺灿飞、朱晟君：《中国产业发展与布局的关联法则》，《地理学报》2020 年第 75 卷第 12 期，第 2684—2698 页。

[43] 贺灿飞:《区域产业发展演化:路径依赖还是路径创造?》,《地理研究》2018 年第 37 卷第 7 期,第 1253—1267 页。

[44] 胡晓辉、朱晟君、Robert Hassink:《超越"演化":老工业区重构研究进展与范式反思》,《地理研究》2020 年第 39 卷第 5 期,第 1028—1044 页。

[45] 胡志坚、田洺、胡志强等:《面向新世纪建设国家创新系统》,《中国软科学》1999 年第 8 期,第 84—87 页。

[46] 江鸿、吕铁:《政企能力共演化与复杂产品系统集成能力提升——中国高速列车产业技术追赶的纵向案例研究》,《管理世界》2019 年第 35 卷第 5 期,第 106—125、199 页。

[47] 军雄:《谁颠覆了轻骑》,《企业管理》2004 年第 2 期,第 36—39 页。

[48] 李琳、雒道政:《多维邻近性与创新:西方研究回顾与展望》,《经济地理》2013 年第 33 卷第 6 期,第 1—7、41 页。

[49] 李强、余吉安:《日韩国家创新体系研究及我国的启示》,《科学管理研究》2017 年第 35 卷第 3 期,第 114—116、120 页。

[50] 李瑞茜、陈向东:《基于专利共类的关键技术识别及技术发展模式研究》,《情报学报》2018 年第 37 卷第 5 期,第 495—502 页。

[51] 李树刚、刘颖、郑玲玲:《基于专利挖掘的感知人工智能技术融合趋势分析》,《科技进步与对策》2019 年第 36 卷第 23 期,第 28—35 页。

[52] 李铁:《大城市聚集的人口不可能全是精英》,《中国经济导报》2015 年 9 月 11 日。

[53] 李伟、贺灿飞:《城市新产业与城市经济增长:演化经济地理学视角》,《城市发展研究》2020 年第 27 卷第 6 期,第 51—61、173 页。

[54] 李伟、贺灿飞:《区域新产业发展路径:研究述评与展望》,《区域经济评论》2020 年第 6 期,第 12—24 页。

[55] 李颖、佘群芝:《中国经济复杂度与出口竞争力关系研究》,《经济问题探索》2017 年第 10 期,第 123—132 页。

[56] 李振发、贺灿飞:《中国出口产品地区专业化》,《地理科学进展》2018 年第 37 卷第 7 期,第 963—975 页。

[57] 李振发、贺灿飞:《中国电子机械制造业产品内出口贸易空间布局》,《地理研究》2021 年第 40 卷第 1 期,第 119—137 页。

[58] 李志斌、周子博、周沂:《中国城市出口产品技术复杂度演化》,《地域研究与开发》2019 年第 38 卷第 5 期,第 45—50 页。

[59] 林柄全、谷人旭、王俊松等:《从集聚外部性走向跨越地理边界的网络外部性——集聚经济理论的回顾与展望》,《城市发展研究》2018年第25卷第12期,第82—89页。

[60] 刘承良、桂钦昌、段德忠等:《全球科研论文合作网络的结构异质性及其邻近性机理》,《地理学报》2017年第72卷第4期,第737—752页。

[61] 刘承良、管明明、段德忠:《中国城际技术转移网络的空间格局及影响因素》,《地理学报》2018年第73卷第8期,第1462—1477页。

[62] 刘承良、牛彩澄:《东北三省城际技术转移网络的空间演化及影响因素》,《地理学报》2019年第74卷第10期,第2092—2107页。

[63] 刘凤朝、潘雄峰、王元地:《企业专利战略理论研究》,《商业研究》2005年第13期,第16—19页。

[64] 刘凤朝、闫菲菲、马荣康等:《多维邻近与跨区域研发合作模式》,《科学学研究》2020年第38卷第6期,第1038—1047页。

[65] 刘洁敏、贺灿飞:《自主探索还是追随前沿?——中国高技术出口产业地理演化路径辨析》,《干旱区地理》2020年第43卷第4期,第1077—1087页。

[66] 刘林青、陈紫若:《中国优势产业组合的动态演化机制研究——基于TERGM的实证分析》,《科技促进发展》2020年第37卷第11期,第70—78页。

[67] 刘名远、林民书:《中印两国产业技术关联实证测度与国别比较研究》,《科技促进发展》2018年第14卷第9期,第862—869页。

[68] 刘树峰、杜德斌、覃雄合等:《中国沿海三大城市群企业创新时空格局与影响因素》,《经济地理》2018年第38卷第12期,第111—118页。

[69] 刘硕、李治堂:《创新型城市建设国际比较及启示》,《科研管理》2013年第34卷第S1期,第58—64页。

[70] 刘鑫、贺灿飞:《技术关联与城市产业增长研究》,《地理研究》2016年第35卷第4期,第717—730页。

[71] 刘晔、曾经元、王若宇等:《科研人才集聚对中国区域创新产出的影响》,《经济地理》2019年第39卷第7期,第139—147页。

[72] 刘自强、许海云、罗瑞等:《基于主题关联分析的科技互动模式识别方法研究》,《情报学报》2019年第38卷第10期,第997—1011页。

[73] 龙小宁、王俊:《中国专利激增的动因及其质量效应》,《世界经济》2015年第38卷第6期,第115—142页。

[74] 罗公利、彭珍珍、边伟军:《市场契合度与品牌延伸绩效的关系研究——

基于技术关联的调节作用》,《济南大学学报(社会科学版)》2020 年第 30 卷第 1 期,第 109—123、159 页。

[75] 罗芊、贺灿飞、郭琪:《基于地级市尺度的中国外资空间动态与本土产业演化》,《地理科学进展》2016 年第 35 卷第 11 期,第 1369—1380 页。

[76] 罗双成、陈卫民:《房价上涨、要素错配与中国创新型城市发展》,《上海经济研究》2019 年第 3 期,第 38—47 页。

[77] 吕国庆、曾刚、顾娜娜:《经济地理学视角下区域创新网络的研究综述》,《经济地理》2014 年第 34 卷第 2 期,第 1—8 页。

[78] 吕拉昌、李勇:《基于城市创新职能的中国创新城市空间体系》,《地理学报》2010 年第 65 卷第 2 期,第 177—190 页。

[79] 吕拉昌:《创新地理学》,科学出版社 2017 年版。

[80] 马静、邓宏兵、蔡爱新:《中国城市创新产出空间格局及影响因素——来自 285 个城市面板数据的检验》,《科学学与科学技术管理》2017 年第 38 卷第 10 期,第 12—25 页。

[81] 马双、曾刚、张翼鸥:《技术关联性、复杂度与区域多样化——来自中国地级市的证据》,《地理研究》2020 年第 39 卷第 4 期,第 865—879 页。

[82] 马双:《城市知识复杂度空间分异与演化分析:以长江经济带为例》,《科技进步与对策》2018 年第 35 卷第 19 期,第 140—146 页。

[83] 毛琦梁、王菲:《制度环境、技术复杂度与空间溢出的产业间非均衡性》,《中国工业经济》2020 年第 5 期,第 118—136 页。

[84] 毛熙彦、贺灿飞:《区域发展的"全球—地方"互动机制研究》,《地理科学进展》2019 年第 38 卷第 10 期,第 1449—1461 页。

[85] 宓泽锋、周灿、尚勇敏等:《本地知识基础对新兴产业创新集群形成的影响——以中国燃料电池产业为例》,《地理研究》2020 年第 39 卷第 7 期,第 1478—1489 页。

[86] 莫昕玮、陈劲、李良德:《中国企业的复杂产品系统技术创新过程研究》,《中外科技信息》2001 年第 11 期,第 7—10 页。

[87] 彭帅、张春博、杨阳等:《科学—技术—产业关联视角下石墨烯发展国际比较——基于专利的计量研究》,《中国科技论坛》2019 年第 4 期,第 181—188 页。

[88] 齐元静、杨宇、金凤君:《中国经济发展阶段及其时空格局演变特征》,《地理学报》2013 年第 68 卷第 4 期,第 517—531 页。

[89] 钱肖颖、孙斌栋:《跨区域产业技术关联与产业创新——基于中国制造

业的分析》,《地理科学进展》2020 年第 39 卷第 11 期,第 1822—1831 页。

[90] 钱学森:《一个科学新领域——开放的复杂巨系统及其方法论》,《城市发展研究》2005 年第 5 期,第 1—8 页。

[91] 任真、胡智慧、王俊等:《韩国科技创新态势分析报告》,科学出版社 2011 年版。

[92] 宋帅邦:《中国区域创新能力评价研究》,《技术经济与管理研究》2020 年第 12 期,第 118—123 页。

[93] 宋学锋:《复杂度、复杂系统与复杂度科学》,《中国科学基金》2003 年第 5 期,第 8—15 页。

[94] 宋之杰、赵桐、徐蕾:《制造业出口品国内技术含量动态变迁及国际比较》,《科研管理》2018 年第 39 卷第 1 期,第 53—63 页。

[95] 孙斌栋、陈玉:《雄安新区战略是破解"环京津贫困带"的抓手》,《区域经济评论》2017 年第 5 期,第 67—71 页。

[96] 孙飞翔、吕拉昌:《国家创新系统研究综述与展望》,《科技管理研究》2017 年第 37 卷第 23 期,第 1—9 页。

[97] 孙学军、贺德方、彭洁等:《非织造布机械产业的专利技术路线图分析》,《中国科技论坛》2019 年第 10 期,第 71—79 页。

[98] 孙瑜康、李国平、袁薇薇等:创新活动空间集聚及其影响机制研究评述与展望》,《人文地理》2017 年第 32 卷第 5 期,第 17—24 页。

[99] 孙玉涛、国容毓:《世界科学活动中心转移与科学家跨国迁移——以诺贝尔物理学奖获得者为例》,《科学学研究》2018 年第 36 卷第 7 期,第 1161—1169 页。

[100] 孙玉涛、张博:《企业本地与非本地研发合作的平衡互补效应研究》,《科研管理》2019 年第 40 卷第 6 期,第 55—64 页。

[101] 孙早、许薛璐:《前沿技术差距与科学研究的创新效应——基础研究与应用研究谁扮演了更重要的角色》,《中国工业经济》2017 年第 3 期,第 5—23 页。

[102] 覃雄合:《中国研发活动效率空间演化及其影响因素研究》,华东师范大学,2019 年。

[103] 谭劲松、赵晓阳:《企业专利战略与环境匹配:前沿述评与展望》,《外国经济与管理》2019 年第 41 卷第 1 期,第 3—15 页。

[104] 谭跃进、邓宏钟:《复杂适应系统理论及其应用研究》,《系统工程》2001 年第 5 期,第 1—6 页。

[105] 唐礼智:《硅谷模式的模仿与创新——以新竹和班加罗尔为例》,《城市问题》2007 年第 10 期,第 91—95 页。

[106] 唐晓云、赵桂芹:《外国在华专利激增:市场占有还是绸缪竞争?》,《世界经济研究》2017 年第 3 期,第 97—108、136 页。

[107] 田颖、田增瑞、韩阳等:《国家创新型产业集群建立是否促进区域创新?》,《科学学研究》2019 年第 5 期,第 817—825、844 页。

[108] 童亮、陈劲:《复杂产品和系统的开发过程——地铁综合监控自动化系统案例研究》,《科研管理》2006 年第 4 期,第 84—90 页。

[109] 汪胡根、刘俊伶:《借鉴德国经验建设中国国家创新体系》,《宏观经济管理》2018 年第 8 期,第 79—85、92 页。

[110] 王承云、杜德斌、李岩:《日本建设创新型国家的政策与路径》,《科学学研究》2006 年第 8 期,第 125—138 页。

[111] 王承云、秦健、杨随:《京津沪渝创新型城区研发产业集群研究》,《地理学报》2013 年第 68 卷第 8 期,第 1097—1109 页。

[112] 王缉慈:《创新的空间:企业集群与区域发展》,北京大学出版社 2001 年版。

[113] 王缉慈:《关于中国产业集群研究的若干概念辨析》,《地理学报》2004 年第 59 卷第 10 期,第 47—52 页。

[114] 王缉慈:《解开集群概念的困惑——谈谈我国区域的集群发展问题》,《经济经纬》2006 年第 2 期,第 65—68 页。

[115] 王俊松、颜燕、胡曙虹:《中国城市技术创新能力的空间特征及影响因素——基于空间面板数据模型的研究》,《地理科学》2017 年第 37 卷第 1 期,第 11—18 页。

[116] 王俊松:《集聚经济、相关性多样化与城市经济增长——基于 279 个地级及以上城市面板数据的实证分析》,《财经研究》2016 年第 42 卷第 5 期,第 135—144 页。

[117] 王秋玉、曾刚、吕国庆:《中国装备制造业产学研合作创新网络初探》,《地理学报》2016 年第 71 卷第 2 期,第 251 页。

[118] 文余源、张博伦:《技术关联与巨型城市群产业转移关系研究——来自京津冀证据的分析》,《商业研究》2019 年第 9 期,第 62—72 页。

[119] 吴方怡、王伟、穆晓敏等:《专利丛林识别方法及测度指标研究》,《情报科学》2019 年第 37 卷第 12 期,第 140—143、171 页。

[120] 伍笛笛:《中国城市群多样化集聚对经济增长影响的实证研究——基于面板数据门槛回归的方法》,《经济问题探索》2020 年第 9 期,第 90—99 页。

[121] 武华维、罗瑞、许海云等:《科学技术关联视角下的创新演化路径识别研究述评》,《情报理论与实践》2018 年第 41 卷第 8 期,第 137—143 页。

[122] 夏昕鸣、贺灿飞:《贸易保护视角下中国出口导向型外资企业产品演化》,《经济地理》2019 年第 39 卷第 4 期,第 109—117 页。

[123] 杨博飞、朱晟君:《金融资本市场与区域制造业演化路径选择》,《地理研究》2020 年第 39 卷第 10 期,第 2345—2360 页。

[124] 杨乃定、李芮萌、张延禄等:《复杂产品研发项目技术风险扩散建模与仿真》,《系统工程理论与实践》2019 年第 39 卷第 6 期,第 1496—1506 页。

[125] 尤建新、卢超、郑海鳌等:《创新型城市建设模式分析——以上海和深圳为例》,《中国软科学》2011 年第 7 期,第 82—92 页。

[126] 余伟、胡岩、陈华:《创新系统研究 30 年:发展历程与研究展望》,《科研管理》2019 年第 40 卷第 11 期,第 1—11 页。

[127] 余泳泽、刘大勇:《我国区域创新效率的空间外溢效应与价值链外溢效应——创新价值链视角下的多维空间面板模型研究》,《管理世界》2013 年第 7 期,第 6—20 页。

[128] 袁媛、张东生、王璐:《高端装备制造企业复杂产品系统竞争优势形成机理研究》,《河南社会科学》2019 年第 27 卷第 8 期,第 92—99 页。

[129] 詹爱岚:《企业专利战略理论及应用研究综述》,《情报杂志》2012 年第 31 卷第 5 期,第 23—28、35 页。

[130] 张凡、宁越敏、娄曦阳:《中国城市群的竞争力及对区域差异的影响》,《地理研究》2019 年第 38 卷第 7 期,第 1664—1677 页。

[131] 张海丰、李国兴:《后发国家的技术追赶战略:产业政策,机会窗口与国家创新系统》,《当代经济研究》2020 年第 293 期,第 66—73 页。

[132] 张杰:《中国专利增长之"谜"——来自地方政府政策激励视角的微观经验证据》,《武汉大学学报(哲学社会科学版)》2019 年第 72 卷第 1 期,第 85—103 页。

[133] 张可云、李晨:《区域派生理论与经验研究进展》,《经济学动态》2019 年第 12 期,第 122—137 页。

[134] 张林:《演化经济学的技术创新理论:制度主义与熊彼特的综合》,《学习与探索》2015 年第 2 期,第 102—107 页。

[135] 张其仔、李颢:《中国产业升级机会的甄别》,《中国工业经济》2013 年第 5 期,第 44—56 页。

[136] 张其仔、伍业君、王磊:《经济复杂度、地区专业化与经济增长——基于中国省级面板数据的经验分析》,《经济管理》2012 年第 34 卷第 6 期,第 1—9 页。

[137] 张炜:《新经济时代新的创新管理范畴——复杂产品系统的创新管理》,《经济管理》2001 年第 16 期,第 69—75 页。

[138] 张雪、张志强、陈秀娟、郭辰:《合成生物学领域的基础研究与技术创新关联分析》,《情报学报》2020 年第 39 卷第 3 期,第 231—242 页。

[139] 张艳、胡志强、苗长虹:《不同集聚类型与中部地区新企业动态的关系》,《经济地理》2020 年第 40 卷第 5 期,第 155—164 页。

[140] 张翼鸥、谷人旭:《中国城市知识复杂度的空间特征及影响研究》,《地理学报》2018 年第 73 卷第 8 期,第 1421—1432 页。

[141] 张韵君:《国内专利战略研究文献综述:2000—2009 年》,《科技管理研究》2011 年第 31 卷第 2 期,第 174—182 页。

[142] 赵富森:《高技术产业出口技术复杂度与中国经济增长质量》,《统计与信息论坛》2020 年第 35 卷第 9 期,第 42—53 页。

[143] 赵建吉、王艳华、苗长虹:《区域新兴产业形成机理:演化经济地理学的视角》,《经济地理》2019 年第 39 卷第 6 期,第 36—45 页。

[144] 仲春:《标准必要专利与反垄断法的最新国际实践——美国 FTC 诉高通公司垄断一审案研究》,《知识产权》2019 年第 11 期,第 17—30 页。

[145] 周灿、曾刚、曹贤忠:《中国城市创新网络结构与创新能力研究》,《地理研究》2017 年第 36 卷第 7 期,第 1297—1308 页。

[146] 周灿、曾刚、王丰龙等:《中国电子信息产业创新网络与创新绩效研究》,《地理科学》2017 年第 37 卷第 5 期,第 661—671 页。

[147] 周磊、杨威:《基于加权关联规则的技术融合探测》,《情报杂志》2019 年第 38 卷第 1 期,第 67—72、60 页。

[148] 周沂、贺灿飞:《集聚类型与中国出口产品演化——基于产品技术复杂度的研究》,《财贸经济》2018 年第 39 卷第 6 期,第 115—129 页。

[149] 周沂、贺灿飞:《中国城市出口产品演化》,《地理学报》2019 年第 74 卷第 6 期,第 1097—1111 页。

[150] 朱竑、吴旗韬:《中国省际及主要旅游城市旅游规模》,《地理学报》2005 年第 6 期,第 41—49 页。

［151］朱晟君、金文纨、胡晓辉:《关联视角下的区域产业动态研究进展与反思》,《地理研究》2020 年第 39 卷第 5 期,第 1045—1055 页。

［152］朱晟君、金文纨:《地方出口产品结构及制度环境与企业出口相关多样化》,《地理学报》2021 年第 76 卷第 2 期,第 398—414 页。

［153］Abramovitz M., 1986, "Catching Up, Forging Ahead, and Falling Behind", *Journal of Economic History*, 46(2), pp.385—406.

［154］Amin A. and Thrift N., 1994, *Globalization, Institutions, and Regional Development in Europe*, Oxford: Oxford University Press.

［155］Antonelli C., Crespi F. and Quatraro F., 2020, "Knowledge Complexity and the Mechanisms of Knowledge Generation and Exploitation: The European Evidence", *Research Policy*, 51(8), p.104081.

［156］Antonietti R. and Franco C., 2021, "From FDI to Economic Complexity: A Panel Granger Causality Analysis", *Structural Change and Economic Dynamics*, 56, pp.225—239.

［157］Asheim B. T. and Coenen L., 2005, "Knowledge Bases and Regional Innovation Systems: Comparing Nordic Clusters", *Research Policy*, 34(8), pp.1173—1190.

［158］Asheim B. T. and Isaksen A., 2002, "Regional Innovation Systems: The Integration of Local 'Sticky' and Global 'Ubiquitous' Knowledge", *The Journal of Technology Transfer*, 27(1), pp.77—86.

［159］Asheim B., Coenen L. and Vang J., 2007, "Face-to-Face, Buzz, and Knowledge Bases: Sociospatial Implications for Learning, Innovation, and Innovation Policy", *Environment and Planning C: Government and Policy*, 25(5), pp.655—670.

［160］Aslesen H. W. and Freel M., 2012, "Industrial Knowledge Bases as Drivers of Open Innovation?", *Industry and Innovation*, 19(7), pp.563—584.

［161］Audretsch B., 1998, "Agglomeration and the Location of Innovative Activity", *Oxford Review of Economic Policy*, 14(2), pp.18—29.

［162］Bahar D., Rapoport H. and Turati R., 2022, "Birthplace Diversity and Economic Complexity: Cross-Country Evidence", *Research Policy*, 51(8), p.103991.

［163］Balland P. A. and Rigby D., 2017, "The Geography of Complex

Knowledge", *Economic Geography*, 93(1), pp.1—23.

[164] Balland P. A., 2012, "Proximity and the Evolution of Collaboration Networks: Evidence from Research and Development Projects within the Global Navigation Satellite System (GNSS) Industry", *Regional Studies*, 46(6), pp.741—756.

[165] Balland P. A., Boschma R. and Frenken K., 2020, "Proximity, Innovation and Networks: A Concise Review and Some Next Steps", *Handbook of Proximity Relations*, pp.70—80.

[166] Balland P. A., Boschma R., Crespo J., et al., 2019, "Smart Specialization Policy in the European Union: Relatedness, Knowledge Complexity and Regional Diversification", *Regional Studies*, 53(9), pp.1252—1268.

[167] Balland P. A., Jara-Figueroa C., Petralia S. G., et al., 2020, "Complex Economic Activities Concentrate in Large Cities", *Nature Human Behaviour*, 4(3), pp.248—254.

[168] Bathelt H. and Glückler J., 2003, "Toward a Relational Economic Geography", *Journal of Economic Geography*, 3(2), pp.117—144.

[169] Bathelt H. and Glückler J., 2011, *The Relational Economy: Geographies of Knowing and Learning*, Oxford: Oxford University Press.

[170] Berger A., Jacobsson S., Carlsson B., Lindmark S. and Rickne A., 2008, "Analyzing the Functional Dynamics of Technological Innovation Systems: A Scheme of Analysis", *Research Policy*, 37(3), pp.407—429.

[171] Bathelt H., Malmberg A. and Maskell P., 2004, "Clusters and Knowledge: Local Buzz, Global Pipelines and the Process of Knowledge Creation", *Progress in Human Geography*, 28(1), pp.31—56.

[172] Bergé L. R., 2017, "Network Proximity in the Geography of Research Collaboration", *Papers in Regional Science*, 96(4), pp.785—815.

[173] Bianchini F., 1991, "The Third Italy: Model or Myth?", *Ekistics*, pp.336—345.

[174] Binz C. and Truffer B., 2017, "Global Innovation Systems—A Conceptual Framework for Innovation Dynamics in Transnational Contexts", *Research Policy*, 46(7), pp.1284—1298.

[175] Asheim B. T. and Gertler M. S., 2005, "The Geography of Innova-

tion: Regional Innovation Systems", *Oxford Handbook of Innovation*, 3, pp.210—229.

[176] Boschma R. A., 1997, "New Industries and Windows of Locational Opportunity: A Long-Term Analysis of Belgium", *Erdkunde*, 51(1), pp.12—22.

[177] Boschma R. and Frenken K., 2009, "The Spatial Evolution of Innovation Networks: A Proximity Perspective" [Report], Utrecht: Utrecht University, Department of Human Geography and Spatial Planning, Group Economic Geography.

[178] Boschma R., 2005, "Proximity and Innovation: A Critical Assessment", *Regional Studies*, 39(1), pp.61—74.

[179] Boschma R., 2015, *Smart Specialization and Regional Innovation Policy*, Milan: Franco Angeli.

[180] Boschma R., Frenken K., Bathelt H., et al., 2012, "Technological Relatedness and Regional Branching", *Beyond Territory: Dynamic Geographies of Knowledge Creation, Diffusion and Innovation*, pp.64—68.

[181] Boschma R., Minondo A. and Navarro M., 2013, "The Emergence of New Industries at the Regional Level in Spain: A Proximity Approach Based on Product Relatedness", *Economic Geography*, 89(1), pp.29—51.

[182] Breschi S. and Lissoni F., 2009, "Mobility of Skilled Workers and Co-Invention Networks: An Anatomy of Localized Knowledge Flows", *Journal of Economic Geography*, 9(4), pp.439—468.

[183] Broekel T. and Boschma R., 2020, *Explaining the Dynamics of Relatedness: The Role of Co-Location and Complexity* [Report]. Utrecht University, Department of Human Geography and Spatial Planning, Group Economic Geography, No. 2032.

[184] Broekel T., 2017, "Measuring Technological Complexity-Current Approaches and a New Measure of Structural Complexity", *arXiv preprint arXiv*, p.1708.07357.

[185] Broekel T., 2019, "Using Structural Diversity to Measure the Complexity of Technologies", *PloS One*, 14(5), p.e0216856.

[186] Brown A. P., 2007, "JD Bernal: The Sage of Science". In *Journal of Physics: Conference Series*, 57(1), p.61.

[187] Cadot O., Carrère C. and Strauss-Kahn V., 2011, "Export Diversification: What's Behind the Hump?", *Review of Economics and Statistics*, 93(2), pp.590—605.

[188] Capello R. and Lenzi C., 2014, "Spatial Heterogeneity in Knowledge, Innovation, and Economic Growth Nexus: Conceptual Reflections and Empirical Evidence", *Journal of Regional Science*, 54(2), pp.186—214.

[189] Carlsson B. and Stankiewicz R., 1991, "On the Nature, Function and Composition of Technological Systems", *Journal of Evolutionary Economics*, 1(2), pp.93—118.

[190] Cassi L. and Plunket A., 2015, "Research Collaboration in Co-Inventor Networks: Combining Closure, Bridging and Proximities", *Regional Studies*, 49(6), pp.936—954.

[191] Castaldi C., Frenken K. and Los B., 2015, "Related Variety, Unrelated Variety and Technological Breakthroughs: An Analysis of US State-Level Patenting", *Regional Studies*, 49(5), pp.767—781.

[192] Chaminade C., Bellandi M., Plechero M., et al., 2019, "Understanding Processes of Path Renewal and Creation in Thick Specialized Regional Innovation Systems: Evidence from Two Textile Districts in Italy and Sweden", *European Planning Studies*, 27(10), pp.1978—1994.

[193] Chen C., 2017, "Science Mapping: A Systematic Review of the Literature", *Journal of Data and Information Science*, 2(2), pp.1—40.

[194] Cohen W. M. and Levinthal D. A., 1990, "Absorptive Capacity: A New Perspective on Learning and Innovation", *Administrative Science Quarterly*, pp.128—152.

[195] Cooke P. and Morgan K., 1998, *The Associational Economy: Firms, Regions and Innovation*, New York: Oxford University Press.

[196] Cooke P., 1992, "Regional Innovation Systems: Competitive Regulation in the New Europe", *Geoforum*, 23(3), pp.365—382.

[197] Crafts N. and Mulatu A., 2005, "What Explains the Location of Industry in Britain, 1871—1931?", *Journal of Economic Geography*, 5(4), pp.499—518.

[198] Cresswell T., 2013, *Geographic Thought: A Critical Introduction*,

UK：John Wiley and Sons，pp.218—238.

［199］Davies B. and Maré D. C.，2020，"Relatedness，Complexity and Local Growth"，*Regional Studies*，pp.1—16.

［200］De Noni I.，Ganzaroli A. and Orsi L.，2017，"The Impact of Intra- and Inter-Regional Knowledge Collaboration and Technological Variety on the Knowledge Productivity of European Regions"，*Technological Forecasting and Social Change*，117，pp.108—118.

［201］Delgado M.，Feldman M.，Frenken K.，et al.，2018，"The Principle of Relatedness"，*Unifying Themes in Complex Systems IX：Proceedings of the Ninth International Conference on Complex Systems*. Springer，p.451.

［202］Dhandapani K.，Basant R.，"Measuring Institutional Relatedness"，*Academy of Management*，2014(1)，pp.5—22.

［203］Dicken P.，2014，*Global Shift：Mapping the Changing Contours of the World Economy*，New York：SAGE Publications Ltd.

［204］Dosi G.，Llerena P. and Labini M. S.，2006，"The Relationships Between Science，Technologies and Their Industrial Exploitation：An Illustration through the Myths and Realities of the So-called 'European Paradox'"，*Research Policy*，35(10)，pp.1450—1464.

［205］Du J.，Lu Y. and Tao Z.，2008，"Economic Institutions and FDI Location Choice：Evidence from US Multinationals in China"，*Journal of Comparative Economics*，36(3)，pp.412—429.

［206］Ernst D. and Kim L.，2002，"Global Production Networks，Knowledge Diffusion，and Local Capability Formation"，*Research Policy*，31(8—9)，pp.1417—1429.

［207］Essletzbichler J.，2015，"Relatedness，Industrial Branching and Technological Cohesion in US Metropolitan Areas"，*Regional Studies*，49 (5)，pp.752—766.

［208］Etzkowitz H. and Leydesdorff L.，2000，"The Dynamics of Innovation：From National Systems and 'Mode 2' to a Triple Helix of University-Industry-Government Relations"，*Research Policy*，29 (2)，pp.109—123.

［209］Etzkowitz H. and Zhou C.，2017，*The Triple Helix：University-In-*

dustry-Government Innovation and Entrepreneurship, London: Routledge.

[210] Etzkowitz H., 2008, *The Triple Helix: University-Industry-Government Innovation in Action*, London: Routledge.

[211] Fagerberg J., Mowery D. C. and Nelson R. R.(Eds.), 2005, *The Oxford Handbook of Innovation*, Oxford: Oxford University Press.

[212] Fan J. P. H. and Lang L. H. P., 2000, "The Measurement of Relatedness: An Application to Corporate Diversification", *The Journal of Business*, 73(4), pp.629—660.

[213] Farjoun M., 1998, "The Independent and Joint Effects of the Skill and Physical Bases of Relatedness in Diversification", *Strategic Management Journal*, 19(7), pp.611—630.

[214] Feldman M. P., 2000, "Location and Innovation: The New Economic Geography of Innovation, Spillovers, and Agglomeration", in *The Oxford Handbook of Economic Geography*, 1, pp.373—395.

[215] Feser E. J., 2003, "What Regions Do Rather Than Make: A Proposed Set of Knowledge-Based Occupation Clusters", *Urban Studies*, 40 (10), pp.1937—1958.

[216] Fink C., Khan M. and Zhou H., 2016, "Exploring the Worldwide Patent Surge", *Economics of Innovation and New Technology*, 25(2), pp.114—142.

[217] Fitjar R. D. and Rodríguez-Pose A., 2013, "Firm Collaboration and Modes of Innovation in Norway", *Research Policy*, 42(1), pp.128—138.

[218] Fitjar R. D. and Timmermans B., 2017, "Regional Skill Relatedness: Towards a New Measure of Regional Related Diversification", *European Planning Studies*, 25(3), pp.516—538.

[219] Florida R., 2003, "Cities and the Creative Class", *City and Community*, 2(1), pp.3—19.

[220] Florida R., Mellander C. and Stolarick K., 2008, "Inside the Black Box of Regional Development—Human Capital, the Creative Class and Tolerance", *Journal of Economic Geography*, 8(5), pp.615—649.

[221] Foray D., 2016, "On the Policy Space of Smart Specialization Strategies", *European Planning Studies*, 24(8), pp.1428—1437.

[222] Freeman C., 1987, *Technology, Policy, and Economic Perfor-*

mance: Lessons from Japan, London: Frances Printer Publishers.

[223] Freeman R. B. and Huang W., 2014, "Collaboration: Strength in Diversity", *Nature News*, 513(7518), p.305.

[224] Frenken K., 2006, "Technological Innovation and Complexity Theory", *Economics of Innovation and New Technology*, 15(2), pp.137—155.

[225] Frenken K., Van Oort F. and Verburg T., 2007, "Related Variety, Unrelated Variety and Regional Economic Growth", *Regional Studies*, 41(5), pp.685—697.

[226] Gao J., Jun B., Pentland A. S., et al., 2017, "Collective Learning in China's Regional Economic Development", *arXiv preprint arXiv*, p.1703.01369.

[227] Gereffi G., Humphrey J. and Sturgeon T., 2005, "The Governance of Global Value Chains", *Review of International Political Economy*, 12(1), pp.78—104.

[228] Gerschenkron A., 1962, "On the Concept of Continuity in History", *Proceedings of the American Philosophical Society*, 106(3), pp.195—209.

[229] Gertler M. S., 2003, "Tacit Knowledge and the Economic Geography of Context, or the Undefinable Tacitness of Being (There)", *Journal of Economic Geography*, 3(1), pp.75—99.

[230] Giuliani E. and Bell M., 2005, "The Micro-determinants of Meso-level Learning and Innovation: Evidence from a Chilean Wine Cluster", *Research Policy*, 34(1), pp.47—68.

[231] Giuliani E., 2005, "Cluster Absorptive Capacity: Why Do Some Clusters Forge Ahead and Others Lag Behind?", *European Urban and Regional Studies*, 12(3), pp.269—288.

[232] Giuliani E., 2007, "The Selective Nature of Knowledge Networks in Clusters: Evidence from the Wine Industry", *Journal of Economic Geography*, 7(2), pp.139—168.

[233] Gravelle J.G., 2009, "Tax Havens: International Tax Avoidance and Evasion", *National Tax Journal*, 62(4), pp.727—753.

[234] Grillitsch M., Asheim B. and Trippl M., 2018, "Unrelated Knowledge Combinations: The Unexplored Potential for Regional Industrial Path Development", *Cambridge Journal of Regions, Economy and Society*, 11(2),

pp.257—274.

[235] Grupp H. and Mogee M. E., 2004, "Indicators for National Science and Technology Policy: How Robust Are Composite Indicators?", *Research Policy*, 33(9), pp.1373—1384.

[236] Hagedoorn J., 2002, "Inter-firm R&D Partnerships: An Overview of Major Trends and Patterns since 1960", *Research Policy*, 31(4), pp.477—492.

[237] Hale G. and Long C., 2011, "Are There Productivity Spillovers from Foreign Direct Investment in China?", *Pacific Economic Review*, 16(2), pp.135—153.

[238] Haley U. C. V. and Haley G. T., 2013, *Subsidies to Chinese Industry: State Capitalism, Business Strategy, and Trade Policy*, Oxford: Oxford University Press.

[239] Hall P.G., 1998, *Cities in Civilization*, New York: Pantheon Books.

[240] Hansen M. T. and Birkinshaw J., 2007, "The Innovation Value Chain", *Harvard Business Review*, 85(6), p.121.

[241] Hanusch H. and Pyka A., 2007, "Principles of Neo-Schumpeterian Economics", *Cambridge Journal of Economics*, 31(2), pp.275—289.

[242] Hardeman S., Frenken K., Nomaler Ö., et al., 2015, "Characterizing and Comparing Innovation Systems by Different 'Modes' of Knowledge Production: A Proximity Approach", *Science and Public Policy*, 42(4), pp.530—548.

[243] Friedman T. L., 2007, "The World is Flat: A Brief History of the Twenty-First Century", *International Journal*, 9(1), pp.67—69.

[244] Hausmann R. and Klinger B., 2007. "The Structure of the Product Space and the Evolution of Comparative Advantage", *CID Working Paper Series*.

[245] Hausmann R., Hidalgo C. A., Bustos S., et al., 2014, *The Atlas of Economic Complexity: Mapping Paths to Prosperity*, MIT Press.

[246] Haus-Reve S., Fitjar R. D. and Rodríguez-Pose A., 2019, "Does Combining Different Types of Collaboration Always Benefit Firms? Collaboration, Complementarity and Product Innovation in Norway", *Research Policy*, 48(6), pp.1476—1486.

[247] He C., Yan Y. and Rigby D., 2018, "Regional Industrial Evolution in

China", *Papers in Regional Science*, 97(2), pp.173—198.

［248］Heimeriks G., Li D., Lamers W., et al., 2019, "Scientific Knowledge Production in European Regions: Patterns of Growth, Diversity and Complexity", *European Planning Studies*, 27(11), pp.2123—2143.

［249］Hekkert M. P., Suurs R. A. A., Negro S. O., et al., 2007, "Functions of Innovation Systems: A New Approach for Analysing Technological Change", *Technological Forecasting and Social Change*, 74(4), pp.413—432.

［250］Held, D., McGrew, A., Goldblatt, D., et al., 1999, *Global Transformations: Politics, Economics and Culture*. Politics at the Edge. *The PSA Yearbook 1999*, London: Palgrave Macmillan UK, pp.14—28.

［251］Heringa, P. W., Hessels, L. K., van der Zouwen, M., 2016, "The Influence of Proximity Dimensions on International Research Collaboration: An Analysis of European Water Projects", *Industry and Innovation*, 23(8), pp.753—772.

［252］Hidalgo, C. A. and Hausmann, R., 2009, "The Building Blocks of Economic Complexity", *Proceedings of the National Academy of Sciences*, 106(26), pp.10570—10575.

［253］Hidalgo, C. A., 2021, "Economic Complexity Theory and Applications", *Nature Reviews Physics*, pp.1—22.

［254］Hidalgo, C. A., Balland, P. A., Boschma, R., et al., 2018, "The Principle of Relatedness", In *International Conference on Complex Systems*, Berlin: Springer International Publishing, pp.451—457.

［255］Hidalgo, C. A., Klinger, B., Barabási, A. L., et al., 2007, "The Product Space Conditions the Development of Nations", *Science*, 317(5837), pp.482—487.

［256］Hobday, M., 1998, "Product Complexity, Innovation and Industrial Organisation", *Research Policy*, 26(6), pp.689—710.

［257］Holland, J. H., 2006, "Studying Complex Adaptive Systems", *Journal of Systems Science and Complexity*, (1), pp.1—8.

［258］Hongzhou, Z. and Guohua, J., 1985, "Shifting of World's Scientific Center and Scientists' Social Ages", *Scientometrics*, 8(1—2), pp.59—80.

［259］Howell, A., 2020, "Industry Relatedness, FDI Liberalization and the

Indigenous Innovation Process in China", *Regional Studies*, 54(2), pp.229—243.

[260] Howell, A., He, C., Yang, R., et al., 2016, "Technological Relatedness and Asymmetrical Firm Productivity Gains Under Market Reforms in China", *Cambridge Journal of Regions*, *Economy and Society*, 9(3), pp.499—515.

[261] Howells, J. R. L., 2002, "Tacit Knowledge, Innovation and Economic Geography", *Urban Studies*, 39(5—6), pp.871—884.

[262] Hu, A. G. and Jefferson, G. H., 2009, "A Great Wall of Patents: What Is Behind China's Recent Patent Explosion?", *Journal of Development Economics*, 90(1), pp.57—68.

[263] Hu, A. G. Z., Zhang, P., Zhao, L., 2017, "China as Number One? Evidence from China's Most Recent Patenting Surge", *Journal of Development Economics*, 124, pp.107—119.

[264] Hu, A.G., 2010, "Propensity to Patent, Competition and China's Foreign Patenting Surge", *Research Policy*, 39(7), pp.985—993.

[265] Index, G.I., 2020, *The Global Innovation Index 2020: Who Will Finance Innovation*, World Intellectual Property Organization-WIPO.

[266] Ivanova, I., Strand, Ø., Kushnir, D., et al., 2017, "Economic and Technological Complexity: A Model Study of Indicators of Knowledge-Based Innovation Systems", *Technological Forecasting and Social Change*, 120, pp.77—89.

[267] Jefferson, M., 1939, "The Law of the Primate City", *Geographical Review*, 29, pp.226—232.

[268] Jefferson, M., 1989, "Why Geography? The Law of the Primate City", *Geographical Review*, 79(2), pp.226—232.

[269] Johnson, B., Lorenz, E., Lundvall, B. Å., 2002, "Why All This Fuss about Codified and Tacit Knowledge?", *Industrial and Corporate Change*, 11(2), pp.245—262.

[270] Juhász, S., Broekel, T., Boschma, R., 2021, "Explaining the Dynamics of Relatedness: The Role of Co-location and Complexity", *Papers in Regional Science*, 100(1), pp.3—21.

[271] Keivanpour, S., Ait Kadi, D., 2017, "Modelling End of Life Phase of the Complex Products: The Case of End of Life Aircraft", *International Journal*

of Production Research, 55(12), pp.3577—3595.

[272] Kenney, M., 2000, *Understanding Silicon Valley: The Anatomy of an Entrepreneurial Region*. New York: Stanford University Press.

[273] Keupp, M. M., Beckenbauer, A., Gassmann, O., 2010, "Enforcing Intellectual Property Rights in Weak Appropriability Regimes", *Management International Review*, 50(1), pp.109—130.

[274] Kharas, H. and Gill, I., 2007, *An East Asian Renaissance: Ideas for Economic Growth*, World Bank Group.

[275] Kim, J. and Marschke, G., 2004, "Accounting for the Recent Surge in US Patenting: Changes in R&D Expenditures, Patent Yields, and the High Tech Sector", *Economics of Innovation and New Technology*, 13(6), pp.543—558.

[276] Kinoshita, Y., 2001, *R&D and Technology Spillovers Through FDI: Innovation and Absorptive Capacity*, Centre for Economic Policy Research.

[277] Kogler, D. F. and Whittle, A., 2018, "The Geography of Knowledge Creation: Technological Relatedness and Regional Smart Specialization Strategies", In *Handbook on the Geographies of Regions and Territories*, Edward Elgar Publishing, pp.153—168.

[278] Kogler, D. F., Rigby, D. L. and Tucker, I., 2013, "Mapping Knowledge Space and Technological Relatedness in US Cities", *European Planning Studies*, 21(9), pp.1374—1391.

[279] Kogut B. and Zander U., 1993, "Knowledge of the Firm and the Evolutionary Theory of the Multinational Corporation", *Journal of International Business Studies*, 24(4), pp.625—645.

[280] Kortum S. and Lerner J., 1999, "What Is Behind the Recent Surge in Patenting?", *Research Policy*, 28(1), pp.1—22.

[281] Kroll H. and Neuhäusler P., 2020, "Regional Effects of Technological Transition in China: How Relatedness and Integration Shape Provincial Development", *Asian Journal of Technology Innovation*, 28(1), pp.138—161.

[282] Krugman P. R., 1997, *Development, Geography, and Economic Theory*, Cambridge: MIT Press.

[283] Landry C., 2012, *The Creative City: A Toolkit for Urban Innovators*, London: Routledge.

[284] Lanjouw J. O. and Schankerman M., 2004, "Patent Quality and Research Productivity: Measuring Innovation with Multiple Indicators", *The Economic Journal*, 114(495), pp.441—465.

[285] Lapatinas A., 2019, "The Effect of the Internet on Economic Sophistication: An Empirical Analysis", *Economics Letters*, 174, pp.35—38.

[286] Lapatinas A., Kyriakou A. and Garas A., 2019, "Taxation and Economic Sophistication: Evidence from OECD Countries", *PLOS ONE*, 14(3), p.e0213498.

[287] Leontief W., 1953, "Domestic Production and Foreign Trade: the American Capital Position Re-examined", *Proceedings of the American Philosophical Society*, 97(4), pp.332—349.

[288] Leten B., Belderbos R. and Van Looy B., 2007, "Technological Diversification, Coherence and Performance of Firms", *Journal of Product Innovation Management*, 24(6), pp.567—579.

[289] Li X., 2012, "Behind the Recent Surge of Chinese Patenting: An Institutional View", *Research Policy*, 41(1), pp.236—249.

[290] Maggioni M. A. and Uberti T. E., 2007, "Inter-regional Knowledge Flows in Europe: An Econometric Analysis", *Applied Evolutionary Economics and Economic Geography*, 1(8), pp.53—61.

[291] Martin R. and Sunley P., 2007, "Complexity Thinking and Evolutionary Economic Geography", *Journal of Economic Geography*, 7(5), pp.573—601.

[292] Martin R., 2012, "Regional Economic Resilience, Hysteresis and Recessionary Shocks", *Journal of Economic Geography*, 12(1), pp.1—32.

[293] Maskell P. and Malmberg A., 1999, "The Competitiveness of Firms and Regions:'Ubiquitification' and the Importance of Localized Learning", *European Urban and Regional Studies*, 6(1), pp.9—25.

[294] McNeill D., 2016, "Governing a City of Unicorns: Technology Capital and the Urban Politics of San Francisco", *Urban Geography*, 37(4), pp.494—513.

[295] Moodysson J. and Jonsson O., 2007, "Knowledge Collaboration and Proximity: The Spatial Organization of Biotech Innovation Projects", *European Urban and Regional Studies*, 14(2), pp.115—131.

[296] Morrison A., 2008, "Gatekeepers of Knowledge within Industrial Dis-

tricts: Who They Are, How They Interact", *Regional Studies*, 42(6), pp.817—835.

[297] Muneepeerakul R., Lobo J., Shutters S. T., Goméz-Liévano A. and Qubbaj M.R., 2013, "Urban Economies and Occupation Space: Can They Get 'There' from 'Here'?", *PLOS ONE*, 8(9), p.e73676.

[298] Neffke F. and Henning M., 2013, "Skill Relatedness and Firm Diversification", *Strategic Management Journal*, 34(3), pp.297—316.

[299] Neffke F., Henning M. and Boschma R., 2011, "How Do Regions Diversify Over Time? Industry Relatedness and the Development of New Growth Paths in Regions", *Economic Geography*, 87(3), pp.237—265.

[300] Nelson R. R. ed., 1993, *National Innovation Systems: A Comparative Analysis*, New York: Oxford University Press.

[301] Nooteboom B., 1999, "Innovation and Inter-firm Linkages: New Implications for Policy", *Research Policy*, 28(8), pp.793—805.

[302] Nooteboom B., 2000, *Learning and Innovation in Organizations and Economies*, Oxford: OUP Oxford.

[303] Nooteboom B., 2000, "Learning by Interaction: Absorptive Capacity, Cognitive Distance and Governance", *Journal of Management and Governance*, 4(1), pp.69—92.

[304] Nooteboom B., Van Haverbeke W., Duysters G., et al., 2007, "Optimal Cognitive Distance and Absorptive Capacity", *Research Policy*, 36(7), pp.1016—1034.

[305] OECD, 2013, *Supporting Investment in Knowledge Capital, Growth and Innovation*, OECD Publishing.

[306] Org Z., 2004, *Applied Evolutionary Economics and Complex Systems*, Cheltenham: Edward Elgar Publishing.

[307] Peck J. and Yeung H.W.C. eds., 2003. "Remaking the Global Economy", *Economic-Geographical Perspectives*, pp.1—288.

[308] Ponds R., Van Oort F. and Frenken K., 2007, "The Geographical and Institutional Proximity of Research Collaboration", *Papers in Regional Science*, 86(3), pp.423—443.

[309] Porter M. E., 1990, "The Competitive Advantage of Nations", *Com-*

petitive Intelligence Review, 1(1), p.14.

[310] Porter M. E., 2011, *Competitive Advantage of Nations*: *Creating and Sustaining Superior Performance*, New York: Simon and Schuster.

[311] Pudelko F., Hundt C. and Holtermann L., 2018, "Gauging Two Sides of Regional Economic Resilience in Western Germany—Why Sensitivity and Recovery Should Not Be Lumped Together", *Review of Regional Research*, 38(2), pp.141—189.

[312] Pugliese E., Chiarotti G. L., Zaccaria A., et al., 2017, "Complex Economies Have a Lateral Escape from the Poverty Trap", *PLOS ONE*, 12(1), p.e0168540.

[313] Qiu S., Liu X. and Gao T., 2017, "Do Emerging Countries Prefer Local Knowledge or Distant Knowledge? Spillover Effect of University Collaborations on Local Firms", *Research Policy*, 46(7), pp.1299—1311.

[314] Rigby D. L., 2015, "Technological Relatedness and Knowledge Space: Entry and Exit of US Cities from Patent Classes", *Regional Studies*, 49(11), pp.1922—1937.

[315] Rodrik D., 2006, "What's So Special about China's Exports?", *China and World Economy*, 14(5), pp.1—19.

[316] Rogers E. M. and Larsen J. K., 1984, *Silicon Valley Fever*: *Growth of High-Technology Culture*, New York: Basic Books.

[317] Romer P. M., 1986, "Increasing Returns and Long-run Growth", *Journal of Political Economy*, 94(5), pp.1002—1037.

[318] Romer P. M., 1990, "Endogenous Technological Change", *Journal of Political Economy*, 98(5, Part 2), pp.S71—S102.

[319] Rosser J. B., 1999, "On the Complexities of Complex Economic Dynamics", *Journal of Economic Perspectives*, 13(4), pp.169—192.

[320] Saaksvuori A. and Immonen A., 2008, *Product Lifecycle Management*, New York: Springer Science and Business Media.

[321] Saliola F. and Zanfei A., 2009, "Multinational Firms, Global Value Chains and the Organization of Knowledge Transfer", *Research Policy*, 38(2), pp.369—381.

[322] Santacreu A. M. and Peake M., 2019, "A Closer Look at China's Sup-

posed Misappropriation of US Intellectual Property", *Intellectual Property*, 15(20), p.25.

[323] Santoalha A., 2019, "Technological Diversification and Smart Specialisation: The Role of Cooperation", *Regional Studies*, 53(9), pp.1269—1283.

[324] Saviotti P. P. and Frenken K., 2008, "Trade Variety and Economic Development of Countries", *Journal of Evolutionary Economics*, 18(2), pp.201—218.

[325] Scherngell T. and Hu Y., 2011, "Collaborative Knowledge Production in China: Regional Evidence from a Gravity Model Approach", *Regional Studies*, 45(6), pp.755—772.

[326] Schumpeter J. A., 1934, *The Theory of Economic Development*, Cambridge, MA: Harvard University Press.

[327] Schumpeter J. A., 1954, *History of Economic Analysis*, London: Psychology Press.

[328] Schumpeter J. and Backhaus U., 2003, "The Theory of Economic Development", Boston: Springer, pp.61—116.

[329] Schwab K., 2018, *The Global Competitiveness Report 2018*, World Economic Forum, p.671.

[330] Sciarra C., Chiarotti G., Ridolfi L., et al., 2020, "Reconciling Contrasting Views on Economic Complexity", *Nature Communications*, 11(1), pp.1—10.

[331] Singh J., 2005, "Collaborative Networks as Determinants of Knowledge Diffusion Patterns", *Management Science*, 51(5), pp.756—770.

[332] Solheim M. C. W., Boschma R. and Herstad S., 2018, "Related Variety, Unrelated Variety and the Novelty Content of Firm Innovation in Urban and Non-urban Locations", *Utrecht*: *Utrecht University*, *Department of Human Geography and Spatial Planning*, *Group Economic Geography*.

[333] Sterman J. D., 2010, "Learning in and about Complex Systems", *System Dynamics Review*, 10(2—3), pp.291—330.

[334] Storper M., 1995, "The Resurgence of Regional Economies, Ten Years Later: The Region as a Nexus of Untraded Interdependencies", *European Urban and Regional Studies*, 2(3), pp.191—221.

[335] Sweet C. M. and Maggio D. S. E., 2015, "Do Stronger Intellectual Property Rights Increase Innovation?", *World Development*, 66, pp.665—677.

[336] Syrquin M., 1988, "Patterns of Structural Change", *Handbook of Development Economics*, 1, pp.203—273.

[337] Tacchella A., Cristelli M., Caldarelli G., et al., 2012, "A New Metrics for Countries' Fitness and Products' Complexity", *Scientific Reports*, 2(1), pp.1—7.

[338] Tanner A. N., 2016, "The Emergence of New Technology-based Industries: The Case of Fuel Cells and Its Technological Relatedness to Regional Knowledge Bases", *Journal of Economic Geography*, 16(3), pp.611—635.

[339] Teece D. J., Rumelt R., Dosi G., et al., 1994, "Understanding Corporate Coherence: Theory and Evidence", *Journal of Economic Behavior and Organization*, 23(1), pp.1—30.

[340] Tobler W. R., 1970, "A Computer Movie Simulating Urban Growth in the Detroit Region", *Economic Geography*, 46(sup1), pp.234—240.

[341] Tödtling F. and Trippl M., 2005, "One Size Fits All? Towards a Differentiated Regional Innovation Policy Approach", *Research Policy*, 34(8), pp.1203—1219.

[342] Uzzi B., 1996, "The Sources and Consequences of Embeddedness for the Economic Performance of Organizations: The Network Effect", *American Sociological Review*, pp.674—698.

[343] Von Graevenitz G., Wagner S. and Harhoff D., 2013, "Incidence and Growth of Patent Thickets: The Impact of Technological Opportunities and Complexity", *The Journal of Industrial Economics*, 61(3), pp.521—563.

[344] Wang C. C. and Wu A., 2016, "Geographical FDI Knowledge Spillover and Innovation of Indigenous Firms in China", *International Business Review*, 25(4), pp.895—906.

[345] Werker C., Korzinov V. and Cunningham S., 2019, "Formation and Output of Collaborations: The Role of Proximity in German Nanotechnology", *Journal of Evolutionary Economics*, 29(2), pp.697—719.

[346] Whittle A. and Kogler D. F., 2020, "Related to What? Reviewing the

Literature on Technological Relatedness: Where We Are Now and Where Can We Go?", *Papers in Regional Science*, 99(1), pp.97—113.

［347］Zhou Y., Zhu S. and He C., 2019, "Learning from Yourself or Learning from Neighbours: Knowledge Spillovers, Institutional Context and Firm Upgrading", *Regional Studies*, 53(10), pp.1397—1409.

图书在版编目(CIP)数据

全球技术创新复杂度的空间演化及影响因素研究 / 刘树峰著. -- 上海 : 上海人民出版社, 2024. -- (上海社会科学院重要学术成果丛书). -- ISBN 978-7-208 -19013-9

Ⅰ. F113.2

中国国家版本馆 CIP 数据核字第 202449SD96 号

责任编辑 项仁波
封面设计 路　静

上海社会科学院重要学术成果丛书 • 专著

全球技术创新复杂度的空间演化及影响因素研究

刘树峰 著

出　　版　上海人民出版社
　　　　　(201101　上海市闵行区号景路 159 弄 C 座)
发　　行　上海人民出版社发行中心
印　　刷　上海新华印刷有限公司
开　　本　720×1000　1/16
印　　张　19
插　　页　2
字　　数　209,000
版　　次　2024 年 9 月第 1 版
印　　次　2024 年 9 月第 1 次印刷
ISBN 978 - 7 - 208 - 19013 - 9/C • 717
定　　价　92.00 元